MANUEL

DE L'ÉTRANGER A DIJON.

Les cinq exemplaires prescrits par le décret du 5 février 1810, ont été déposés à la Direction générale de l'Imprimerie et de la Librairie.

DE L'IMPRIMERIE DE FRANTIN, IMPRIMEUR DU ROI.

Porte Condé

MANUEL

DE L'ÉTRANGER A DIJON,

OU

ESSAIS historiques et biographiques sur la capitale de la Bourgogne, et sur cette ancienne Province,

CONTENANT des détails curieux sur les enceintes successives de cette ville ; sur ses rues, ses édifices, ses monumens, ses établissemens scientifiques et littéraires, ses grands hommes, les révolutions qu'elle a éprouvées sous ses anciens Rois, ses Ducs, ses États, etc., etc.

PAR C.-X. GIRAULT, membre de plusieurs Académies de Paris et des Départemens.

DIJON,

VICTOR LAGIER, LIBRAIRE, RUE RAMEAU, nos 1 et 4.

1824.

Principales curiosités de Dijon, dont il est traité dans cet ouvrage.

Palais des États.
Musée.
Place Royale.
Bibliothèque publique.
École de Droit et des Beaux-Arts.
Nouveau Théâtre.
Hôtel-de-Ville.
Hôtel de la Préfecture.
Le Château.
Palais de Justice.
Hôpital général.
Saint-Benigne, Cathédrale. ⎫
Notre-Dame. ⎬ Paroisses.
Saint-Michel. ⎭
Sainte-Anne, Succursale.
Saint-Philibert. ⎫
Saint-Jean. ⎬ Anciennes Églises.
Saint Etienne. ⎭
Nouvelle Poissonnerie.
Casernes des Ursulines et des Carmelites.
Les Chartreux.
Jardin Botanique.
Arquebuse
Porte Guillaume.
Fontaine des Suisses.
Promenade du Parc. —Idem de la Retraite.
Idem *intrà* et *extrà muros.*
Port du Canal.
etc. etc. etc.

A Monsieur
A. M. P. P. T. de COSSÉ-BRISSAC,
Comte de l'Empire,
Chevalier de la Légion d'honneur,
Préfet de la Côte-d'Or,
Président de l'Académie des sciences, arts et belles-lettres de Dijon.

Monsieur le Comte,

Il est flatteur de présenter aux habitans de la Côte-d'Or, un travail honoré des suffrages de leur premier Magistrat. L'accueil que vous avez daigné faire à ces essais, devient d'autant plus précieux, qu'il émane d'un Administrateur éclairé, du chef d'une Compagnie savante dès long-temps distinguée, et d'un homme de goût dont les connoissances variées et l'esprit cultivé rehaussent l'illustre naissance.

Les chroniques de France nous

montrent dans l'ancienne maison de COSSÉ, des grands-Officiers de la Couronne dès le temps de Philippe-Auguste; elles signalent un ROLAND mort aux croisades à la tête des Chevaliers Français; un ANCELIN, choisi parmi les plus grands capitaines pour aller au secours de la Sicile; un RÉNÉ, grand-Fauconnier de France, nommé par FRANÇOIS I.er, Gouverneur de ses fils. L'histoire désigne comme successeur de BAYARD, ce Maréchal de BRISSAC, le compagnon d'armes, le soutien et l'ami de ce grand Roi, dit le Père des lettres, Colonel général de l'infanterie, de la cavalerie légère et de l'artillerie de France, sous lequel les Princes même faisoient gloire de venir apprendre l'art de la guerre, et dont l'héritier du Trône aimoit à dire, que s'il n'étoit DAUPHIN DE FRANCE, il voudroit être le COLONEL BRISSAC. Brantôme cite pour avoir eu la tête aussi bonne que le bras, ce Maréchal de COSSÉ, Gouverneur de Metz, qu'il défendit contre Charles-Quint, et qui dans la place de Surintendant des finances, laissoit douter an melior in togâ, an validior in armis? *Les historiens se plaisent à nous vanter la haute sagesse, l'amour pour les lettres, la valeur brillante de ce jeune* TIMOLÉON, *moissonné à la fleur de l'âge sous les murs de Mussidan; ils arrêtent avec complaisance nos regards sur le Maréchal* Duc de BRISSSAC *introduisant dans Paris cet* Henri IV *adoré des Français; enfin un poëte moderne nous peint le dernier* MARÉCHAL *de ce nom :*

.... martyr du devoir, du zèle et de la gloire....
Les vertus du vieil âge honoroient ses vieux ans.
Jacq. Delille.

Vous vous montrez, Monsieur LE COMTE, *digne héritier d'aussi grands noms : le zèle, les talens, la sagesse de l'Administrateur ne sont pas moins importans à l'État que la vaillance et l'intrépidité du guerrier, et l'homme de mérite sait se distinguer dans toutes les fonctions qui lui sont confiées.*

Votre carrière politique, Monsieur LE COMTE, *commencée dans un Département décoré du nom de la victoire, fit apprécier votre administration. Placé à la tête d'un Département d'une plus haute importance; dans l'ancienne* Bourgogne *comme sur les bords du* Tanaro, *une affabilité rare jointe à la gravité des mœurs, un esprit conciliant sans dévier de la stricte et rapide exécution des lois, des vues droites, une élocution noble et facile, un grand amour des lettres et des arts, ont su vous mériter la confiance, l'estime et le respect des administrés.*

A ces sentimens veuillez me permettre d'ajouter ceux de la haute et très respectueuse considération avec lesquels j'ai l'honneur d'être,

Monsieur LE COMTE,

Votre très humble et très
obéissant serviteur,
Cl. Xav. GIRAULT.

AVERTISSEMENT.

Quelqu'intéressante que puisse être par elle-même l'histoire d'une ville, elle le devient encore davantage lorsqu'elle se lie à l'histoire générale et à celle des lettres, des sciences et des arts. C'est d'après ce principe, que pour répandre un plus grand lustre sur l'ancienne capitale de la Bourgogne, nous avons cherché à rendre son histoire d'un intérêt général.

Ainsi, la partie historique de ces essais renferme, non-seulement des particularités relatives à la ville de Dijon et à la Province dont elle fut le chef-lieu, mais encore des faits qui se rattachent aux histoires de France et de Bourgogne, dans lesquelles cette ville occupe un rang important. On n'a pas négligé quelques détails sur les anciens usages des Gaulois, des Bourguignons et des Francs.

De même la partie biographique n'est pas limitée seulement aux grands hommes auxquels Dijon donna naissance; mais elle s'étend encore à tous ceux qui sont en rapport avec cette ville ou la Province. Si les *Bossuet*, les *Bouhier*, les *Crébillon*, les *Rameau*, les *Debrosses*, les *Piron*, etc. etc. y figurent comme Dijonnais, les *Jeannin*, les *Saumaise*, les *Sévigné*, les *Vauban*, les *Vergennes*, les *Buffon*, etc. etc., devoient y trouver place comme Bourguignons; on n'a pas dû non plus passer sous silence les *Lhospital*, les *Franklin*, les *Mably*, *d'Assas*, *Voltaire* et *Rousseau*, etc., dont les noms sont attachés à certaines rues de cette ville, et l'on a dû y comprendre aussi les *Oudin*, les *d'Apchon*, les *Brulart*, les *Monnier*, les *Attiret*, les *Devosge*, quoique nés hors de la Bourgogne, parce qu'ils ont habité Dijon presque toute leur vie. De telle sorte que cette galerie renferme plus de cinq cents noms, et une foule de détails et d'anecdotes peu connues, relatives à ces grands hommes.

Heureux si nous avons réussi en présentant dans le même cadre, les faits, les monumens et les hommes!

Dijon, le 23 mai 1813.

*A M.^r ***** à Paris.*

Vous désirez, Monsieur, connoître avec quelque détail une ville célèbre par les grands hommes en tout genre qu'elle a produits, et vous voulez mettre à profit la seule journée que vous avez à y passer pour acquérir une juste idée de cette ville sous les rapports historiques et biographiques, et connoître les monumens qu'elle peut offrir à la curiosité des étrangers : vous avez jeté les yeux sur moi pour y être votre guide ; cet honneur me flatte sans doute ; mais quoique vous eussiez pu faire choix de quelqu'un qui connût depuis plus long-temps cette ville, son histoire et sa nécrologie, je ne puis me refuser à contenter vos désirs ; je ferai de mon mieux pour répondre à votre empressement, et satisfaire votre curiosité.

En sortant de la capitale de l'Empire, il ne seroit pas étonnant de trouver les villes secondaires dépourvues d'intérêt ; Paris éclipsa toujours les provinces : cependant lorsque vous remarquerez qu'il n'est pas une des rues de Dijon qui ne présente quelques souvenirs intéressans, vous conviendrez que, même en arrivant de Paris, l'on peut encore trouver quelqu'agrément à parcourir Dijon.

Par l'itinéraire que vous me tracez, Monsieur, je vois que vous prendrez la route d'Auxerre, et que vous arriverez à Dijon environ sur les six heures du matin; j'irai à votre rencontre sur la route de Plombières, là vous mettrez pied à terre, et nous commencerons par faire en dehors le tour de la ville que vous désirez connoître; ensuite nous répéterons le même tour dans l'intérieur; enfin nous en parcourrons le centre, et vous aurez vu tous les monumens que renferme l'ancienne capitale du duché de Bourgogne.

Mais avant tout, il vous faut connoître, du moins sommairement, l'histoire de la province, et particulièrement de cette ville : je vous en fais passer un précis rapide que vous lirez dans votre chaise de poste, il vous mettra au fait de ce qu'il faut savoir avant d'entrer dans quelques détails sur l'histoire de Dijon.

J'ai l'honneur d'être, etc. etc.

PRÉCIS

DE

L'HISTOIRE DE BOURGOGNE,

ET PARTICULIÈREMENT

DE LA VILLE DE DIJON.

Les Éduens tenoient le premier rang parmi les peuples de la Gaule celtique, ils étoient voisins des Lingons ; c'est sur le territoire de ces derniers, et presqu'à leur point de contact avec les Eduens, qu'existoit l'ancien DIVION.

Les savans qui se sont occupés de rechercher l'étymologie de ce nom, sont demeurés d'accord qu'il prend son origine dans deux mots celtiques, DIV, *deux*, ION, *eau, rivière*, lesquels indiquent la position de cette ville entre deux cours d'eau, la rivière de l'*Ouche* et le torrent de *Suzon*.

Dijon existoit donc sous les Celtes, puisqu'ils lui donnèrent sa dénomination. L'urne de ce chef de Druides, sur laquelle le médecin Guenebaud a si longuement disserté ; le monument triomphal recomposé par l'ingénieur Antoine *aîné*, d'après les fragmens de sculpture trouvés en fouillant le sol de Dijon ; le temple de la Fortune et celui de Mithra, les débris de colonnes, de statues, de bas-reliefs, d'urnes, de tombeaux, découverts en creusant à certaine profondeur, viennent se réunir pour attester l'ancienne splendeur de cette ville.

Lors de la conquête des Gaules par les Romains, Jules-César qui d'abord s'étoit posté sur le plateau du *Mont-Afrique* pour dominer le pays, en fit descendre ses légions pendant l'hiver, et les établit à Dijon, sous le commandement de *Caius-Fabius*; un camp fut tracé, qui dès-lors prit le nom de *Castrum - Divionense*, et les vainqueurs s'établirent dans le pays qu'ils venoient de subjuguer.

Mais le supplice d'Accon, et la mort de Dumnorix, n'étoient point effacés de la mémoire des Gaulois; ils profitèrent du temps où César étoit dans la Gaule cisalpine, pour reconquérir leur liberté; Vercingétorix fut élu leur chef, les Gaulois, sous sa conduite, poursuivirent les Romains jusques sur l'Armançon, non loin de Tonnerre, et d'abord eurent l'avantage; César lui-même faillit à être pris, dans la mêlée il perdit son épée que les Avernes suspendirent comme un trophée dans leur temple; mais enfin l'arrivée des Germains ayant renforcé la cavalerie romaine, lui procura la victoire.

Vercingétorix se réfugia dans Alise: vous ne manquerez pas de reconnoître sur votre passage cette ville ancienne, sous les murs de laquelle vint expirer la liberté des Gaulois, et vous donnerez des larmes au sort de leur chef infortuné réservé pendant six ans pour servir de triomphe au vainqueur, et qui fut ensuite égorgé dans sa prison pour satisfaire à la vengeance de Rome.

La douceur du gouvernement d'Auguste, maintint ces peuples dans l'obéissance des Romains : Lyon fut créé capitale des Gaules d'abord divisées en Belgique, Aquitanique et Celtique, et cette dernière en cinq lyonnoises, de la première desquelles le pays des Eduens et celui des Lingons firent partie.

Les exactions autorisées sous le règne de Tibère, disposèrent les esprits à la révolte : Florus à Trèves, Sacrovir à Autun, arborèrent l'étendard de l'insurrection, mais les légions romaines les eurent bientôt soumis. Sous le règne de Néron, Vindex souleva pour la troisième fois la Gaule, sans plus de fruit; Virginius le défit dans les environs de Besançon. Maricus excita une sédition chez les Eduens, la jeunesse d'Autun suffit pour la dissiper. Sabinus fut placé par les Lingons à leur tête, les Séquanois unis aux Eduens, marchèrent contre lui, et le firent descendre du trône sur lequel il avoit eu la prétention de se placer.

Je vous rappellerai, Monsieur, ce

trait de vertu conjugale qui fourniroit peut-être le plus beau sujet d'une tragédie nationale, car Epponine est notre compatriote; EPPONINE a bien autant de droit pour nous intéresser, que la veuve d'Hector ou la fiancée d'Achille, et la fille de Virginius.

Sabinus n'ayant échappé à la mort que par la fuite, mit le feu à l'une de ses maisons de campagne, pour laisser croire qu'il s'y étoit brûlé lui-même, et se réfugia dans une caverne où il vécut pendant neuf années: Epponine son épouse se rendoit fréquemment dans cette retraite, elle y devint mère de deux enfans jumeaux et les y allaita; cependant cet asyle ayant été découvert, Sabinus en fut arraché, et conduit à Rome avec son épouse et ses fils. Epponine courut se jeter avec ses enfans aux pieds de l'Empereur, et lui dit: *J'ai nourri moi-même ces enfans dans la caverne, comme une lionne ses petits, afin que nous fussions plusieurs pour vous demander grâce.* Vespasien touché de cette scène attendrissante jusqu'à répandre des larmes, y fit néanmoins céder les intérêts de la politique, condamna Epponine à la mort avec son mari, et ne fit grâce qu'aux enfans. Plutarque dit que ce trait fut le plus odieux et le plus tragique du règne de cet Empereur.

Un siècle se passa sans que l'histoire signalât aucun événement marquant dans cette contrée de l'empire des Gaules. L'an 173, la religion chrétienne y fut apportée par Benigne, Symphorien, Andoche et Thyrse, qui scellèrent de leur sang les vérités qu'ils étoient venus annoncer aux peuples de la Bourgogne.

A l'époque où trente tyrans se disputoient l'empire des Césars, Crocus et ses Vandales ravagèrent la Gaule, y mirent tout à feu et à sang; Langres fut emporté d'assaut, ses habitans furent passés au fil de l'épée, Saint Didier, Évêque du diocèse, eut la tête tranchée par les ordres du vainqueur qui poursuivit le cours de ses dévastations jusqu'à Arles, où Marius arrêta ses fureurs, le fit prisonnier, et après l'avoir fait promener en spectacle dans toutes les villes qu'il avoit saccagées, le fit périr dans les supplices.

Posthume mérita d'être appelé le restaurateur des Gaules; Claude second les laissa envahir par Tetricus qu'Aurélien défit dans les plaines Catalauniques, et qu'il conduisit à Rome pour orner son triomphe, ainsi que la malheureuse Zénobie. Ce fut sous le règne d'Aurélien que furent élevées, vers l'an 274, les premières fortifications de Dijon pour protéger cette ville et la défendre contre les incursions des barbares.

Ces barbares étoient les Bourguignons et les Francs : Probus les repoussa, et les villes des Gaules lui décernèrent des couronnes d'or, comme à leur libérateur ; il permit aux Gaulois de replanter leurs vignes que Domitien avoit fait arracher.

Le vertueux Constance-Chlore eut

le gouvernement des Gaules ; il remporta sur les Germains plusieurs victoires, dont la plus remarquable est celle de Langres : il dispersa les vaincus, et plaça les Attoariens, colonie de Francs, sur la Tille et la Vingeanne, où ils formèrent le *Pagus Attoariorum*, ayant *Antua* pour capitale.

Constantin, son fils, vint en Bourgogne, et releva la ville d'Autun de ses ruines ; il traversa cette province l'année suivante pour aller combattre Maxence, et ce fut pendant qu'il côtoyoit avec son armée, les bords de la Saône, qu'il aperçut le signe lumineux qui lui présageoit la victoire ; vision remarquable d'après laquelle la croix des Chrétiens fut placée sur la couronne des Empereurs.

Julien fit les délices de la Gaule, et contint les peuples du nord ; mais à sa mort ils se répandirent comme des torrens, inondèrent les Gaules et les remplirent de carnage et de sang : les Bourguignons, l'une des tribus des

Vandales, passèrent le Rhin l'an 400, se rendirent maîtres des pays situés entre le Rhin, le Rhône et la Saône, s'y maintinrent, et formèrent le premier royaume de Bourgogne qui dura un peu plus d'un siècle, et dont Gondicaire fut le premier Roi.

Ce prince contribua puissamment avec le patrice Aëtius à triompher de cet Attila, nouveau Crocus, qui, suivi de 500,000 barbares, marquoit aussi ses pas par la ruine des villes, les massacres, les dévastations, le feu et le sang : Besançon, Langres, Auxerre furent renversés; Orléans seul put arrêter ce conquérant féroce qui rebroussant chemin, fut atteint par Aëtius et l'armée des confédérés, dans ces mêmes plaines de Champagne, en juin 451, où 300,000 hommes restèrent sur le champ de bataille.

Gondioc, qui règna après Gondicaire, réunit à ses états le pays des Eduens et celui des Lingons; il eut pour successeur Gondebaud qui, après avoir eu long-temps à lutter contre ses frères, et vainqueur de Chilpéric à Vienne, n'épargna de ses neveux et nièces que cette jeune Clotilde qui porta la foi chrétienne sur le trône des Francs; Clovis vengea la famille de son épouse et gagna sur Gondebaud la bataille dite de *Fleurey-sur-Ouche*, mais qu'un savant moderne a démontré avoir été donnée dans les environs de Dijon; le Roi des Bourguignons fut vaincu par la trahison de son frère Godégésile qui ne s'étoit joint à lui que pour mieux le trahir; en effet, s'étant réuni à Clovis pendant le combat, les Bourguignons pris en flanc, furent défaits par les Français : mais peu après Gondebaud ayant repris ses avantages, força Godégésile dans Vienne, et le fit massacrer dans l'église même où il s'étoit réfugié.

Gondebaud employa les loisirs de la paix à rédiger ces fameuses lois appelées de son nom *gombettes*, que l'immortel Montesquieu réputoit les plus sages des peuples de ces temps-là; Sigismond lui succéda, et fut placé au rang des Saints : après lui Gondomar régna en Bourgogne et fut vaincu par Clotaire qui réunit ce royaume à celui des Francs, en 534.

La révolte de Chramne, fils aîné de Clotaire, est marquante dans l'histoire de Dijon ; ce fut dans cette ville que ce fils rébelle vint, à la tête d'une armée nombreuse, consulter les sorts des Saints : Saint Tétrice, Evêque de Langres, le reçut dans la basilique de Saint-Jean, et lui annonça sa fin tragique à l'ouverture des livres saints : vous savez le cruel châtiment que Clotaire infligea à cet autre Absalon ; il le fit enfermer dans une cabane avec sa femme et ses enfans, et y fit mettre le feu.

La mort de Clotaire donna lieu au partage de ses états entre ses fils : Gontran fut roi d'Orléans et de Bourgogne, et tint sa cour à Châlon-sur-Saône : Childebert lui succéda, et à celui-ci Thierry, sous la tutèle de Brunehaut, que Clotaire second fit périr d'un supplice si cruel dans son camp sur la Vingeanne, événement qui donna lieu à une seconde réunion de la Bourgogne à la France.

Après la mort de Dagobert, qui vint tenir ses assises à Dijon et à Laône, Clovis second fut roi de Bourgogne et de Neustrie; il convoqua à Châlon-sur-Saône un concile, en 644, et les états-généraux de ses royaumes en 650. Clotaire second lui succéda, et à celui-ci Thierry, sur lequel Childéric III réunit, pour la troisième fois, la Bourgogne à la monarchie française.

Le règne de Charlemagne est trop connu pour vous en entretenir; mais celui de ses fils se rattache particulièrement à l'histoire de Bourgogne : Lothaire, insurgé contre son père, pour se venger de Guérin de Vergy, vint assiéger Châlon en 834, et réduisit cette ville en cendres; après la mort de Louis-le-Débonnaire, ses fils se disputèrent ses états; Charles-le-Chauve gagna sur eux la bataille de Fontenai en Auxerrois, où 100,000 hommes s'entre-tuèrent pour des querelles et des prétentions qui furent réglées plus paisiblement dans la conférence que ces princes eurent dans une île formée par la Saône, non loin de Mâcon : ce traité est le premier monument que nous ayons de la langue romance, devenue celle que nous parlons aujourd'hui; la Saône devint limite commune à l'Empire et à la France, d'où l'usage des bateliers de cette rivière d'appeler le bord oriental *Empire*, et la rive opposée *Riaume;* cette conférence a fourni le sujet de la vignette en tête du 3.e livre de l'histoire générale de Bourgogne.

Après la mort de Louis-le-Bègue, l'on vit se former plusieurs nouveaux royaumes de Bourgogne : celui de Provence ou Bourgogne cis-jurane, dont Bozon fut élu Roi au concile de Mantail; celui de Bourgogne transjurane, où régna Rodolphe, couronné à Saint-Maurice en Valais, cérémonie qui fait le sujet de la vignette du 4.e livre de l'histoire générale de Bourgogne; enfin celui d'Arles ou de Bourgogne, réunion des deux premiers sur la tête de Conrad-le-Pacifique. Quant au duché de Bourgogne, il fut gouverné, depuis 880, par des ducs bénéficiaires dont le premier fut Richard-le-Justicier, qui triompha des Normands.

Raoul, qui lui succéda, mit sur sa tête la couronne de France pendant la prison de Charles-le-Simple à Peronne, et donna le duché de Bourgogne à son beau-frère Gilbert de Vergy; après lequel régna Hugues-le-Grand, père de *Hugues Capet*, qui monta sur le trône des Français, et de Henri qui fut son successeur au duché de Bourgogne, dont la possession lui fut confirmée.

Le roi Robert reprit la Bourgogne à Othe-Guillaume pour la donner à son fils Henri, lequel devenu roi de France, la céda en 1035 à son frère Robert, tige des premiers ducs héréditaires de race royale qui tenoient leur cour à Dijon.

Sous les douze ducs qui en composent la série, l'histoire de Bourgogne ne présente aucuns traits marquans : leur race finit avec Philippe de Rouvres, qui, étant mort sans postérité, donna lieu à la réversion de la Bourgogne à la France : le roi Jean s'en saisit à ce titre, et donna cette province à l'un de ses fils qui fut le chef de la seconde race royale des ducs de Bourgogne régnans à Dijon.

Philippe-le-Hardi, le premier de ces ducs, avoit été choisi par les états-généraux pour gouverner le royaume pendant la démence de Charles VI, cette préférence ne put être supportée par la maison d'Orléans ; de là ces haines implacables qui causèrent tant de troubles en France. Jean-sans-peur, duc de Bourgogne, fit assassiner, en 1407, le duc d'Orléans, et les partisans des princes d'Orléans firent assommer le duc Jean sur le pont de Montereau, le 10 septembre 1419. Philippe-le-Bon cherchant à venger le meurtre de son père, se ligua avec les Anglais, et avec eux il conclut ce traité véritablement déplorable qui plaçoit un roi d'Angleterre sur le trône des Français. Seize années d'une guerre à toute outrance, satisfirent enfin les mânes du duc Jean, et son fils acquiesçant au traité d'Arras, se montra ennemi aussi généreux qu'il avoit été redoutable, il racheta le duc d'Orléans prisonnier en Angleterre depuis la bataille d'Azincourt, et paya 400,000 fr. pour sa rançon.

Charles-le-Hardi, né à Dijon le 10 novembre 1433, succéda à Philippe-le-Bon : ce prince aima la guerre, et y fut constamment malheureux; il attaqua les Suisses, et perdit contre eux la bataille de Grantson ; il revint à la charge, et les Suisses éternisèrent sa défaite à Morat, en y élevant, sur le champ même du combat, une chapelle formée des ossemens des Bourguignons qui y périrent, au-dessus de laquelle ils placèrent cette inscription :

Exercitus Caroli Ducis hoc sui monumentum reliquit. An. 1476.

Ce trophée injurieux à la Bourgogne fut renversé par l'un des bataillons de la

Côte-d'Or, lorsqu'il pénétra en Suisse avec les armées françaises en l'an 6.

Charles voulut recouvrer Nancy, dont les Suisses avoient remis le duc de Lorraine en possession, il fut tué sous les murs de cette place, le 6 janvier 1477; il ne laissa qu'une fille née à Dijon le 12 février 1457, unique héritière de ses vastes états, et qui mourut le 27 mars 1481.

On cite de ce prince un acte de justice, qui fourniroit aux Crébillons modernes le sujet d'une tragédie intéressante.

Charles avoit donné le commandement de la Gueldre à un officier allemand, nommé *Rhinsault*, qui l'avoit bien servi dans ses guerres : ce gouverneur avoit remarqué dans la ville de sa résidence une jeune femme, d'une rare beauté, nommée *Saphira*, mariée à un riche marchand nommé *Dauvelt*; il mit tout en usage pour s'introduire chez cette dame et la séduire; mais convaincu qu'il n'y réussiroit pas, il fit emprisonner son mari, sous prétexte d'intrigues avec les ennemis du prince; son procès lui fut fait, et, d'après les ordres de Rhinsault, Dauvelt fut condamné à la mort.

La veille du supplice, Saphira court se jeter aux genoux du Gouverneur, implore sa générosité, sa clémence; Rhinsault est sourd tant qu'on n'accédera pas à ses desirs, mais ses propositions sont rejetées avec indignation; Saphira accablée de douleur, retourne à la prison de son mari, l'informe des honteuses conditions mises à sa délivrance; Dauvelt rougissant d'avouer ce que la crainte de la mort lui suggéroit, laisse échapper quelques mots, qui donnent à entendre à son épouse qu'il ne la croiroit pas déshonorée par une action dans laquelle il étoit persuadé que son intention avoit moins de part que son tendre attachement à son époux.

Déterminée par le consentement de son mari, Saphira court le lendemain chez le Gouverneur, et se met à sa discrétion. Celui-ci se flattant que le premier pas fait, il continueroit avec Saphira le même commerce, lui dit d'aller tirer son époux de prison; mais, ajouta-t-il, vous ne serez pas surprise si j'ai pris des mesures, afin qu'il ne soit pas à l'avenir un obstacle à nos rendez-vous. Saphira court délivrer son époux, le cruel Rhinsault avoit donné l'ordre de presser son exécution; elle arrive, elle le trouve égorgé.

Pénétrée de douleur, outrée d'indignation, Saphira va trouver le duc de Bourgogne, et lui remet un placet, contenant les détails de cette scène barbare; le Duc la retient à sa cour, et y mande Rhinsault.

Ce Gouverneur est mis en présence de la veuve du malheureux Dauvelt: *Connoissez-vous cette femme,* dit le duc à Rhinsault, *oui, MONSEIGNEUR,* répond celui-ci, *et je suis prêt à l'épouser, si VOTRE ALTESSE veut bien regarder cette démarche comme une réparation.* Charles parut satisfait, et fit d'abord en sa présence célébrer le mariage ; puis il dit au Gouverneur : *Vous en êtes venu là, forcé par mon autorité, mais je ne croirai jamais que vous soyez de bonne foi avec votre femme, à moins que vous ne lui fassiez donation de tous vos biens pour en jouir après votre mort.* Cet acte fut de suite expédié, le Duc le remit à Saphira, et lui dit : *Il ne me reste plus qu'à vous mettre en possession des biens que votre nouvel époux vient de vous donner* ; aussitôt il ordonna que Rhinsault fût sur-le-champ mis à mort.

Louis XI qui convoitoit la riche succession du duc Charles, annonça le dessein de marier la Princesse au Dauphin, et sous ce prétexte se fit donner la garde de ses duchés ; mais une fois qu'il s'en vit en possession, il cessa de feindre, et publia qu'il ne s'étoit emparé des états du duc Charles, qu'à titre de réversibilité à la couronne ; alors les comtés de Bourgogne et de Flandres secouèrent son joug et se rangèrent du parti de la jeune héritière de Bourgogne, peu après, mariée à l'Empereur Maximilien, à qui elle apporta en dot toutes les possessions des derniers ducs de Bourgogne ; Louis XI n'en conserva que le duché, qui fut dès-lors irrévocablement réuni à la couronne de France, et suivit le sort de cette monarchie.

Par ce traité, le duché de Bourgogne devenu province frontière d'un grand état, étoit exposé à se voir le théâtre des hostilités au moindre signal de guerre ; une des suites de la bataille de Novarre gagnée sur les Français, fut le siége de Dijon ; le Pape et l'Empereur voulant poursuivre leurs avantages, déterminèrent les Suisses à pénétrer en Bourgogne ; ils s'y rendirent en 1513, au nombre de plus de 30,000 hommes, sous le commandement de Jean de Vatteville, et se portèrent de prime-abord sous les murs de Dijon ; la Tremouille qui y commandoit, les voyant près d'entrer par la brèche, parvint à conclure avec eux un traité qui sauva Dijon, la Bourgogne et la France.

Quelques années après, la guerre ayant été de nouveau déclarée entre Charles-Quint et François I.er, les troupes impériales désolèrent la frontière, et y commirent de tels ravages, qu'il fallut convoquer le ban et l'arrière-ban pour les en déloger. Marguerite d'Autriche, qui avoit pour apanage le comté de Bourgogne et la Bresse, à laquelle cet état de guerre étoit le plus dommageable, ayant tenté de reconcilier l'Empereur et le Roi, sans avoir pu y réussir, chercha à éloigner de ses possessions le théâtre de la guerre, et parvint à faire accepter, par l'entremise des Suisses, un traité de neutralité entre les deux Bourgognes, qui fut signé à St.-Jean-de-Laône, le 8 juillet 1522, et il est remarquable que ce fut sous les murs de cette même ville que vinrent échouer un siècle après, les efforts des premiers infracteurs de ce traité.

Vaincu par Charles-Quint, et devenu son prisonnier, François Ier se vit forcé de consentir à céder le duché de Bourgogne pour rançon ; mais les états de cette province s'y opposèrent formellement, et renouvelèrent énergiquement leur refus dans l'assemblée de Cognac ; alors Charles-Quint chargea le comte de Launoy de s'emparer de cette province par la force des armes ; Auxonne fut la première ville devant laquelle il se présenta, il fut bientôt obligé d'en lever le siége.

La Bourgogne fut peut-être l'une des provinces qui se ressentit le plus des troubles de la ligue, et cela n'est pas étonnant, le duc de Mayenne y commandoit ; aussi fut-elle la dernière à se soumettre, il fallut venir y combattre la ligue, et la bataille de Fontaine-Française, gagnée par Henri IV en personne, mit fin à ces discordes civiles, dont la religion n'étoit que le prétexte ; Seurre, dominée par le capitaine Lafortune, fut la dernière ville qui se rendit en l'obéissance d'Henri IV.

Les infractions au traité de neutralité, desquelles la France avoit à se plaindre, déterminèrent Louis XIII à en obtenir le redressement par la force des armes : le prince de Condé fut chargé d'aller investir Dole en 1636, mais il fut obligé d'en lever le siége : Galas, général de l'empire, vint par représailles assiéger Saint-Jean-de-Laône, que la belle défense de ses habitans le força d'abandonner le 3 novembre de la même année.

Les troubles de la fronde eussent été inconnus en Bourgogne, si Mazarin n'eût pas fait arrêter le prince de Condé qui en étoit gouverneur : le vainqueur de Rocroi y avoit un parti puissant ; le procureur-général Lenet, le premier président Bouchu, l'intendant Machaut, le comte de Tavannes, élu de la noblesse, tenoient le parti du prince ; mais le maire Millotet et le marquis de Tavannes, lieutenant-général, restèrent fidèles au Roi, et déjouèrent toutes les manœuvres des partisans de Condé, qui ne purent avoir à leur disposition que la seule place de Seurre, jadis Bellegarde, défendue par le comte de Tavannes, avec une garnison de vieux corps, instruits à vaincre sous le Grand Condé : le siége de cette place étant résolu, Louis XIV se rendit en Bourgogne; les salves d'artillerie, les cris de joie qui annoncèrent son arrivée au camp, rappelèrent dans l'ame de ces vieux soldats ce qu'ils devoient à leur patrie, à leur roi; eux-mêmes demandèrent à capituler, Bellegarde fut rendue le 21 avril 1650, et Condé fut mis en liberté l'année suivante.

Le gouvernement de Bourgogne n'ayant pas été rendu à ce prince, le commandant du château de Dijon fit refus de le remettre au nouveau gouverneur, le duc d'Epernon, qui se vit forcé de l'obtenir par la force des armes; la Planchette qui défendoit cette citadelle, fit tirer pendant plusieurs jours le canon des tours sur la ville, y jeta un grand nombre de bombes et de grenades ; mais une mine que le duc d'Epernon fit jouer sous l'une des tours, détermina la capitulation de cette forteresse.

Seurre avoit de nouveau repris les armes en faveur de Condé, et le siége en fut résolu une seconde fois ; Boutteville, qui y commandoit, ne rendit la place qu'après un mois de tranchée ouverte, le 8 juin 1653. Cette fois les fortifications de Seurre furent rasées et la place démantelée. Vous n'omettrez pas de remarquer que ce fut sous les murs de cette petite ville que les factions de la ligue et de la fronde jetèrent leurs derniers soupirs.

Louis XIV se rendit maître de la Franche-Comté en 1668 et 1674 ; le traité de Nimègue assura définitivement la réunion de cette province à la France, et la tranquillité de la Bourgogne, qui cessant d'être province frontière, ne fut plus exposée à être le continuel théâtre des guerres.

En vous traçant ce précis rapide de l'histoire de la Bourgogne, je n'ai voulu que vous en poser les points principaux; personne ne connoît mieux que vous, Monsieur, son histoire de France, votre mémoire vous fournira les détails qui ne peuvent entrer dans une esquisse que j'ai cherché à tracer avec la plus grande concision possible.

Je dois aussi vous dire un mot de la situation, et des établissemens anciens et modernes de la ville que vous desirez connoître; afin qu'en y arrivant, vous en ayez déjà une idée.

Dijon est situé au 47 deg. 19 m. de latitude, et au 22 deg. 42 m. de longitude, à 34 myriamètres de Paris, 17 de Lyon, 7 de Besançon, au confluent de l'Ouche et de Suzon, au pied du Mont-Afrique, et sur un sol de 194 mètres d'élévation au-dessus du niveau de la mer. L'étendue de cette ville qui a la forme d'un ovale, est d'environ cent hectares; on y compte 15 places, 100 rues, 2000 maisons, trois faubourgs et vingt mille individus.

Avant la révolution, cette ville étoit la capitale du duché de Bourgogne, le siége d'un gouvernement militaire, d'un évêché, d'une intendance, d'une administration d'élus généraux, d'un parlement, d'une chambre des comptes, d'un bureau des finances, d'un hôtel des monnoies, d'une maîtrise des eaux et forêts, d'un bailliage-présidial, d'une juridiction consulaire, d'une université de droit, de deux séminaires et d'un collége : on y comptoit quatre collégiales, sept paroisses, trois abbayes, trois hôpitaux, dix monastères d'hommes et dix couvens de femmes.

Aujourd'hui Dijon est le chef-lieu du département de la Côte-d'Or, d'une sénatorerie, d'une cohorte de la légion d'honneur, de l'état-major de la 18.e division militaire, d'une cour impériale, d'un évêché, d'une préfecture, de tribunaux de première instance, de commerce, de police et de paix; de la 18.ᵉ conservation des forêts, de la 21.ᵉ légion de gendarmerie impériale, des directions des domaines, des droits réunis, des contributions directes; de la résidence des receveur et payeur généraux; d'une académie impériale et de celle des sciences, arts et belles-lettres, d'un lycée, d'une faculté de droit, d'une école spéciale des beaux-arts, et d'un musée. [et d'une école de médecine] Cette ville renferme trois paroisses et une succursale, un séminaire, trois hôpitaux, etc., etc., etc. C'est l'une des bonnes villes de l'empire.

Vous trouverez chez ses habitans beaucoup de franchise, de politesse, d'usage du monde et d'aménité; un tact sûr, un goût épuré, la répartie prompte et heureuse, l'instruction généralement répandue. Les Dijonnais sont spirituels, aimables, amis du luxe et des plaisirs, et ils ne le sont pas moins de la bienfaisance et des arts; ils sont fiers de leur patrie, et tous leurs efforts sont dirigés vers ce qui peut la rendre plus agréable ou plus illustre.

Dijon s'honore à juste titre des grands hommes qu'elle a produits dans tous les genres : prélats, hommes d'état, grands capitaines, magistrats, orateurs et écrivains du premier rang, poètes et musiciens célèbres, peintres et sculpteurs du premier mérite, historiens érudits, jurisconsultes profonds, médecins habiles, il n'est aucune partie dans laquelle cette ville n'ait fourni des sujets distingués, et j'ose espérer que ces essais biographiques vous en fourniront la preuve.

ESSAIS
HISTORIQUES ET BIOGRAPHIQUES
SUR DIJON.

PREMIÈRE PARTIE.

Soyez le bien arrivé, Monsieur; comme vous voyez, je viens vous recevoir sur l'extrême frontière du territoire de Dijon; il me paroît que la route ne vous a point trop fatigué, la matinée est charmante, mettez pied à terre, laissez votre voiture entrer seule en ville, et pendant que votre domestique prendra soin de tout, nous ferons au dehors la promenade que je vous avois annoncée.

Cette montagne, coupée à pic, cette rivière qui serpente dans le bas, les cavités de ces rochers, les usines sur le cours d'eau, rendent le point où nous sommes, véritablement pittoresque ; aussi deux vues en ont-elles été gravées dans le voyage pittoresque de France, tom. 2.ᵉ

Ouche. La rivière que vous venez de côtoyer est celle de L'OUCHE, qui prend sa source à Lusigny, passe à Beligny-sur-Ouche, coule du nord au sud jusqu'à Sainte-Marie, jadis *Coïon*, et depuis ce village, prend sa direction de l'ouest à l'est jusqu'à Dijon. Arrivée près de cette ville, l'Ouche dirige son cours du nord-ouest au sud-est, en ligne assez droite jusqu'à la Saône, où elle vient se perdre, non loin de Saint-Jean-de-Laône, après avoir parcouru une étendue d'environ 7 myriamètres (1). Cette rivière donna son

---

(1) Vous savez que dans son épître à Maxime, Julien nous rapporte que lorsqu'un Gaulois soupçonnoit d'infidélité son épouse, il la forçoit à précipiter elle-même, dans les eaux du Rhin, les enfans qu'il avoit eus d'elle ; si ces enfans alloient au fond de l'eau, l'épouse étoit réputée coupable d'adultère, et comme telle mise à mort ; si au contraire les enfans

nom à l'un des anciens cantons de la Bourgogne, celui du Loscheret, *Pagus oscarensis*, situé entre la Saône et la Vouge, dont *Laône* étoit le chef-lieu, et *Maldegaudus*, le dernier comte, sur la fin du IX.ᵉ siècle.

A droite est le MONT-AFRIQUE, dont le sommet forme un plateau de

Mont-Afrique.

---

pouvoient gagner l'un des bords du fleuve, ils devenoient la preuve de l'innocence de leur mère ; vertu, dit Sainte-Foix, qu'heureusement l'on n'a jamais attribuée à la Seine : c'étoit le contraire pour les eaux de l'Ouche. On nous rapporte qu'en 1640, les habitans de Mâlain, attribuant aux sorciers les intempéries qui détruisirent leurs récoltes, se saisirent de ceux qu'ils présumoient magiciens, leur attachèrent les pouces aux orteils, et les précipitèrent dans l'*Ouche*, faisant grâce à ceux qui allèrent au fond de l'eau, et réputant convaincus de pacte avec le diable, ceux qui avoient surnagé. Ils firent en conséquence le procès à treize de ces malheureux, trois furent condamnés à être pendus, comme sorciers et magiciens ; mais le parlement les innocenta, et renvoya dans leurs foyers ces victimes d'une superstition ignorante et cruelle.

trois kilomètres, dans lequel se reconnoissent encore les vestiges d'un retranchement de quinze cents pas de longueur, appelé le *Camp de César*, qui y posta deux légions, tant pour découvrir le pays que pour garder le défilé de Plombières. Les botanistes visitent souvent, pendant l'été, cette montagne sur laquelle on trouve quantité de plantes alpines décrites dans la *Flore de Bourgogne*, publiée, en 1782, in-8.° 2 vol., par M. Durande *père* (1), médecin très instruit, et botaniste savant. La carte jointe à cet ouvrage passe pour être

---

(1) Jean-François Durande, né à Dijon, le . . . . étoit profondément versé dans toutes les connoissances qui se rattachent au grand art de guérir les hommes : sa *Flore de Bourgogne*, ses mémoires sur la *coraline*, les *champignons*, les *abus dans l'ensevelissement des morts*, et sur plusieurs autres sujets, insérés dans les Mémoires de l'Académie de Dijon, dont il fut un des membres distingués, établissent la réputation de ce médecin praticien. Il mourut le 23 janvier 1794.

le chef-d'œuvre du graveur Monnier (1), dont le burin est très estimé.

A gauche vous apercevez TALANT, ancien château des ducs de Bourgogne, qui subsista jusqu'au XVII.ᵉ siècle ; le vicomte de Tavannes qui y commandoit pour le parti de la ligue, osa bien faire tirer le canon de cette citadelle sur le couvent des Chartreux, où Henri IV étoit allé souper quelques jours après la bataille de Fontaine-Française (2), et cette insolence

Talant.

---

(1) Louis-Gabriël MONNIER, né à Besançon le 11 octobre 1733, mort à Dijon le 28 février 1804, manifesta son penchant pour les arts dès l'âge le plus tendre, et se livra sans réserve à son goût pour la gravure. Les cartouches de la carte botanique, de celle de Bourgogne par Pourcher, les planches des antiquités de Dijon, du Salluste de M. Debrosses, les vignettes du 4.ᵉ vol. de la grande histoire de Bourgogne, sont autant de monumens que cet artiste a laissés de ses talens et de ses droits à l'estime publique.

(2) Elle fut donnée le 5 juin 1595 : M. de la Mare assure avoir souvent ouï dire à sa

décida du sort de cette place, dont la démolition fut de suite ordonnée et exécutée dans l'année 1607.

Talant étoit la patrie de Claude Mignaut, savant professeur en droit, doyen de cette faculté à l'université de Paris, dans le XVI.ᵉ siècle : Papillon rapporte les titres de 18 ouvrages qu'il publia, parmi lesquels on remarque les éditions qu'il a données de Pline, d'Horace et d'Ausone.

Fontaine. Un peu plus loin, et sur une autre élévation, est le village de FONTAINE-*les-Dijon,* patrie de *St. Bernard.* Sur l'emplacement même du château de Tesselin-le-Roux, père de ce grand homme, (acquis de Joachim de Damas, en 1614), fut fondé un monastère de Feuillans, duquel Louis XIII se déclara le protecteur, et qui subsista

---

mère qu'Henri IV, en entrant à Dijon, avoit un pourpoint de futaine blanche percé aux deux coudes, et que le matin du jour de cette bataille, elle le vit aux stalles des chanoines de la Sainte-Chapelle, où il étoit venu seul, et qu'il y prioit Dieu avec une ardeur édifiante.

jusqu'à la suppression des ordres monastiques.

Vous êtes en face de la principale porte du couvent des CHARTREUX, gravée dans le voyage pittoresque de France, ainsi qu'une vue de Dijon prise de ce point.

Ce monastère fut fondé le 15 avril 1383 dans l'enclos de *Champmol*, par Philippe-le-Hardi ; les ducs et duchesses de Bourgogne se complurent à enrichir cette maison de tout ce qu'ils avoient de plus précieux, et l'affectèrent à leur sépulture. On voyoit dans leur église les superbes mausolées, en marbres noirs et blancs, de Philippe-le-Hardi, né à Pontoise le 15 janvier 1341, mort à Halle le 27 avril 1404, et de son fils Jean-sans-Peur, né à Dijon en 1371. Ces monumens sortis du ciseau de *Claux-Slutter* et *la Versa*, sont remarquables par le beau poli des tables, et par la délicatesse de la galerie dentelée qui servoit de soubassement : entre chacun des piliers de cette galerie étoit une petite

Champmol.

statue de chartreux ; chacun de ces moines avoit l'expression de la douleur ; pas un n'avoit la même attitude ; et l'on regardoit comme étonnant que le sculpteur eût su varier jusqu'à 70 fois le même sentiment sous le même froc. Ces tombeaux transportés dans la nouvelle cathédrale avec assez de précaution, et replacés aussi bien que cela pouvoit être, y furent brisés dans les temps de crises révolutionnaires ; il ne nous en reste que la gravure que je vous montrerai dans l'histoire de D. Plancher, et dans le voyage pittoresque de France ; on voit encore quelques statues de chartreux déposées au Muséum.

Philippe-le-Bon, né à Dijon le 30 juin 1396, et qui mourut à Bruges le 4 juillet 1467, avoit laissé en dépôt dans ce couvent, les sommes nécessaires pour faire élever son tombeau à côté de ceux de ses pères, mais son fils le duc Charles exigea impérieusement que le Prieur lui remît cet argent, dont il avoit besoin pour subvenir aux dépenses de ses guerres ; il se borna à faire transporter le corps de son père de Bruges à Dijon, et le fit déposer dans le caveau du duc Jean. Plusieurs duchesses de Bourgogne avoient aussi leur sépulture dans cette église.

François Ier étant à Dijon en juillet 1521, eut la curiosité de visiter les caveaux où étoient déposés les restes de cette célèbre et puissante maison de Bourgogne : en examinant la tête du duc Jean, il parut étonné de la largeur de la plaie que lui avoit faite au crâne la hâche de Tannegui du Châtel; SIRE, lui dit le prieur, *c'est par ce trou là que les Anglais sont entrés en France;* mot plein de sens et de vérité, car le meurtre de Jean-sans-Peur, arma le duc Philippe contre le parti d'Orléans, et delà le traité qui fit asseoir momentanément le monarque anglais sur le trône de Clovis et de Charlemagne.

Les Chartreux de Dijon ont eu quelques religieux qui méritent d'être distingués.

Jean DEVAUX que le roi Charles VI chargea près de la cour de Rome de plusieurs négociations importantes.

Louis GAUDET qu'Henri IV nomma à l'évêché de Mâcon.

Jean PIOCHON, né à Dijon en 1649, reçu aux Chartreux, ne put supporter long-temps l'austérité de cette vie; rendu au monde, il s'adonna à la chirurgie, et particulièrement à la cure des hernies et descentes, genre dans lequel il s'acquit une grande réputation; il fut reçu chirurgien à Saint-Côme, et mourut le 17 juin 1701.

Ce monastère et ses vastes dépendances furent acquis par M. CRETET, qui dans les premières années de la révolution vint y fixer sa résidence.

Elu député du département de la Côte-d'Or à la première législature, M. Cretet fit partie du conseil des Anciens; nommé conseiller d'état, et l'un des commandans de la légion d'honneur, il devint directeur-général des ponts et chaussées, gouverneur de la banque de France, ministre de l'intérieur, et décéda à Paris le 28 novembre 1810, à son retour de cette maison qu'il avoit voulu visiter pour la dernière fois, et dont il avoit pris son titre de comte de *Champmol;* il fut inhumé au panthéon avec les honneurs dus à son rang. Il étoit né au Pont de Beauvoisin, le 10 février 1747.

De la sépulture des princes passons à celle des citoyens, pour n'avoir plus à revenir sur ces lugubres mais salutaires pensées : ce grand enclos que l'on aperçoit à gauche, est le cimetière de Dijon. Cimetière

Les Gaulois n'enterroient point leurs morts, mais les brûloient avec tout ce qu'ils avoient de plus cher, et en conservoient les cendres dans des urnes sépulchrales ; les Romains introduisirent chez ces peuples la religion des tombeaux, alors chaque famille gauloise fut inhumée dans son champ ou sur le bord des chemins, dans des cercueils assez ordinairement formés d'une seule pierre, recouverte d'une dalle bombée, aussi d'un seul morceau. On a déterré plusieurs tombeaux de cette espèce dans les environs de Dijon, et même dans l'intérieur de cette ville ; et ce fut dans un cercueil de ce genre que fut trouvé le corps de St. Benigne, hors des murs de la primitive enceinte, car les lois ecclésiastiques défendoient d'enterrer dans les villes, à plus forte raison dans les églises, et chaque commune avoit alors son cimetière avec une chapelle sépulchrale.

C'étoit sur ces cimetières communs, comme sur un local sanctifié par la cendre des morts, sur une terre pleine d'honorables souvenirs, que les habitans s'assembloient pour traiter des affaires communes, de l'élection de leurs magistrats, etc., etc. Dijon conservoit un monument de cet usage en faisant la réception des maires sous le portail St. Philibert, église élevée sur l'emplacement du premier cimetière de Dijon. Dans les villages les assemblées des habitans se tiennent encore sur les cimetières.

Au IX.ᵉ siècle, l'orgueil et la vanité firent abandonner les cimetières communs ; l'on enterra dans les églises, d'abord les évêques et les souverains, puis les prêtres et les seigneurs, puis enfin les simples clercs et les citoyens riches ; chaque paroisse n'étoit pavée que de tombes, et étoit entourée de son cimetière ; un cri général s'éleva sur la fin du dernier siècle, contre l'existence de ces sources d'insalubrité, au milieu des villes populeuses ; le docteur Maret entre autres, publia à ce sujet plusieurs mémoires, et l'autorité ordonna la translation de tous les cimetières hors des villes, et leur réunion en un seul : c'est de cette époque que date le cimetière dont vous voyez la clôture, et qui étoit celui des sept paroisses de Dijon. C'est là le point où viennent se briser tous les projets, toutes les vanités, toutes les passions, toutes les haines; où l'homme n'est plus distingué de l'homme que par le souvenir des bienfaits et des vertus par lesquels il a marqué la route de son existence.

Arquebuse. Portez vos regards à droite; ce pavillon qui a son aspect sur la grande route, est celui du jeu de l'Arquebuse.

Avant l'invention de la poudre à canon, les armées n'étoient composées que d'archers et d'arbalêtriers; les habitans des villes qui étoient tenus de fournir au prince certain nombre d'hommes, suivant les circonstances, s'exerçoient en temps de paix, au maniement des armes, dont ils devoient se servir à la guerre; les souverains favorisèrent ces exercices, en accordant des priviléges, et les villes, en concédant des exemptions aux plus adroits des tireurs : telle fut l'origine et le but des compagnies de l'arc et de l'arbalète, auxquelles vint s'acoller celle de l'arquebuse, depuis l'usage des armes à feu.

Le jeu de l'Arc avoit son pavillon dans la rue Sainte-Anne; son établissement remonte à la fin du XIV.ᵉ siècle.

La compagnie de l'Arbalète avoit le sien dans la rue Maison-Rouge; son institution à Dijon date de la même époque.

Le pavillon de l'Arquebuse remonte à 1558 : Henri IV l'honora de sa présence; on y rendit le grand prix de 1715, qui fut remporté par un chevalier de l'arquebuse de Beaune, dont la compagnie le rendit à son tour en 1778; c'est le dernier qui eut lieu dans la province.

Ces compagnies, composées dans chaque ville de citoyens notables, rendirent de très bons services à nos rois, et notamment aux batailles de Bouvines et de Marignan, aux siéges de St.-Quentin, St.-Jean-de-Laône et Besançon (1).

---

(1) Les arquebusiers d'Auxonne arrivèrent au dernier assaut que Galas donna à la ville de

Le local à la suite de ce pavillon, a été disposé en jardin anglais, aux frais et par les soins de M. le comte de Montigny, dernier capitaine de cette compagnie ; c'est aujourd'hui une promenade publique, très agréable, sur-tout au printemps, à l'époque de la floraison.

Le quinconce sur la gauche est la *promenade du Roi de Rome* élevée sur les débris de tous les bâtimens qui se détruisent ou se réparent à Dijon ; ces décombres apportés en cet endroit de toutes les parties de la ville, ont exhaussé le sol au niveau des routes, et doivent finir par prolonger cette

---

Saint-Jean-de-Laône, et partageant, sur la brèche, en zélés voisins, l'honneur et les dangers des assiégés, contribuèrent à faire lever le siège.

Ceux de Dijon accompagnèrent Louis XIV au siège de Besançon, en 1674 ; l'on attribue à *Everard,* l'un d'eux, la prise de la citadelle ; Louis-le-Grand, en satisfaction des services des chevaliers de l'Arquebuse de Dijon, fit présent d'une épée à J. Beruchot, leur commandant.

promenade jusqu'à la porte d'Ouche. Sa dénomination éternise le souvenir de l'honneur que reçut la ville de Dijon d'avoir eu son Maire (M. le chevalier DURANDE) choisi pour présenter au nom des bonnes villes de l'empire, la médaille qu'elles avoient fait frapper à l'occasion de la naissance de cet auguste PRINCE.

Suivons le chemin couvert, nous arriverons au faubourg d'Ouche, où est l'HÔPITAL-GÉNÉRAL. {Hôpital.}

L'hôpital de la charité fondé en 1204, par le duc Eudes III, en faveur des pélerins, des pauvres, des enfans abandonnés, fut d'abord placé sous la direction des religieux hospitaliers de l'ordre du Saint-Esprit, qui, en 1446, furent mis sous la règle de Saint Augustin, et dont la maison devint magistrale de l'ordre. Vers 1640, des religieuses du même institut furent appelées au service des malades, mais 44 ans après, elles furent remplacées par des hospitalières établies par Benigne JOLY, chanoine de St.

Etienne, mort à Dijon en odeur de sainteté; les chanoines hospitaliers de St. Augustin furent réunis en 1769 à l'ordre de Saint Lazare, sous le commandeur Calmelet, qui avoit composé l'histoire de cette maison.

Les hôpitaux des différentes paroisses, ceux de la Chapelotte, de la Magdeleine, de Saint Benigne, de la Maladrerie, de Saint Fiacre et de Saint Jacques, ayant tous été successivement réunis à celui que vous voyez, il prit alors le nom d'Hôpital-général.

Il nourrit annuellement plus de mille personnes; les malades, les vieillards, les orphelins, les insensés y trouvent un asyle secourable; l'on peut dire que dans tous les temps des personnes pieuses ont rivalisé de libéralités envers cette maison, dont le revenu ne s'élève qu'à 70,000 fr. Ainsi la bienfaisance modeste des habitans de Dijon est peinte et caractérisée par l'inscription qu'on lisoit sur la principale porte de cet hospice :

NULLOS FUNDATORES OSTENTO,
QUIA PLURES, QUIA HUMILES.

Derrière cet hôpital est le point de communication des mers : ce canal, en activité depuis quelques années, conduit à Saint-Jean-de-Laône, regagne celui de jonction du Doubs à la Saône, qui de Dôle vient aboutir à Saint-Symphorien, et ce dernier communique au canal qui doit joindre le Doubs au Rhin, dont les travaux se pressent activement. Descendant la Saône jusqu'à Châlon, on trouve le canal qui réunit la Saône à la Loire, fleuve dont les eaux se versent dans le grand Océan; enfin, le canal de Dijon doit correspondre à celui de l'Yonne, qui se jette dans la Seine; de sorte que du point où nous sommes, l'on pourra naviguer jusqu'à la Méditerranée, la mer du Nord, la Manche et l'Océan.

Le 1.er plan du canal de Dijon à la Saône fut dressé le 17 juillet 1603, par les ordres de Sully, d'après les projets présentés à Louis XII en 1501; Pierre Jeannin donna la première idée du canal de jonction de la Saône à la Seine, par l'intermédiaire de l'Yonne ; ainsi ces canaux se rattachent au souvenir des deux ministres les plus intègres dont puisse s'honorer le règne d'Henri IV.

Les projets, les plans, l'exécution de ces canaux, sont dus à M. Gauthey (1), ingénieur en chef de la province de Bourgogne. Les 23 et 24 juillet 1784, les premières pierres de ces canaux furent posées solennellement à Châlon et à S.ᵗ-Jean-de-Laône,

―――――――――――

(1) Emilland-Marie Gauthey, né à Châlon-sur-Saône le 3 décembre 1732, d'abord professeur de mathématiques à l'école des ponts et chaussées, fut envoyé en Bourgogne comme sous-ingénieur, en 1758 : le quai de Châlon, le pont de Navilly, l'église de Chagny, le palais des États à Dijon, sont des ouvrages qui attestent les talens de cet ingénieur, qui fut nommé, en 1791, inspecteur général des ponts et chaussées, fonctions qu'il remplit avec zèle et distinction jusqu'à sa mort arrivée le 14 juillet 1807. M. Navier, son neveu, a publié son éloge et ses œuvres en plusieurs volumes in-4.° contenant ses traités sur l'art de construire les ponts, canaux de navigation, écluses, etc, etc.

par le prince de Condé; un obélisque (1) fut élevé près du bassin destiné à réunir les eaux du Rhin et de la Saône, de la Loire et de la Seine; une médaille fut frappée pour éterniser la mémoire d'une aussi vaste entreprise; cette médaille du plus grand module, est un chef-d'œuvre de burin; elle a pour exergue, *Utriusque maris junctio triplex.*

La longueur du canal de jonction de la Saône à la Loire est de 11 myriam., il a coûté 11,120,000 liv, l'eau y fut

---

(1) On lisoit sur l'une des faces cette inscription:

L'AN DE GRACE MDCCLXXXIV,
XI.ᵉ DU RÈGNE DE LOUIS XVI
LE XXIV JUILLET
S. A. S. L. J. DE BOURBON PRINCE DE CONDÉ
A POSÉ AU NOM DU ROI
A L'ÉCLUSE DE SAINT-JEAN-DE-LAÔNE
LA PREMIÈRE PIERRE DU CANAL DE BOURGOGNE
POUR LA COMMUNICATION DES DEUX MERS
PAR LA SAÔNE ET LA SEINE
ENTREPRIS PAR LES ÉTATS DE BOURGOGNE
EN VERTU DES ÉDITS DU ROI
DES MOIS DE SEPTEMBRE ET DÉCEMBRE
MDCCLXXXIII.

mise sur la fin de 1791, depuis cette époque il est en pleine navigation.

Le canal de Dijon à la Saône jusqu'à Saint-Jean-de-Laône, a 30 kilom. de longueur, il a coûté plus de 300,000 liv., l'eau y fut mise sur la fin de 1809, depuis, il est en activité.

Celui de la Saône au Doubs, du village de Saint-Symphorien à Dôle a 16 kilom. de longueur, les travaux s'en pressent avec beaucoup de célérité; il a été ouvert en 1802.

Enfin, celui qui depuis Dijon doit rejoindre l'Yonne, aura environ 12 myriam. de longueur; il est déjà navigable jusqu'au Pont-de-Pany, l'on travaille sans relâche à l'achever.

Larrey. Un peu plus loin que ce canal, vous voyez quelques maisons, restes de l'ancien bourg de LARREY, duquel deux vues existent dans le voyage pittoresque de France. Larrey donné en 586 aux moines de Saint-Benigne par le roi Gontran, devint une célèbre abbaye de filles dès le XI.e siècle, à laquelle succéda dans le XIV.e un monastère d'hommes, qui fut réuni à celui de Saint-Benigne en 1709 ; c'est sur son territoire qu'est situé le climat des *Marcs-d'Or*, qui donne son nom à ce département.

C'est là où commence cette côte de Dijon à Beaune, à Châlon, qui produit ces fameux vins de Bourgogne, dont la réputation est assez établie pour que je me dispense de vous les vanter ; la prééminence de ces vins donna lieu à Hugues de Salins, médecin de Beaune, mort le 29 septembre 1710, de réfuter une thèse publique soutenue à Rheims, en faveur du vin de Champagne, par un traité *ex professo*, intitulé : *Defensio vini Burgundiani adversùs vinum Campanum. Belnae* 1705, in-4.º, dont il y eut trois éditions successives ; c'est à l'aspect oriental de ce côteau que l'on trouve les vignobles de *Chenôve, Chambole, Chambertin*, le *clos de Vougeot, Vosne,* la *Romanée,* St.-*Georges,* la *Tâche, Nuits, Beaune, Pomard, Vollenay, Montrachet, Meur-*

sault, etc., etc., mais n'allons pas si loin, et reprenons l'allée du chemin couvert.

Dans la façade de la maison qui fait perspective au pont aux Chèvres, remarquez plusieurs bas-reliefs qui y sont incrustés; ils méritent de fixer votre attention.

Ce sont d'abord deux groupes de danseuses, qu'on a pris pour des cariatides, parce que pour cacher quelques mutilations à la partie supérieure, le maçon posa sur la tête de ces figures des guirlandes de fleurs; mais M. Legouz-Gerland a solidement réfuté cette opinion.

Au milieu de ces groupes est un bas-relief, représentant le TRIUMVIRAT.

Antoine, Octave et Lépide, soutenant le globe terrestre, se partagent l'empire du monde; à leurs pieds est la terre caractérisée par une femme couchée tenant une corne d'abondance, et qui leur présente une grenade en signe de fidélité.

Ce morceau représente l'entrevue

des triumvirs dans l'île de Reno près Bologne, et date de cette époque ; car, observe judicieusement M. Legouz-Gerland, plus tard l'on n'auroit pas osé représenter l'emblême d'un pacte qu'Auguste avoit rompu pour arriver seul à la souveraine puissance ; ce n'eût pas été faire sa cour à l'Empereur, et sa politique ne l'eût pas toléré.

Ces bas reliefs, présume encore le même antiquaire, durent faire partie d'un plus grand monument élevé en l'honneur des triumvirs, d'Antoine sur-tout auquel échut en partage le gouvernement des Gaules, et qui est placé au milieu de ses deux collègues ; les danseuses sont l'emblême de la satisfaction des Gaulois de ce que l'accord des triumvirs rendoit le calme à l'empire ; elles sont en harmonie avec l'exergue de la médaille frappée pour le même sujet, et portant pour légende, *Salus generis humani.*

Dans ce que l'on remarque à la

main de chacun des personnages de ce bas-relief, les uns ont cru voir des gobelets, et en effet les gobelets se retrouvent fréquemment sur les monumens découverts en Bourgogne, mais on ne les signale que sur les monumens funéraires, et celui-ci ne sauroit être de ce genre; d'autres pensent que c'est un rouleau de papier, le *volumen*, et ce sentiment est beaucoup plus raisonnable, car chacun des contractans a dû avoir un double de l'accord convenu entre eux.

Ce bas-relief est d'un fini précieux, ce qui nous atteste encore qu'il est des beaux temps de la république romaine, qui amenèrent le siècle d'Auguste.

Suivons toujours le chemin couvert le long de ce faubourg, nous trouverons le *jardin de l'Ile*, dans une île formée par deux bras de l'Ouche, où existoit l'un des hôpitaux des ladres ou lépreux. Une belle manufacture de faïence a succédé dans cette île à une de mousseline, façon des

Indes, qui méritoit une plus grande réputation. L'on aperçoit le *Castel*, maison de plaisance d'un goût singulier, dont les jardins embellis par des pièces d'eau, deviennent, pendant l'été, une promenade infiniment agréable.

Un peu plus loin est le Cours, qui portoit autrefois le nom de *La-Reine*, dont l'existence date de la fin du XVI.e siècle ; il est formé de trois allées d'arbres de 2 kilomètres de longueur, qui aboutissent à un grand PARC, dessiné par le célèbre *Lenôtre*, et dont les massifs sont remplis de toutes sortes d'arbres et arbustes ; ce parc appartenoit autrefois aux princes de Condé, qui prenoient plaisir à le voir une promenade publique ; depuis la révolution il a été cédé à la ville, afin qu'il conservât cette destination. Ce seroit le soir d'un beau dimanche de l'été qu'il faudroit vous y promener pour le voir brillant, embelli et paré de tout ce que l'élégance des toilettes peut offrir de plus éclatant et de plus recherché ; l'affluence du beau sexe

Parc.

répandu dans les différentes allées, forme dans ce parc un coup-d'œil enchanteur.

Ce fut dans le cours qui le précède, qu'eut lieu, en 1790, la fédération armée des départemens composant l'ancienne province de Bourgogne ; cette réunion de plus de 5000 gardes nationaux fut commandée par le jeune comte de Buffon, qui depuis périt, le 10 juillet 1794, victime du règne de la terreur; en vain il invoqua sur l'échafaud les mânes de son père; rien ne put appaiser la fureur des bourreaux aux gages de Robespierre.

Le faubourg à droite et à gauche de cette promenade, est celui de Saint-Pierre ; descendons sa principale rue dite d'Auxonne, parce qu'elle est la route qui conduit à cette ville; à l'extrémité de cette rue, et sous un quinconce d'arbres élevés, étoit un oratoire précédé d'une croix de mission, qui fit donner à cette rue le nom de *Belle-Croix;* tout auprès les Jésuites possédoient une vaste maison, appelée *de la Retraite*, édifiée par les libéralités d'une dame de Clugny.

Lors de la suppression des Jésuites, en 1769, ce bâtiment fut concédé aux prêtres de la mission de Saint Lazare, fondés, à Dijon, par Benigne Joly, Claude Fyot, abbé de Saint-Étienne, et Pierre Gaillard, doyen de Langres; les Lazaristes n'avoient dans ce faubourg qu'une assez mauvaise maison, rue Saint-Lazare, où ils étoient dès 1682; ils en obtinrent une beaucoup plus vaste, parfaitement située; elle est aujourd'hui démolie de fond en comble. {Lazaristes}

Cette congrégation est une des institutions du vénérable Vincent de Paule, dont toute la vie ne fut qu'un tissu de bonnes œuvres, dont tous les actes furent autant d'établissemens en faveur de l'humanité. Que d'hôpitaux doivent leur existence au zèle de ce Saint Prêtre (1)! Que d'infortunés

---

(1) Les Filles de la Charité, les établissemens des enfans trouvés, qu'avant lui l'on

dont on adoucit les peines au nom de ce bienfaiteur des hommes ! l'église Saint-Michel possède un bon tableau représentant Vincent de Paule, et la première supérieure des filles de la Charité instruisant et recevant une jeune novice.

Benigne VACHET, Dijonnois, étoit missionnaire de cette maison ; il consacra toute sa vie à des travaux apostoliques dans les pays lointains ; la Chine, Siam, Alger, l'Afrique et l'Asie, furent témoins de son zèle pour la propagation de la foi chrétienne ; il avoit écrit la relation de ses voyages, et mourut à Paris, le 19 janvier 1720, âgé de 78 ans.

<small>Allée de la retraite.</small> L'avenue qui faisoit face à cette maison des Lazaristes, est appelée

---

vendoit 20 s. pièce dans la rue Saint-Landri, et auxquels il procura dans l'une de ses exhortations, 40,000 fr. ; les hôpitaux de Bicêtre et de la Salpêtrière, celui de Marseille pour les forçats, de Sainte-Reine pour les pèlerins, du Saint nom de Jésus pour les vieillards, de la Pitié, etc. etc. etc.

l'Allée de la Retraite, soit parce qu'elle est peu fréquentée, soit parce qu'elle aboutissoit à la maison de *Retraite* des Jésuites ; elle fut plantée en 1754 aux frais de M. le premier président de la Marché.

Ce fut dans des vignes non loin de cette allée et de la route d'Auxonne, au climat des *Poussots*, que fut découverte, en 1592, l'urne renfermant les cendres de Chyndonax, grand-prêtre des Druides et Vaccies, de laquelle le docteur Guenebaud (1) a donné l'explication, 1621, in-4.º. Sur cette urne on lisoit en caractères grecs l'inscription dont la traduction est :

« Dans le bocage de Mithra, ce tom-
« beau couvre les restes du grand pon-
« tife Chyndonax ; arrière, impie,
« les Dieux veillent sur ma cendre. »

Ce monument, après avoir mérité la visite de Henri IV, et celle des Ca-

(1) Jean Guenebaud né à Dijon, y revint sur la fin de 1596, et y mourut en 1630 ; il étoit médecin du Gouverneur, et avoit, dans sa partie, des connoissances assez étendues.

saubon, des de Thou, des Saumaise, passa du muséum du cardinal de Richelieu, dans la basse-cour d'un curé des environs de Versailles où il servoit d'abreuvoir.

Là étoient aussi le temple de MITHRA ou d'Apollon, et cette forêt de chênes antiques, ces eaux noires conservées dans les bois sacrés, pour lesquelles les Druides avoient une si grande vénération, et dont le sombre silencieux inspiroit cette sainte horreur qui devoit pénétrer les peuples avant de s'approcher des sacrifices. Cet emplacement demi circulaire, nommé aujourd'hui les Roches-aux-Fées, devoit être le lieu des assemblées et celui des sacrifices ; ce lac, si long-temps l'objet d'un respect religieux, subsiste encore aujourd'hui, mais il a fallu l'anathématiser pour détourner les nouveaux chrétiens des idées superstitieuses qu'ils continuoient d'attribuer à ses eaux, et le nom de *Creux-d'Enfer* lui fut donné. Le bâtiment des Argentières, ARJAN-TORA, devoit être la résidence des Druides conservateurs et gardiens de ces lieux sacrés. M. Legouz-Gerland nous a conservé, pl. X, le fragment d'une statue d'*Apollon-Mithra* entourée de bandelettes, laquelle fut découverte sur le sol de Dijon, mais sans nous instruire si ce fut dans les alentours de son temple. Des débris de tombeaux gaulois furent trouvés le 10 mars 1752 dans le voisinage de la Porte-Neuve.

Les *Argentières* et bâtimens attenans sont depuis long-temps affectés à LA RAFFINERIE du salpêtre qui s'y expédie brut des départemens de la Haute-Marne, de la Côte-d'Or, et de Saône et Loire : on y raffine, par an, plus de 50 mille kilogrammes de salpêtre qui est envoyé à *Vonges*, à 2 myriamètres et demi de Dijon, l'un des moulins à poudre les plus importans de l'Empire.

Presque vis-à-vis est le JARDIN BOTANIQUE, fondé en 1772 par M. Legouz-Gerland. Ce Magistrat acheta le terrain, fit la dépense du pavillon et du mur de clôture dans lequel il fit incruster à

Jardin botanique

perpétuelle mémoire, les fragmens d'antiques dont il a publié la gravure dans son essai sur l'origine de Dijon. Le 20 juin 1773, MM. de *Morveau*, *Maret* et *Durande* firent l'ouverture du premier cours de botanique ; et l'année suivante, l'éloge funéraire du fondateur fut prononcé dans ce même local monument éternel de sa bienfaisance : son buste exécuté par M. *Attiret*, y fut déposé.

Le 23 juin 1800, les cendres de cet excellent citoyen furent transférées en grande pompe de l'église de la Madelaine où il avoit été inhumé près de ses pères, et déposées au jardin botanique : on lit sur son cénotaphe cette inscription simple ;

HONORE LES CENDRES DU FONDATEUR
DU JARDIN BOTANIQUE.

Cette plantation de jeunes arbres sur la hauteur ombrage la source de Champ-Maillot, dont les eaux alimentoient la fontaine qui exista jusqu'en 1669 sur la place Saint-Michel : cette source a pris le nom des Suisses qui y campèrent en 1513, lorsqu'ils vinrent assiéger Dijon; c'est de cette position que leur artillerie tonna sur la ville, et causa de grands dégâts dans les environs de Saint-Michel dont vous voyez les tours : ce fut à cette époque, et par les ordres du gouverneur de la province, que, le 6 septembre 1513, le feu fut mis au faubourg de cette paroisse, alors l'un des plus considérables de la ville, et qui ne fut point rebâti : les abbayes de *Norges* et de *Theuley* y avoient leurs hôtels, d'où il fut souvent appelé faubourg de *Theuley*. Ce fut encore dans le temps de ce siège que fut murée la *porte des Chanoines*, qui ne fut rouverte qu'en 1741 par rapport aux jardins de *Montmusard* auxquels elle conduisoit plus directement; elle prit alors le nom de *Porte-Bourbon*, mais l'usage lui a conservé le nom de Porte-Neuve qu'elle garde encore aujourd'hui.

Vous voyez la clôture du parc de Montmusard : le premier président

Montmusard.

de la Marche avoit fait de ce local un lieu de féerie : étangs, fontaines et jets d'eaux, canaux, bassins et réservoirs, bosquets, boulingrins, théâtre de verdure, grottes, kiosques, volières, pavillons décorés avec élégance, colonnades, statues, groupes, obélisques, grilles en fer, rien ne fut épargné pour rendre ces jardins vraiment délicieux ; deux vues en sont gravées dans le voyage pittoresque de France ; ils étoient ouverts au public, et M. de la Marche n'oublia rien de ce qui pouvoit y attirer le concours des citoyens. Après sa mort, ce parc qui comprenoit plus de 100 hectares, qui avoit coûté plus d'un million à embellir, ne fut vendu que 100,000 fr., c'est-à-dire qu'on n'en paya que le sol et les matériaux de la clôture ; il est revenu à son premier état, *nunc seges*........, tant il est vrai qu'il n'y a que les établissemens utiles qui soient dans tous les temps respectés.

Nisi utile quod facimus, stulta est gloria.

Le local que nous venons de parcourir en suivant l'allée de la retraite, est à l'orient de Dijon : c'étoit à cet aspect que les anciens bâtissoient leurs temples et offroient leurs sacrifices ; aussi avons-nous remarqué le temple de *Mithra*, les *Roches-aux-Fées*, les Bocages sacrés, les Eaux redoutables, le *Creux-d'Enfer*, dont la gravure existe dans le voyage pittoresque de France, le Champ-Maillot, *Campus à Mallo*, où se rassembloit le peuple dans le *Malle*; Montmusard, *Mons Musarum*, sans doute le lieu des écoles des Druides qui étoient toujours dans la campagne ; *Arjan-tora*, lieu où se conservoient les trésors et l'argent sacré : cette réunion dans un même quartier, de tant de monumens celtiques, complète la preuve de l'existence d'une ville de quelque importance, entre l'Ouche et Suzon, dans des temps reculés et bien antérieurs à la venue de César dans ces contrées.

Suivant M. Mille, *si Dijon eût été bâti par les Gaulois, César, l'iti-*

néraire d'Antonin, la carte de Peutinger en auroient fait mention ; le silence de ces monumens historiques sera toujours une objection impossible à résoudre : mais d'abord ce silence ne seroit qu'une preuve négative, tandis que nous en avons de positives dans les monumens lapidaires qui ont bien autant d'authenticité que les monumens écrits ; d'ailleurs, vous savez que l'itinéraire d'Antonin n'a été rédigé que postérieurement à Constantin, et la carte de Peutinger, sous le règne de Théodose ; or, de ce que ces monumens géographiques ne parlent pas d'une ville, doit-on en conclure que cette ville n'existoit même pas sous le règne de Théodose ? et s'il falloit révoquer en doute l'existence des villes dont César ne parle pas, l'on devroit refuser même à Nismes et à Arles leur antiquité, parce que César n'a pas nommé ces villes : on sent où jetteroient de telles conséquences ; et cette objection prétendue sans réplique est résolue d'un seul mot.

Le faubourg Saint-Nicolas, l'un des plus considérables de cette ville, l'étoit autrefois beaucoup plus encore : on y comptoit onze grandes rues ; il étoit le seul qui eût une paroisse : le 4 septembre 1513 il fut brûlé de peur qu'il ne servît à cacher les Suisses qui assiégeoient Dijon ; son église seule fut épargnée : il fut incendié de nouveau en 1558 pour mettre la ville en sureté contre les partis espagnols qui avoient pénétré en Bourgogne, et qui désoloient les environs ; cette fois l'église de ce faubourg fut rasée parce qu'elle dominoit la ville, elle ne fut point rebâtie, mais transférée dans l'intérieur des murs.

[marginalia: Faubourg Saint-Nicolas.]

Vous savez, Monsieur, que malgré les sages capitulaires de Charlemagne, pour obvier aux progrès de la lèpre, cette affreuse maladie reparut en France dans les XI.ᵉ et XII.ᵉ siècles. D'après les anciennes ordonnances de nos rois, les lépreux devoient être isolés du reste des citoyens, aussi étoient-ils

[marginalia: Maladrerie.]

abandonnés inhumainement (1). Un décret du Concile de Latran, en 1179, prenant en pitié ces infortunés qui, pour être dangereux à fréquenter, n'en étoient pas moins des chrétiens et des hommes, condamna la dureté de certains ecclésiastiques qui ne permettoient pas aux lépreux, (n'étant pas reçus dans les églises publiques, de crainte de la contagion), d'avoir des chapelles particulières ; et décréta que partout où les lépreux seroient en assez grand nombre, vivans en commun, pour avoir une église, un cimetière, et un prêtre pour les desservir ; l'on ne

---

(1) Le lépreux étranger devoit être conduit hors du territoire et banni ; celui du lieu devoit être conduit aux épreuves aux dépens des paroissiens, et s'il étoit reconnu atteint de la lèpre, on devoit lui fournir chapeau et manteau gris, cliquette et besace, lui bâtir une loge montée sur quatre étais, pour s'y renfermer ; on célébroit ses funérailles *quasi mortuus* ; après sa mort, il étoit brûlé dans sa loge avec ses meubles et ses habits. Voy. au surplus Éphém. de Grosley, tom. 2, pag. 154.

fit pas difficulté de les leur accorder, les dispensant même de la dîme des fruits de leurs jardins, ou du croît des animaux qu'ils éleveroient.

En conséquence, dans tous les lieux un peu considérables il fut établi des léproseries ; on en comptoit jusqu'à deux mille en France au temps de Louis VIII qui, en 1225, légua par son testament cent sous à chacune des léproseries de son royaume ; Dijon en avoit deux, l'une dans le faubourg Saint-Nicolas, l'autre au faubourg d'Ouche, dans l'Ile.

Dans chaque ville on donna aux lépreux des réglemens plus ou moins sévères : ceux de Dijon datent de 1480 ; ils portoient : « que les lépreux, en al-
« lant quérir les aumônes par la ville,
« auroient leur cliquette, chemine-
« roient au milieu de la charrière, au-
« dessous du vent et des gens sains,
« afin qu'aucun n'en puisse pis valoir ;
« ils ne devoient laver ni leurs mains,
« ni leurs pieds, leurs robes, linge
« ni draps aux puits et fontaines pu-

« blics et lavoirs communs ; ils ne de-
« voient point converser avec les gens
« sains, ni uriner sinon arrière iceux ;
« ils étoient régalés aux frais de la
« ville, lors des quatre principales fêtes
« de l'année, d'un quartier de veau,
« d'un septier de vin, et à Noël d'une
« *fouasse* de 60 onces. »

Cette cruelle maladie ayant disparu, la Maladrerie de Dijon fut réunie à l'hôpital général ; il n'en restoit plus que l'enclos et une chapelle, au faubourg Saint-Nicolas, qui fut desservie jusqu'à la révolution ; elle est aujourd'hui en ruine et abandonnée. Il en est de même de l'ancienne paroisse de St-Martin *des champs*, dont vous voyez quelques maisons à un kilomètre sur la gauche de la route de Langres.

Capucins. Les Capucins avoient leur couvent sur cette route, à l'une des extrémités du faubourg dont je vous entretiens ; leur couvent fut bâti en 1602 par les libéralités de la maison de Damas, augmenté en 1682 par les dons et aumônes des habitans; c'est aujourd'hui un hôpital militaire.

Ce fut dans cet hôpital que M. Lecouteulx, Préfet de ce Départ., puisa les germes de la mort. En mars 1812, une épidémie s'étant déclarée parmi les prisonniers de guerre Espagnols renfermés dans cet hospice, un incendie s'étant manifesté dans l'une des salles, M. *Lecouteulx* vole près de ces malheureux, prodigue lui-même tous les soins dont ces infortunés pouvoient avoir besoin dans la circonstance; ce jeune Magistrat n'écoutant que son zèle, aidoit lui-même avec son secrétaire intime, à transporter les malades de la salle où le feu s'étoit communiqué, dans une autre qu'il avoit fait préparer; tous deux furent atteints de la maladie contagieuse dont ces prisonniers étoient infectés; tous deux en périrent à la fleur de l'âge, universellement regrettés, le 1.er avril 1812. M. Lecouteulx avoit l'ame belle, le cœur sensible; secourir les malheureux étoit une passion pour lui; cet acte de philantropie qui moissonna ses jours, en est une preuve honorable et sans réplique.

La maison des capucins de Dijon a produit quelques religieux distingués :

Le P. LÉANDRE, né à Dijon, composa plusieurs ouvrages qui lui firent un nom parmi les écrivains pieux : *Les vérités de l'Évangile.* 1661, 1662. in-fol. 2 vol. *Commentaire sur les épîtres de Saint Paul.* 1663. in-fol. 2 vol. Il se distingua aussi dans l'art de la chaire, et mourut en 1667.

Jacques de CHEVANES, né à Autun en 1607, mort à Dijon en 1678, capucin de la province de Lyon, publia cinq volumes in-4.º sur divers sujets pieux ; il réfuta les écrits de l'évêque de Belley contre les moines, et l'apologie de Naudé contre les sorciers. Ses autres ouvrages sont mentionnés dans Papillon et dans le nouveau dictionnaire historique.

Nicolas PELLETRET, de Dijon, mort à Lyon en 1694, trois fois nommé définiteur et provincial de son ordre, est auteur de plusieurs sermons et panégyriques imprimés en 1685 et 1691 ; son carême fut traduit en italien et imprimé à Venise en 1730. Son portrait fut gravé par *Cars*.

Le P. VALADON, né à Auxonne d'un père qui étoit notaire en ladite ville, plus connu sous le nom de P. *Zacharie*, après avoir fait en 1717 un premier voyage dans l'Asie-Mineure, revint en France et aborda au port de Marseille dans le temps où la peste exerçoit ses ravages en cette ville. Ce missionnaire se dévoua avec un zèle véritablement apostolique et une charité sans bornes à secourir les malheureux atteints de ce cruel fléau, et à leur apporter les consolations de la religion ; deux fois frappé de la contagion, il y résista, son zèle n'en fut point ralenti, et il ne craignit pas de la braver de nouveau pour remplir son ministère envers les infortunés. Ses soins généreux lui méritèrent des éloges publics et la protection du régent; son nom, demeuré en vénération à Marseille, est inscrit sur le monument élevé par cette ville en l'an XI, à la mémoire de ceux qui pendant cette calamité avoient bien mérité d'elle. Ce religieux fixa ses derniers jours au couvent de Dijon, il y mourut le 27 janvier 1746 dans de grands sentimens de piété.

Je pourrois vous parler de quelques autres capucins, mais je terminerai par le P. *Ignace* Bougot. Il étoit natif de Dijon, tenoit à honneur d'être appelé le *Capucin de Buffon*, et en cette qualité avoit le privilège d'accompagner le grand homme jusques sur les fauteuils de l'Académie française. Ce moine adroit avoit su se concilier la confiance de Buffon qui ne craignit pas de l'appeler son ami dans son art. du *Serin*, et il falloit avoir sa bienveillance si l'on vouloit arriver à celle du Pline français. Le P. Ignace confessoit Buffon, très exact à remplir les devoirs de sa religion, et rendoit quelquefois au Prince des naturalistes de petits soins assez ordinairement du ressort des valets. L'on a voulu en ridiculiser l'aumônier complaisant ; mais Buffon recevoit ses petits services, comme il auroit reçu ceux de son fils, en disant au R. P. *je te remercie mon enfant.* Ce capucin étoit boiteux et d'une figure ingrate, ce qui faisoit un contraste frappant avec la démarche majestueuse, l'extérieur soigné, et le beau physique du seigneur de Buffon. Il mourut à Buffon dont il avoit été nommé curé sous la révolution.

Nous sommes en face de la porte St-Nicolas, qui se trouve gravée dans le voyage pittoresque de France : elle fut bâtie en 1137, reconstruite en 1443, alors elle prit le nom de *porte au Comte de Saulx* ; la tour ronde dans laquelle elle fut placée, fut démolie en 1811 ; cette porte est appelée aujourd'hui du nom de Jean-Jacques ainsi que l'hôpital, le faubourg, la promenade et la grande rue qui y aboutissent.

_{Porte St. Nicolas.}

Sans doute, en donnant à ce quartier le nom de Rousseau de Genève, l'on aura voulu rappeler que les premiers lauriers littéraires qui ceignirent sa tête, lui furent décernés par l'Académie de Dijon. Vous vous ressouvenez que cette Compagnie avoit proposé pour sujet du prix de 1750, cette question : *Le rétablissement des sciences et des arts a-t-il contribué à épurer les mœurs ?* Rousseau avoit d'abord embrassé l'affirmative ; *c'est le pont aux ânes*, lui dit Diderot, *soutenez la négative, et vous êtes sûr du succès* : en effet il l'entreprit, mais il orna son discours de tous les charmes de l'éloquence ; à la magie de l'art oratoire, il associa le feu de son imagination brûlante ; il réunit les grâces du style à la force des raisonnemens, et l'Académie lui décerna le prix à la séance publique du 23 août 1750 (1).

―――――――――――――

(1) L'année suivante l'Académie française proposa pour sujet de prix la même question, mais sans laisser la latitude de la négative ; le P. Courtois, jésuite, professeur de rhétorique à Dijon, mérita cette palme littéraire.

Le cours d'eau que vous voyez est celui de Suzon qui a sa source près de la montagne de Tasselot, arrose le Val-Courbe et la gorge à laquelle il communique son nom, *le Val-de-Suzon :* jadis cette petite rivière étoit pérenne et faisoit tourner des moulins près de la tour de Bar et de la place Morimont, on a encore découvert des vestiges du premier en creusant les fondations du nouveau théâtre : aujourd'hui, ce n'est plus qu'un torrent qui perd une partie de ses eaux dans son trajet d'Ahuy à Dijon : plusieurs fois l'on a entrepris de lui rendre un cours perpétuel, mais cette opération n'a jamais été conduite à sa fin ; elle seroit cependant de la plus haute importance pour la salubrité des eaux de la ville, dont les puits en contact immédiat avec ce cours d'eau, sont infectés dès qu'elle grossit.

Suzon.

La promenade sur le bastion qui domine cette rivière, fut plantée en 1757 sous la magistrature de J. F. Joly de Fleury, alors intendant de Bourgogne, d'où elle avoit pris le nom de

Cours-Fleury.

Cours-Fleury : on l'a changé pour lui faire prendre celui de *Jean-Jacques*, mais l'habitude lui conserve le nom de son fondateur, et pour cette fois la routine est d'accord avec la reconnoissance.

Ce magistrat, d'une famille originaire de la Bourgogne, intendant de cette province depuis 1749 à 1761 qu'il passa au Conseil d'Etat, puis au contrôle général des finances, très zélé pour tout ce qui pouvoit contribuer au bien, à l'utilité, même à l'agrément de ses compatriotes, a marqué son administration par plusieurs établissemens utiles : Dijon lui en témoigna sa reconnoissance en attachant son nom à cette promenade et à l'une de ses rues; il mourut le 13 décembre 1802, âgé de 84 ans; il étoit fils de Guill.-Fr. Joly de Fleury, célèbre procureur général du parlement de Paris, mort en 1756.

Tours.

Cette tour sous laquelle passe le cours de Suzon pour entrer dans la ville, est la tour *aux ânes* ou tour *la Tremouille*; plus loin est celle *Bouchefol* ou du

Fourmorot, jadis l'une des portes de la ville, mais qui ayant été murée en 1513, ne fut point rouverte. Dijon avoit dix-huit tours sur ses remparts à l'époque du siège des Suisses : c'étoient celles de *Rennes*, *Saint-Georges*, *Charlieu*, *Saint-Philibert*, en allant de la porte Guillaume à la porte d'Ouche ; suivoient les tours *quarrée*, *Nanxion*, *Fondoire*, *Saint-André*, la tour *St Pierre*, encore existante, et celle de *la Bussière :* depuis la Porte-neuve, on trouvoit les tours *Saint-Antoine* et *Saint-Michel*, *rouge*, *du Quarteau* ; et après celle *Saint-Nicolas*, les tours *Bouchefol*, la *Tremouille* et *Poinsard bourgeoise*, du nom d'un maire de Dijon au XIV.ᵉ siècle.

Les FORTIFICATIONS que vous avez remarquées, datent du XIII.ᵉ siècle : les incendies de 1137 et 1227 ayant réduit en cendres une grande partie de la ville et de ses faubourgs, on entoura Dijon d'une nouvelle enceinte beaucoup plus grande que la précédente ; elle ne fut achevée que

Fortifications.

sous la régence de Jeanne de Boulogne, mère et tutrice du Duc Philippe de *Rouvres*, qui devint reine de France par son mariage avec le roi Jean. Les ducs de la seconde race royale entretinrent ces fortifications et les augmentèrent de seize tours ; les guerres de François I.er avec l'Espagne, firent ajouter les bastions ou boulevards qui furent élevés de 1515 à 1558, afin de se mettre en état de défense contre les garnisons du comté de Bourgogne qui sans cesse harceloient les frontières ; sous la ligue, on édifia la tour de *Guise* près la porte d'Ouche ; les troubles de la fronde ayant fait craindre quelque surprise de la part des partisans des princes, on garantit encore cette porte par un nouveau bastion, élevé aux frais du clergé et des Cours souveraines, d'où il est appelé le bastion des privilégiés ; il devoit être le théâtre de la guerre, ce fut le champ du repos, il devint le cimetière de l'hôpital général ; le boulevard qui le domine est le rendez-vous des plaisirs, sous les noms de *Vauxhall* et de *Tivoli*.

Le Chateau dont il existe deux vues gravées dans le voyage pittoresque de France, et dont vous apercevez la porte extérieure et les tours *Guillaume, St.- Benigne, Notre-Dame* et *Saint-Martin*, est l'ouvrage de Louis XI qui le fit élever pour se maintenir en possession de la Bourgogne : en 1512, Louis XII, étant à Dijon, donna des ordres pour le parachever ; il l'étoit à peine lorsqu'il fut assiégé en 1513 par les Suisses. Château.

Louis de la Trémouille, prince de Talmond, amiral de Guyenne et de Bretagne, en fut le premier gouverneur ; ce fut lui qui sauva la ville de Dijon, et même la France dont toutes les forces étoient alors employées contre les Anglais.

Voulant mettre à profit les succès qu'ils avoient eus à Novarre, le Pape et l'Empereur engagèrent les Suisses à porter la guerre en Bourgogne ; ils y arrivèrent en 1513 sous la conduite de Jacq. de Watteville, au nombre d'environ 25,000 mille hommes, soutenus par la cavalerie impériale aux ordres du prince de Wurtemberg, et se présentèrent sous les murs de Dijon.

La Tremouille qui n'avoit qu'environ mille lanciers, et à peu près six mille avanturiers dans la place, n'osa commettre une aussi foible garnison contre des forces aussi supérieures, et garda la défensive. L'artillerie des ennemis tonna cinq jours entiers sur la ville; une brêche étoit ouverte dans la courtine à l'ouest, entre la porte Guillaume et la porte d'Ouche, lorsque la Tremouille parvint à gagner les chefs des Suisses et à conclure avec eux, à prix d'argent, un traité qui sauva Dijon, la Bourgogne et la France, le 13 septembre 1513.

Les ennemis de la Tremouille cherchèrent à jeter sur lui quelque défaveur à raison de ce traité : informé qu'on l'avoit desservi à la Cour, la Tremouille écrivoit au roi le 23 septembre 1513; *et si vous die*, Sire, *que je vous ai destrapé d'un aussi gros fait, que jamais gentilhomme vous destrapa,.... et si je eusses aultrement fait, n'eussiez à cette heure que* Auxonne, *et fussent lesdits Souisses plus avant en vostre royaume, que n'est le duché de Bourgogne de long et de large.* Acad. inscr. mém. tom. 81 in-12.

Ce fut ce vaillant capitaine, comme l'appelle Paul Jove, qui avoit fait prisonnier Louis XII (alors duc d'Orléans), à la bataille de Saint-Aubin du Cormier; et comme l'on s'appuyoit de ce fait pour le mettre mal dans l'esprit du nouveau roi, Louis XII fit cette belle réponse: *Un roi de France n'est pas fait pour venger les querelles d'un duc d'Orléans.* Aussi habile politique que grand négociateur et brave guerrier, la Tremouille n'ayant pu dissuader François I.er de livrer la bataille de Pavie, y combattit en héros, et fut tué aux côtés de son roi: *sage la Tremouille*, s'écria la duchesse d'Angoulême, en apprenant le triste résultat de cette bataille, *que mon fils n'en a-t-il cru à votre expérience! il seroit libre, et vous seriez vivant.*

Ce château soutint encore une espèce de siège sous les troubles de la fronde : Commeau qui y commandoit pour Mazarin, sommé par le comte de Tavannes de rendre la place, pour toute réponse fit faire une décharge sur les envoyés du comte, et peu après livra cette forteresse au duc de Vendôme moyennant dix mille francs.

En 1651, le duc d'Epernon qui avoit échangé avec le prince de Condé (1)

---

(1) Louis II de Bourbon, le GRAND CONDÉ, étoit gouverneur de Bourgogne depuis 1646; vous me permettrez de vous dire un mot de ce grand capitaine, le rival et l'émule de TURENNE, le vainqueur de *Rocroi*, de *Fribourg* et de *Norlingue*, de *Senef*, de *Tolhuis* et de MERCI, plus grand s'il n'eût jamais tourné ses armes contre sa patrie : aussi disoit-il, *Si j'avois à me changer, ce seroit en* TURENNE. Son génie

le gouvernement de la Guyenne contre celui de Bourgogne, ne pouvant se faire reconnoître en sa qualité, fut obligé de mettre le siège devant le château de Dijon : la Planchette qui y commandoit pour le prince de Condé, fit tirer pendant plusieurs jours le canon des tours sur la ville, y jeta des bombes et des grenades qui causèrent beaucoup de dégâts; mais une mine que le duc d'Epernon fit jouer sous la tour de Notre-Dame, força les assiégés à capituler le 8 décembre 1651.

Ces événemens dont la ville étoit toujours la victime, firent solliciter plusieurs fois par la Mairie, les Elus et le

---

pour les sciences et les beaux-arts ne le cédoit point à ses talens militaires; Chantilly devint à la paix, le rendez-vous des Corneille, Racine et Boileau, des Bossuet, Bourdaloue, et autres grands hommes du siècle de Louis XIV, qui rendoient hommage à la grandeur de son génie. Condé étoit très attaché à sa religion, et voulut à sa mort, (1685) en donner une déclaration formelle.

Parlement, la démolition d'une forteresse qui, loin de protéger et garantir la ville, lui fut toujours préjudiciable ; mais jamais on ne put l'obtenir.

Ce château devint dans le dernier siècle une prison d'Etat : la duchesse du Maine (1), le fameux comte de Mi-

---

(1) Anne-Louise-Bénéd. de Bourbon, petite-fille du grand Condé, fut mariée le 19 mars 1692, à Louis-Auguste de Bourbon, duc du Maine, fils légitimé de Louis XIV et de Madame de Montespan : c'étoit à ce prince que Louis XIV avoit, par son testament, donné la régence ; malgré cette disposition, le duc d'Orléans mit tout en œuvre pour l'obtenir, tandis que le duc du Maine se croyant assez fort de la volonté du feu Roi, s'occupoit à traduire l'*Anti-Lucrèce*. La duchesse son épouse lui reprochoit son inaction dans cette circonstance : *Vous apprendrez un beau matin*, lui disoit-elle, *que vous êtes reçu à l'Académie, et que M. d'Orléans aura la régence ;* prédiction qui fut confirmée dans tous ses points. Mais malgré l'indifférence qu'avoit montrée le duc du Maine pour avoir en main l'autorité royale, cela n'empêcha point qu'il ne fût accu-

rabeau (1), et la chevalière d'Eon y furent quelque temps renfermés ; c'est aujourd'hui la caserne de la gendarmerie impériale, et de l'état-major de la 21.e légion de cette arme qui s'étend sur les départemens de la Haute-Marne, de la Côte-d'Or, de Saône et Loire et de l'Ain.

---

sé d'avoir trempé dans le plan formé par le cardinal Albéroni, pour enlever la régence au Duc d'Orléans, et en conséquence il fut arrêté et conduit en 1718 à la citadelle de Dourlens; la duchesse son épouse fut amenée au château de Dijon, où elle resta deux années ; ce fut pour elle qu'on fit bâtir le pavillon qui est au fond de la cour. Rendue à la liberté, en 1720, la duchesse du Maine se retira à Sceaux, et dans cette retraite la suivirent les sciences et les arts qu'elle ne cessa d'encourager, de protéger, de cultiver elle-même, jusqu'à sa mort arrivée le 23 janvier 1753. Son portrait est gravé par Crespy et Desrochers.

(1) Le comte de MIRABEAU s'étoit évadé du fort de Joux, où il avoit été renfermé, pour suivre à Dijon sa *Sophie* (née de *Ruffey*, épouse du marquis de *Monnier*, premier président de la chambre des comptes de Dôle);

Charlotte-Genev.ᵉ-Timothée d'Eon *de Beaumont*, se disoit de Bourgogne; à ce titre je dois vous en parler avec quelques détails : ce personnage véritablement extraordinaire, du sexe duquel on doute encore, nacquit à Tonnerre sur les confins de l'ancienne Bourgogne le 5 octobre 1728, fut suc-

---

qu'on avoit envoyée dans sa famille; il y fut d'abord arrêté par le grand prévôt, qui cependant lui laissa sa liberté sur parole : mais comme ce n'étoit pas cela que vouloient les familles de Ruffey et de Monnier, des ordres arrivèrent, le 21 mars 1776, pour le faire renfermer au château de Dijon. Mirabeau y fut traité avec beaucoup d'égards par M. et Madᵉ. de Changey, desquels il se loue beaucoup, et ce furent ces mêmes égards qui ayant encore déplu aux familles causes de sa détention, firent solliciter et obtenir sa translation à la citadelle de Dourlens. Alors Mirabeau chercha à s'évader du château de Dijon, y réussit à une seconde tentative, et le 25 mai 1776, il partit pour la Suisse où il étoit convenu que sa Sophie iroit le rejoindre. — Je ne vous en dirai pas davantage sur cet homme dont la vie politique et privée est connue de tout le monde.

cessivement avocat, guerrier, ambassadeur, écrivain, politique et femme. Après avoir fait de très bonnes études à Paris au collége Mazarin, d'*Eon* fut reçu avocat au parlement de Paris, et déployoit un grand talent pour la discussion et beaucoup de facilité à s'énoncer. Le prince de Conty qui connoissoit d'Eon, voulut utiliser ses moyens, et proposa au roi de l'envoyer en Russie chargé d'y négocier la marche d'une armée en faveur des cabinets de Vienne et de Versailles; la mission fut remplie à la satisfaction des deux puissances. De retour en France, le négociateur obtint du service militaire, fit la campagne de 1761 en qualité d'aide-de-camp du maréchal de Broglie; au combat d'Ultrop, à la tête de 80 dragons, le capitaine d'Eon fit mettre bas les armes à un corps de 800 hommes; blessé à la cuisse dans cette action, la croix de Saint-Louis devint la récompense de sa bravoure. Nommé secrétaire d'ambassade, puis ministre plénipotentiaire à Londres, l'incertitude de son sexe y devint le sujet d'un pari considérable porté au banc du roi; dans cette conjoncture, la loyauté ne permit plus à l'ambassadeur de dissimuler son sexe; d'Eon donna sa parole d'honneur qu'elle étoit femme. Dès-lors cessèrent ses fonctions politiques et militaires; Louis XV lui assigna 12000 liv. de pension, et Louis XVI lui fit ordonner de reprendre les habits de son sexe.

Il y avoit un an qu'elle les portoit, lorsqu'elle écrivit au comte de Maurepas la lettre qu'on lit en tête du 14.e volume des mémoires secrets, par laquelle *honteuse et ennuyée de porter la jupe*, et lui représentant que *le plus sot des rôles à jouer, est celui de pucelle à la Cour*, elle demande à reprendre son service militaire en qualité de volontaire sur la flotte de M. d'Orvilliers : elle en fit faire plusieurs copies et les envoya à différentes dames de la Cour, les priant *pour l'honneur du sexe*, de l'aider de leur protection dans cette demande. Par ordre du 19 février 1779, ayant été exilée à Tonnerre, elle prétexta une indisposition pour ne pas obtempérer de suite; de nouveaux ordres l'envoyèrent au château de Dijon où elle resta depuis le 22 mars au 17 avril 1779, portant les habits de femme qui lui seyoient on ne peut pas moins, et ayant conservé tous les goûts, les habitudes et les manières d'un capitaine de dragons.

D'Eon étant passé en Angleterre, mourut à Londres en 1810. Ses écrits politiques ont été publiés en 1779 en 13 vol. in-12, sous le titre de *Loisirs du chevalier d'Eon*. M. de la Fortelle publia dans la même année sa vie politique, militaire et privée.

Mais achevons notre tournée extérieure.

Portes.

Dijon qui dans sa première enceinte n'avoit que quatre portes à l'aspect des quatre points cardinaux, en eut huit sous la seconde : celles *aux Ânes*, du *Fourmorot*, de *Nanxion*, furent fermées en 1513; il reste celles de l'Ouche, route de Lyon, Saint-Pierre, route de Strasbourg et d'Italie, neuve route de Gray, Saint-Nicolas, route de Langres et de Lorraine, enfin la porte Guillaume, route de Paris par Auxerre et par Troyes.

Cette dernière étoit dans une ancienne tour ronde qui fut démolie en 1783, et sur son emplacement fut élevée celle actuelle sous la forme d'un arc de triomphe en l'honneur du Prince gouverneur de la Bourgogne, duquel on retraça sur des tables les exploits victorieux (1) ; alors elle prit le nom

---

(1) Natus annos XVIII
Burgundiam avitâ virtute regere auspicatus est
anno M.D.CCLIV
flagrante mox bello, ardua majorum exempla
æmulatus
ad castra convolavit
oppid. Meppen ad deditionem coegit MDCCLXI
hostem repressit ad Gruningen
vicit ad Johansberg an. MDCCLXII.
pace restitutâ
ad litteras, ad artes animum vertit
curis obsequiisque
apud munificentissimos Reges
Ludovicum XV et Ludovicum XVI
Provinciam
omnibus litterarum artium et commerciorum
adjumentis
locupletavit et ornavit.

de porte Condé. Sous la révolution, on remplaça ces tables triomphales et fastueuses par la *déclaration des droits de l'homme*, et cette porte fut appelée de la liberté ; elle a repris le nom de porte Guillaume qu'elle n'auroit jamais dû perdre, si les sentimens éternels de la reconnoissance n'eussent pas été étouffés par ceux de la flatterie et de l'enthousiame.

Ce monument, élevé en 1784 sur les plans et sous la direction de M. le comte Maret, alors ingénieur-voyer de la ville de Dijon, aujourd'hui conseiller d'Etat, est d'architecture dorique ; c'est le seul que le burin n'ait pas tracé, et par cette raison ce sera la seule gravure que je joindrai à ces essais.

Nous voici à l'hôtel où vous avez envoyé votre voiture ; entrons-y pour prendre un peu de repos, vous devez en avoir besoin. Après la course que je vous ai fait faire, nous trouverons beaucoup meilleur le déjeûner que vous avez eu l'attention de faire préparer, il nous donnera de nouvelles forces pour la seconde promenade que j'aurai à vous proposer, et si la tournée que nous venons de faire ne vous a pas déplu, la seconde doit certainement vous intéresser encore davantage.

SECONDE PARTIE.

Vous êtes logé, Monsieur, dans la rue de ce bon abbé Guillaume, duquel Dijon aime à conserver le souvenir, il vivoit dans le XI.ᵉ siècle; disciple de Saint Mayeul abbé de Cluny, D. Guillaume devint un célèbre réformateur de monastères, rétablit la discipline dans celui de Saint Bénigne dont il fut le 39.ᵉ abbé. Il y prêcha d'exemple; ses vertus et sa piété le placèrent au rang des saints de son ordre, et parmi les grands hommes de son siècle. Ce fut lui qui fit édifier le portail de Saint-Bénigne, estimé pour ses belles proportions, monument que les orages révolutionnaires ont, en partie, mutilé, mais dont Urbain Plancher nous a conservé la gravure.

Ce qui rend surtout la mémoire de l'abbé Guillaume respectable aux Dijonnais, c'est que, dans une année

Rue Guillaume.

de famine générale, il vendit jusques aux croix, couronnes d'or et vases précieux, desquels le roi Gontran avoit enrichi son église, pour en distribuer le prix aux pauvres, tant il est vrai que la vertu sans les œuvres est morte. C'est ce trait de la vie de ce saint abbé qui a conservé son nom au souvenir de la postérité et maintenu sa mémoire en vénération ; c'est cet acte de bienfaisance dont les Dijonnais se sont montrés reconnoissans, en maintenant à cette rue le nom de GUILLAUME.

Dans la rue Guillaume, nacquit en 1755, et demeura dans sa jeunesse, Jean-Antoine LANSEL, membre de plusieurs sociétés littéraires de Paris et des départemens; chef de division, pour la partie des manufactures et du commerce, au ministère de l'intérieur. M. Lansel a donné plusieurs bons mémoires *sur l'industrie et le commerce que peut avoir la ville de Dijon,* 1789; *sur la nécessité d'un régime pour conserver et faire fleurir le commerce et les manufactures en France.* 1793.

2.e édition. *De l'industrie et du commerce du Languedoc. 1785*, etc. etc. Il mourut à Paris en 1808.

En face de nous est la rue Docteur Maret, rue nouvellement ouverte à travers les jardins de Saint-Bénigne, et à laquelle on a donné le nom d'un médecin célèbre, père de M. le Duc de Bassano et de M. le Comte Maret, conseiller d'Etat.

Rue Docteur-Maret.

Hugues Maret, né à Dijon le 6 octobre 1726, long-temps secrétaire perpétuel de l'académie des sciences, arts et belles-lettres de cette ville, fut enlevé à cette compagnie dont il étoit l'ame, le 11 juin 1785, et mourut victime de son zèle dans l'épidémie de Fresne-Saint-Mametz, dont il étoit allé arrêter les progrès, d'après les ordres du Gouvernement. Ce médecin parvint à mettre un terme à cette maladie, mais il en fut atteint et y fut immolé lui-même. — Le docteur Maret, censeur royal, correspondant de l'académie des sciences de Paris, est connu par une foule d'écrits sur la médecine, la physique et l'histoire naturelle, par sa correspondance avec les corps savans de l'Europe; il publia les éloges de *Rameau*, de *Legouz-Gerland*, de Durey de *Noinville*, et l'histoire de l'académie en tête du premier volume des mémoires de cette société, desquels il fut éditeur. Entre autres couronnes académiques qui ceignirent le front respectable de ce médecin célèbre, l'on doit distinguer celle que lui déféra l'académie d'Amiens, *(sur l'influence des mœurs des Français sur leur santé;)* c'est un des plus intéressans mémoires du docteur Maret; il fut imprimé à Amiens, 1772. in-12. M. Mailly prononça son éloge.

Jean-Philibert Maret, oncle du précédent, né à Dijon le 8 novembre 1705, y mourut en octobre 1780. C'étoit un chirurgien de grand mérite; une foule de mémoires relatifs à son art, parmi lesquels on remarque ceux sur *l'ouie*, *l'hydrophobie*, la *pierre*, le *bec de lièvre*, l'*hermaphrodite Drouart*, lui ont mérité une place distinguée parmi les membres de l'académie de Dijon. Le docteur Maret publia son éloge.

L'intendance de Bourgogne, créée en 1629, a eu long-temps son hôtel à l'extrémité de cette rue, dans un bâtiment qui appartenoit aux Bénédictins. Parmi les intendans dont puissent s'honorer les provinces de Bourgogne et Bresse, l'on ne peut oublier François-Auguste de Thou, fils du célèbre président de ce nom, qui exerça cette magistrature à Dijon depuis 1632 à 1636 ; heureux s'il y fut resté plus long-temps.

Héritier des vertus et des talens de son père, estimé des savans pour son érudition, aimé de tous pour sa douceur et son esprit, il devint suspect au cardinal de Richelieu par rapport à ses liaisons avec la duchesse de Chevreuse. De Thou s'attacha au grand écuyer de France, *Cinq-Mars*, dans l'espérance de s'avancer par son crédit ; ce fut précisément la cause de sa perte ; le principal ministre enveloppa les deux amis dans la même proscription ; *le père a mis mon nom dans son histoire, je mettrai le nom du fils dans la mienne,* disoit le cardinal ministre ; aussi, malgré qu'on n'ait pu acquérir contre de Thou la moindre preuve de conspiration, par ordre exprès de Richelieu, il fut décapité avec Cinq-Mars à Lyon le 12 septembre 1642. Toute la France regretta celui qui périssoit pour n'avoir pas voulu accuser son ami, et l'on fit sur lui ce distique :

Morte pari periêre duo, sed dispari causâ,
Fit reus ille loquens, fit reus ille tacens.

En 1683, l'intendance de Bourgogne passa à l'un des descendans de cette illustre famille, Nicolas-Auguste de Harlay, fils de Christophe-Auguste de Harlay et de Françoise-Charlotte de *Thou*, mort en 1704. Cet intendant étoit petit-fils de ce fameux Achilles de Harlay, premier président du parlement de Paris au temps de la ligue, qui répondit avec fierté au duc de Guise : *c'est grand pitié que le va-*

let mette le maître hors de la maison : au reste mon ame est à Dieu, mon cœur est au roi, et quant à mon corps, je l'abandonne, s'il le faut, aux méchans qui désolent ce royaume. Son portrait est gravé par Gantrel.

François-Antoine FERRAND passa en 1694 à cette intendance ; il composa des mémoires sur la Bourgogne ; son portrait fut gravé par Simoneau.

Commençons notre seconde tournée par descendre cette rue, et nous ferons une station à l'église SAINT-BÉNIGNE, Cathédrale des diocèses de Dijon et de Langres, dont l'évêque étoit jadis duc et Pair de France.

Malgré tout le merveilleux dont on a entouré le martyre de cet apôtre de la Bourgogne, l'on ne doit cependant pas douter, dit M. Legouz-Gerland, de la mission de Saint Bénigne à Dijon ; d'après cela, il y a même raison pour ne pas douter davantage de son martyre.

Bénigne, disciple de Saint Polycarpe, fut envoyé dans les Gaules avec

Andoche et Thyrse. Arrivés à Autun, ils furent reçus par le sénateur Fauste, chez lequel ils passèrent quelques années ; mais Bénigne y laissa ses compagnons, et vint à Langres où il convertit à la foi chrétienne les fils de Sainte Léonille ; de là il se rendit à Dijon, y combattit avec zèle le culte des idoles, et dans cette ville, il fit à la religion catholique un grand nombre de prosélytes.

Marc-Aurèle étant arrivé à Dijon, informé des succès qu'obtenoient les prédications de Bénigne, donna des ordres pour qu'il lui fût amené : cet apôtre fut rencontré à Epagny ; il comparut devant l'Empereur qui chercha à le gagner par des promesses et descendit jusqu'aux sollicitations ; mais le zèle de Bénigne n'y déféra point, rien ne put ébranler sa foi, il eut le courage de résister au Prince, et souffrit le martyre le 1.er novembre 178, en confessant la religion qu'il étoit venu annoncer aux peuples de la Bourgogne.

La fête de ce Saint, qui se célébra pendant plusieurs siècles, le jour même anniversaire de son martyre, depuis l'établissement de la fête de tous les Saints au 1.ᵉʳ novembre, fut reportée au 24 du même mois, en vertu de lettres patentes du 30 novembre 1703.

L'abbaye de Saint-Bénigne regarde le roi Gontran comme son fondateur : elle fut considérée comme un chef d'ordre ; Saint Bernard ne la désignoit que sous le nom d'*Eglise de Dijon* ; sa chronique qui comprend depuis 485 à 1052, est très estimée. *(Spicileg.)*

La primitive église, élevée en l'honneur de Saint Bénigne, fut cette célèbre Rotonde si fort estimée pour l'élégance de sa construction, composée de trois églises l'une sur l'autre, décorée de cent quatre colonnes de marbre blanc d'une délicatesse admirable ; elle avoit été construite par Saint Grégoire qui étoit évêque de Langres dans le V.ᵉ siècle ; le corps de Saint Bénigne y fut solennellement déposé ; on y plaça aussi les tombeaux de Saint *Hilaire* qui étoit sénateur à Dijon, et de Sainte Quiette sa femme. Ce monument fut démoli de fond en comble pendant la révolution, mais vous en retrouverez la gravure dans le tome 2.ᵉ du voyage pittoresque de France, et dans le tome 1.ᵉʳ de l'histoire générale du duché de Bourgogne.

Au couchant de cette antique église, fut élevée, sur la fin du XIII.ᵉ siècle, la basilique actuelle, qui fut achevée en 1288, sous l'Abbé Hugues d'Arc-sur-Tille ; elle a 71 mètres de longueur, 29 de large, et 28 de hauteur : elle a souffert quelques mutilations pendant les temps orageux de 1793, et vous les apercevez sous le porche où l'on ne voit plus que les niches des statues dont il étoit décoré ; nous devons encore à D. Plancher de nous en avoir transmis la gravure. Le portail remonte au XI.ᵉ siècle.

Parmi ces statues, on remarquoit surtout celle d'une reine ayant un pied d'oye, *pede aucae*, d'où elle fut appelée REINE PEDAUQUE. La curiosité de savoir quelle pouvoit être cette princesse, a long-temps occupé les érudits, et ce pied difforme a donné lieu à plusieurs dissertations très savantes. Un Bourguignon, le docte abbé Lebeuf (1), a résolu le problême : il a démontré que cette reine ne pouvoit être que celle de *Saba*, dont la figure étoit charmante, mais les pieds mal conformés, et de laquelle la statue fut placée sous le portail de certaines égli-

---

(1) Je ne retrouverai peut-être pas l'occasion de vous parler de ce savant distingué : Jean Lebeuf, né à Auxerre le 7 mars 1687, mort le 10 avril 1760, chanoine d'Auxerre, membre de l'Académie des inscr. et de celle de Dijon, étoit un prodige d'érudition ; elle éclate dans tous ses écrits ; il ne cessa jusqu'au dernier de ses jours, de se livrer aux recherches les plus laborieuses ; les éditeurs de *Du Cange* lui doivent plusieurs articles très savans, et le surnomment *rerum minimè tritarum indagator sagacissimus*. L'aspect d'un monument d'antiquité le jetoit dans un enthousiasme et dans des distractions, admirés des savans, mais qui étonnoient le vulgaire. Le cardinal de la Rochefoucaud lui ayant fait obtenir une pension de mille francs sur le clergé, l'abbé Lebeuf,

ses, (Saint-Pourçain, Nesle et Nevers), pour la même raison qu'on décore les auditoires des tribunaux, du jugement de Salomon; car ce fut d'abord sous les porches des églises que se rendoit la justice, celle ecclésiastique surtout.

C'étoit dans cette église que les ducs et les rois venoient prendre possession du duché de Bourgogne, et juroient

---

aussi désintéressé que modeste, fut honteux de se voir si riche : un de ses amis lui dit qu'on n'étoit pas content de ce que le cardinal avoit fait pour lui : *Je m'en doutois bien*, répondit le docte abbé, *je n'en demandois pas tant, et je suis prêt à le rendre*. Il avoit pris le change, on vouloit se plaindre de la modicité du bienfait.

Papillon donne l'énumération de plus de 260 ouvrages sur différens sujets sortis de la plume savante de ce laborieux écrivain, parmi lesquels les histoires de Paris et d'Auxerre tiennent le premier rang; les autres sont pour la plupart insérés dans les recueils et dans les mercures du temps. Son portrait fut gravé par Odiœuvre. M. Lebeau prononça son éloge.

au pied des autels la conservation des privilèges de l'abbaye, de la province et de la ville; ensuite ils recevoient l'anneau ducal des mains de l'abbé de Saint-Bénigne, et les députés des villes leur prêtoient serment de fidélité; (c'est le sujet des vignettes des liv. 6, 13 et notes du tom. 2.e de l'histoire générale de Bourgogne); en signe de quoi le maire de Dijon passant une écharpe blanche à la bride du cheval du duc, le conduisoit à la Sainte-Chapelle, pour y jurer également la confirmation des privilèges de cette église.

L'église Saint-Bénigne renferme quelques tombes et plusieurs cénotaphes dignes d'attirer votre attention.

Une des plus anciennes est celle d'OTHE-GUILLAUME parent de ce bon abbé *Guillaume*, elle date du 27 septembre 1027. Ce prince qui fut la tige des comtes de Bourgogne, étoit fils d'*Albert* duc de Lombardie, et de *Gerberge*, comtesse de Bourgogne, qui, devenue veuve, épousa le duc Henri I.er; ce dernier n'ayant pas d'enfans, adopta le fils de son épouse, le fit élever à sa Cour, et lui donna son duché de Bourgogne.

Othe-Guillaume étoit aimé des grands et des peuples ; bon, humain, généreux, juste et d'une vaillance à toute épreuve, il sut se maintenir en possession du duché de Bourgogne contre les forces du roi Robert qui, l'an 1003, vint, sans fruit, mettre le siège devant Auxerre, et, deux ans après, vint fondre sur la Bourgogne, avec aussi peu de succès. En 1014, des négociations ayant été entamées, *Othe-Guillaume* céda ses droits sur le duché, ne se réservant que le comté de Bourgogne et la qualité de Comte de Dijon pour sa vie. Il mourut en 1027.

Il ne reste plus que les tables en marbre noir des tombeaux des Ducs de la seconde race, qui, lors de la suppression des monastères, furent tranportés du couvent des Chartreux en cette église, dès-lors adoptée pour Cathédrale ; ils tombèrent sous le marteau révolutionnaire, mais l'on espère pouvoir en restaurer un d'après les fragmens de pilastres et les petites statues que M. Devosges père sauva, comme objets d'arts, des mains des Vandales de 1793 : on sera guidé, dans cette opération, par la gravure fidèle de ces tombeaux que nous a transmise l'estimable D. Plancher.

On remarque encore dans cette église la tombe d'un roi de Pologne qui y fut inhumé en 1388, ULADISLAS, *dux albus Poloniae*.

Charles-Quint abdiqua l'empire pour se faire moine ; ULADISLAS *le blanc*, quitta le froc pour monter sur le thrône, mais il ne put y réussir.

Ce Prince, le dernier de la race des PIASTS qui régna en Pologne 528 ans, nous apprend lui-même son histoire dans la bulle expédiée en sa faveur le 17 kal. octobre 1382 :

« Il exposoit au S. Père, que les lois
« de la Pologne ne permettant pas aux
« femmes de succéder au trône, qu'étant le plus proche parent mâle de
« Casimir III roi de Pologne, et son

« plus prochain héritier; ce dernier,
« auquel il ne restoit que des filles,
« ne pouvant se dissimuler que sa cou-
« ronne appartiendroit à Uladislas,
« conçut le projet de l'éloigner du
« thrône à force de persécutions, le
« dépouilla de ses duchés, et lui dressa
« tant d'embûches qu'il le força de
« s'expatrier de la Pologne; que lui ne
« se jugeant pas même en sureté en
« Allemagne, passa en France, et que
« ne pouvant y vivre selon son rang,
« il se retira à Cîteaux où il fit profes-
« sion, mais n'y resta que six mois,
« sa santé ne lui permettant pas de
« supporter plus long-temps les aus-
« térités de cet ordre, et enfin se retira
« à Saint-Bénigne de Dijon où il de-
« meura plusieurs années.

« Qu'après la mort de Casimir III,
« en 1370, il voulut faire valoir ses
« droits sur un thrône qui lui appar-
« tenoit légitimement et où le vœu des
« peuples l'appeloit; mais que Louis
« Roi de Hongrie, que Casimir avoit
« fait reconnoître pour son successeur

« dès 1335, se maintint sur le thrône
« de Pologne, et mit sa tête à prix,
« ce qui le fit repasser en France,
« d'après l'avis même de ses proches,
« et qu'il revint à Saint-Bénigne où il
« passa encore quelques années, mais
« sans se lier par aucun vœu. »

Louis de Hongrie étant mort le 14 septembre 1382, peu regretté des Polonais qu'il avoit laissé tyranniser par la reine Elizabeth sa mère nommée par lui régente de Pologne, Uladislas pensa que le moment de recouvrer ses états étoit arrivé ; il sollicita et obtint une bulle de sécularisation, et se rendit en Pologne. Sigismond, marquis de Brandebourg, s'en étoit fait reconnoître pour roi ; il fut déposé la même année dans la diète de Viliscza ; et malgré les droits fondés d'Uladislas, la couronne fut déférée en 1384 à la princesse *Hedwige* fille du roi Louis, qui épousa *Jagellon* grand-duc de Lithuanie, chef de la dynastie des Jagellons qui régna jusqu'à Henri III.

Uladislas accepta 12000 florins d'or

comptant et une pension de 1000 flor. par an, pour retourner dans son monastère ; mais il préféra se retirer à Strasbourg où il mourut en 1388 ; il voulut cependant être inhumé en l'église Saint-Bénigne à laquelle il légua 2500 florins pour deux anniversaires.

Remarquez dans la principale nef, la tombe d'Etienne TABOUROT, sieur des Accords, né à Dijon en 1549, inhumé en 1590, poëte facétieux, le *Rabelais* de la Bourgogne, homme instruit, mais qui ne consacra sa plume qu'à des bagatelles, souvent ordurières et de mauvais goût : cependant ses *bigarrures*, ses *touches*, ses *escraignes dijonnoises* eurent du succès dans leur temps et furent même réimprimées plusieurs fois. Son portrait est gravé.

Cette Cathédrale est encore décorée de plusieurs cénotaphes et mausolées, la plupart sortis du ciseau d'artistes dijonnais.

Au-devant des piliers de l'arcade de la principale porte, vous voyez ceux de J. B. *Legouz-de-la-Berchère*, premier président du parlement de Bourgogne, mort en 1631, âgé de 63 ans, et de Marguerite *Brulart* son épouse ; ils étoient dans l'église des cordeliers.

Ce couple vertueux donna le jour, le 3 mars 1600, à Pierre Legouz *de la Berchère*, aussi premier président des parlemens de Dijon et de Grenoble, décédé en cette dernière ville à l'âge de 53 ans, le 29 novembre 1653.

Ce magistrat étoit surnommé *l'Incorruptible* : exilé à Saumur en 1637, il n'en fut que plus inébranlable dans son opinion, et se montra le digne successeur de Nicolas *Brulart* son oncle. Il étoit très charitable et se plaignoit souvent que son confesseur, chargé de la distribution de ses aumônes, ménageoit plus sa bourse que sa conscience ; mais aussi il avoit un tel esprit de domination qu'il disoit que *si le roi lui ôtoit sa place et ses biens, il se feroit maître d'école, afin de pouvoir ordonner au moins aux enfans, ne pouvant plus commander aux hommes.*

Papillon prétend que l'on doit à ce magistrat la conservation d'Auxonne, et d'avoir garanti cette ville des insultes de l'armée de Galas en 1636.

Son fils, Charles Legouz *de la Berchère*, né à Dijon en 1647, évêque de Lavaur en 1677, archevêque d'Aix en 1685, d'Alby en 1687, de Narbonne en 1703, où il mourut le 2 juin 1719, fut un prélat distingué, et l'un des commissaires pour le recueil des actes et mémoires du clergé de France, imprimé en 1760 in-fol. 13 vol. Son portrait est gravé par Boulogne et Audran.

A gauche est le beau mausolée du président de Berbisey, jadis placé à l'église des Carmes, exécuté par Martin.

Parallèlement, est la statue de Claude Frémyot, autre président, mort en 1670, âgé de 77 ans; ce mausolée étoit dans l'église Notre-Dame.

Plus loin est le cénotaphe d'Elisabeth de la Mare, femme de François *Bailly*, morte en 1663; vis-à-vis est celui de Margueritte de VALLON, femme de Jacques de *Mucie*, morte le 24 novembre 1674; tous deux sont l'ouvrage de Dubois.

En face de la porte collatérale est l'épitaphe des frères RIGOLEY, tous deux successivement premiers Présidens de la chambre des comptes, tous deux morts dans la même année à la fleur de l'âge et sincèrement regrettés.

Un membre de la même famille s'est fait connoître dans la république des lettres. Jean-Antoine RIGOLEY *de Juvigny*, mort à Paris le 21 février 1788, conseiller au parlement de Metz, membre de l'académie de Dijon, publia plusieurs mémoires sur la vie et les ouvrages de Lamonnoye, fut éditeur des œuvres complètes de Piron; il composa plusieurs discours sur les progrès et la décadence des lettres, et fut l'un des collaborateurs de la bibliothéque française. Son portrait fut gravé par Miger en 1765.

L'église de Saint-Bénigne étant devenue la cathédrale du diocèse, l'abbatiale a été convertie en palais épiscopal, et le séminaire a succédé au couvent des religieux Bénédictins, dont plusieurs ont fait honneur à cette maison et à la province.

Odo-Louis MATHION, né à Dijon en 1620, mort en 1700, duquel le géographe Samson parle comme d'un savant éclairé, étoit très versé dans les sciences mathématiques, fut l'inventeur du mécanisme d'une nouvelle montre et du compas graduateur.

Claude DAVID, né à Dijon en 1644, mort le 16 novembre 1705, a publié une dissertation très savante sur l'authenticité des livres attribués à Saint Denis l'Aréopagite; Paris, 1702. in-8.°

Claude GUESNIÉ, né à Dijon en 1647, mort le 21 octobre 1722, fut le collaborateur du glossaire de *du Cange*; le co-éditeur de la belle édition de Saint Augustin.

Hugues MATHOU, né à Mâcon en 1622, prieur de Saint-Bénigne en 1669, fut éditeur des œuvres de Robert *Pullus*, grand-vicaire de l'archevêché de Sens dont il publia l'histoire ecclésiastiq. en 1688. Il mourut à Châlon le 29 avr. 1705.

Urbain PLANCHER, né dans l'Anjou, mais qui fut pendant très long-temps religieux de la maison de Dijon où il mourut en 1750, âgé de 83 ans, est auteur d'une histoire générale du duché de Bourgogne en 4 vol. in-fol. dont le dernier a été publié par dom *Merle*. Cette histoire est enrichie de pièces justificatives précieuses et de dissertations très savantes; elle est ornée de gravures d'autant plus intéressantes que les monumens qui y sont représentés ont presque tous été détruits dans les dernières années du siècle qui vient de s'écouler.

Parmi les savans Bénédictins qui ont fait honneur à la Bourgogne, nous devons mentionner avec éloge Edmond MARTENNE, né à Saint-Jean-de-Laône le 22 décembre 1654, mort le 20 juin 1739, signalé par des vertus éminentes, des recherches laborieuses, par une vaste étendue de connoissances et par la pureté de ses mœurs. 14 volumes in-fol. de pièces historiques par lui recueillies et publiées; *Thesaurus anecdot.* in-fol. 5 vol.; *veter. scriptor. ampliss. Collectio*, in-fol. 9 vol.; *de antiq. eccl. Ritibus*, in-4.° 5 vol.; *Voyage littéraire*, 1724. in-4.° 2 vol., et plusieurs dissertations savantes, ont marqué à ce religieux un rang distingué parmi les érudits de sa congrégation.

Charles CLEMENCET, né à Painblanc dans le Beaunois, en 1704, après avoir professé avec distinction la rhétorique au célèbre collége de Pont-le-Voy, fut appelé à Paris au monastère des Blancs-manteaux, où il mourut le 5 avril 1778. Doué d'une mémoire heureuse et d'un grand amour de l'étude, il travailla jusqu'à son dernier jour. On lui doit l'histoire de Port-royal, 1757. in-12. 10 vol., les tomes X et XI, en partie, de l'histoire littéraire de France, et 2 vol. sur les histoires ecclésiastiques de Fleury et de Racine. Mais ce qui transmet son nom à la postérité, est l'art de vérifier les dates, commencé par d'Antine qui publia la première édition, 1750. in-4.°, en société avec D. Durand, ouvrage que D. Clémencet refondit presque entièrement avec D. *Clément*, et fit réimprimer en 1770. in-fol.

François CLÉMENT, né à Bèze le 7 avril 1714, à 2 myr. ½ de Dijon, fit d'excellentes études au collége de cette ville. Bénédictin des Blancs-manteaux, il se dévoua comme plusieurs de ses confrères à une étude approfondie de l'histoire. Il acheva le tome XI.ᵉ et composa le XII.ᵉ vol. de l'histoire littéraire de France, les tomes XII et XIII du recueil des historiens de France ; mais l'ouvrage qui lui fait le plus d'honneur, est la troisième édition de l'art de vérifier les dates, in-fol. 3 vol. ; il mit 13 ans entiers à le composer, et se levoit au milieu des nuits pour travailler à ce monument le plus précieux qu'on ait pu élever à l'histoire. L'acad. des inscr. l'avoit associé à ses travaux ; il travailloit depuis long-temps à l'art de vérifier les dates avant J. C. ; il n'en étoit qu'à la chronologie des Arsacides, lorsqu'il fut frappé d'apoplexie le 29 mars 1793 (1).

Ainsi avoient été atteints par la mort les savans D. *Pommeraye* et D. *Caffiaux*, historiographes des provinces de Normandie et de Picardie ; le P. *Maimbourg*, le P. *Ange*, l'érudit *Salmon*, et tant d'autres.

―――――――――――

(1) Son neveu et son élève, Philippe-Daniel Duboy-Laverne, né à Tréchâteau, département de la Côte-d'Or, le 17 septembre 1755, mort à Paris le 13 novemb. 1802, étoit directeur de l'imprimerie de la république. Lors de la suppression des monastères, il rendit à son oncle les secours qu'il en avoit reçus dans sa jeunesse, et lui prodigua tous ses soins. L'élève de D. Clément devoit être un homme instruit; aussi *Duboy-Laverne* étoit-il lié avec tous les savans de la fin du xviiie. siécle; l'un d'eux, M. Sylvestre de Sacy, a publié son éloge. On doit à Duboy-Laverne, les tables de 9 vol. des Mémoires de l'académie des inscriptions et belles-lettres; il tira la typographie orientale de la poussière dans laquelle elle restoit ensevelie, depuis un siècle, dans l'imprimerie du Louvre; il exécuta plusieurs belles éditions qui lui assignent un rang parmi les meilleurs typographes.

En sortant de cette église par la porte collatérale, à gauche est la rue S.ᵗ-Bénigne, à l'angle de laquelle étoit l'hôtel de *Jaucourt;* à droite est la rue de la Prévôté, qui porta pendant un certain temps le nom de *Rue royale;* en face est la place et l'église Sᵗ.-Philibert.

L'hôtel de Jaucourt fut bâti par Philippe de *Jaucourt,* qui porta la bannière du duc Philippe le Hardi en 1379, lorsqu'il marcha sur Troyes pour protéger cette ville contre les Anglais qui n'osèrent pas se hazarder d'en approcher. *Rue St. Benigne.*

Avant l'établissement des communes, les Prévôts étoient les juges des lieux, et rendoient la justice au nom du Prince; d'où certains maires et juges inférieurs conservoient le titre de prévôts; ils étoient en même temps les administrateurs et receveurs du domaine du Souverain, percevoient les amendes et procuroient l'exécution des jugemens en matière criminelle et de police; ils étoient partie publique près *Rue de la Prévôté.*

de l'administration municipale et maîtres des foires. Comme, dans le principe, la commune tenoit ses assemblées sur la place Saint-Philibert, le Prévôt, qui devoit s'y trouver, avoit son hôtel à la proximité, et sans doute dans cette rue qui en a conservé le nom. La prévôté de Dijon fut réunie à la mairie de cette ville, en 1579.

Place Saint-Philibert. La place SAINT-PHILIBERT est l'ancien cimetière de Dijon ; elle étoit dans les dépendances de l'abbaye de Saint Bénigne qui, dans le IX.e siècle, y fit édifier une chapelle pour les novices et les personnes attachées à la maison, d'où le nom de la rue DES NOVICES qui touche à cette église. Dans le XI.e siècle cette chapelle devint une paroisse desservie par les religieux de Saint-Bénigne ; en 1513 elle fut édifiée aux frais des citoyens. Dès le XV.e siècle elle étoit érigée en cure, et des méparts y étoient fondés ; elle a été supprimée en 1791, et n'a point été rétablie ; c'est aujourd'hui un hangar militaire.

Sur la place Saint-Philibert est l'une

des maisons des Filles *de Vincent de Paule* à Dijon. Les institutions utiles sont les seules qui soient assurées de survivre à toutes les opinions, aux commotions des empires, aux secousses des révolutions ; aussi les établissemens de Vincent de Paule sont-ils les premiers qu'on se soit empressé de rétablir (décr. du 27 prairial ix); ces filles respectables qui vont chercher les malheureux dans leurs réduits, qui dirigent sur eux les aumônes du riche et les soins du pauvre, qui apportent aux malades les secours, les remèdes, les consolations, nous représentent le spectacle de la bienfaisance et de la philantropie réunies à la religion.

Cet établissement n'est pas le seul qui soit institué en faveur de l'humanité souffrante et malheureuse. La société de la Miséricorde, qui autrefois distribuoit des secours en bois et charbon aux indigens, des confitures et des sirops aux malades, des aumônes aux pauvres honteux, établie dès 1658, supprimée comme toutes les confrairies, est remplacée par un bureau médical de consultation gratuite et de vaccine, ouvert tous les jours aux pauvres malades de tout sexe et de tout âge, qui y sont pansés gratuitement.

La Société de la charité maternelle, en faveur des enfans nouveaux nés, issus de légitime mariage, est composée des dames les plus marquantes de la ville ; elle distribue chaque année plus de 8000 fr. de secours aux femmes en couche.

Le bureau de bienfaisance, composé de trente membres, distribue aussi chaque année plus de 18,000 fr. de secours à domicile.

Rue des Novices. Cette église, à l'extrémité de la rue des Novices, est celle de SAINT-JEAN, l'une des plus anciennes de Dijon, et que Grégoire de Tours appelle la Basilique hors des murs. Ce fut d'abord une chapelle sépulchrale que s'étoit choisie l'évêque Saint *Urbain* son fondateur, en même temps qu'il l'avoit destinée à servir de baptistaire aux peuples des campagnes ; ce qui fit appeler les alentours de ce temple le *Quartier de la Chrétienté*, et son chef, le *Doyen de la Chrétienté*, par rapport à ceux qui venoient y recevoir le baptême et s'en retournoient chrétiens, et encore par l'obligation imposée aux nouveaux baptisés de se représenter au doyen le premier jour du carême, pour renouveler entre ses mains les promesses de leur baptême : aussi les habitans des campagnes voisines avoient-ils conservé l'usage de venir recevoir *les cendres* à l'église Saint Jean, où le prédicateur du carême devoit son premier discours, appelé SERMON DES AUBREZ (*Aubains étrangers.*)

Saint Urbain, sixième évêque de Langres, y fut enterré en 375 ; on lit encore son épitaphe sur un marbre noir au milieu de cette église.

Ce fut dans cette chapelle que Chramne, fils de Clotaire, poursuivant ses frères, vint en 555, un jour de dimanche, consulter les sorts des saints qui lui prédirent sa fin malheureuse et la punition de ses crimes. Isaïe, chap. v, 5; Saint Mathieu, chap. vii. 27, et Saint Paul, Thess. 1, ch. v. 2, le menacèrent de la fin tragique qui l'attendoit.

Saint Grégoire, XVI.e évêque de Langres, reçut aussi la sépulture dans cette église : ce prélat, issu de famille sénatoriale, étoit un modèle de vertus; il ne se nourrissoit que de pain d'orge et d'eau, sans cesse en prières ou annonçant la parole de Dieu; il distribuoit aux pauvres non-seulement les revenus de son église, mais son propre patrimoine; cet évêque habitoit Dijon. Il parut avec éclat aux conciles de 517, 525, 538. Sous son épiscopat, l'on découvrit le tombeau de Saint Bénigne, et l'on édifia la crypte où il fut déposé. Cet évêque mourut à Langres l'an 539; son corps fut, ainsi qu'il l'avoit demandé, transporté à Dijon, et inhumé en la chapelle Saint-Jean, près de ses prédécesseurs. Il avoit épousé *Armentaire*, de laquelle il eut deux fils, Saint Tétric, qui lui succéda au siège de Langres, aussi inhumé dans la même église, et Saint Grégoire, aïeul du célèbre Grégoire, évêque de Tours, le père de notre histoire de France.

Dans le IXe siècle, cette chapelle devint une abbaye; dans le Xe une paroisse; dans le XVe où elle fut rebâtie, une collégiale; actuellement elle est convertie en une halle aux foires, dont l'entrée a été faite du côté du chœur, et donne sur la place Saint-Jean; elle avoit 54 mèt. de longueur, 31 de largeur, 23 de hauteur.

Parmi les chanoines de cette collégiale, remarquons François JURET, né à Dijon en 1553, mort le 21 décembre 1626, bon poète latin, critique érudit et scholiaste savant. Papillon donne les titres de cinquante-huit ouvrages composés par Juret; il étoit lié avec les *Harlay*, les *Dupuy*, les *Pithou* et autres savans de son siècle, qui le plaçoient *inter Europae lumina*. *Doctissimus Juretus docuit me*, disoit le grand Saumaise. Ce mot seul doit suffire à son éloge.

M. LEAUTÉ, doyen de cette église,

membre de l'acad. de Dijon, étoit connu par plusieurs mémoires sur le *vide*, sur *l'air*, le *systême de Newton*, l'*honneur*, etc. etc. il mourut en 1759. (1)

<small>Rue du Tillô.</small>

Vous apercevez sur la droite l'entrée de la rue du Tillô, nom qui lui vient sans doute de quelque *tilleul*, en patois *tillô*, qui y étoit en évidence. Avec un léger changement d'orthographe, et même sans déranger la prononciation, l'on pourroit consacrer cette rue à la mémoire d'un antiquaire dijonnais.

---

(1) Un autre physicien qui fait honneur à la Bourgogne, et que je ne dois pas passer sous silence, est Edme Mariotte, prieur de Saint-Martin-sous-Beaune, membre de l'académie des sciences, auteur de plusieurs traités sur l'*eau*, la *vue*, les *couleurs*, l'*air*, le *choc des corps, le nivellement*, etc. etc. réunis en 2 vol. in-4.°, Leyde, 1717; on lui attribue ce beau distique sur les conquêtes de Louis XIV :

Una dies Lotharos vinxit, Burgundos hebdomas una,
Una domat Batavos luna, quid annus erit?

Edme Mariotte mourut le 12 mai 1684.

Jean-Benigne *Lucotte* du Tilliot, né à Dijon le 8 septembre 1668, étoit un érudit profond et un littérateur éclairé ; son cabinet devint un muséum précieux par les morceaux qu'il y rassembla ; ses écrits étoient pleins de recherches savantes, de discussions judicieuses ; on peut en juger par l'histoire de la *Mère folle* de Dijon, qu'il publia en 1741 ; il mourut en 1750.

L'abbaye de Cluny avoit son hôtel près le cimetière Saint-Philibert, à l'angle de la rue dont je viens de vous entretenir.

Descendons la rue *Saint-Philibert*, aujourd'hui du Lycée, parce que cet établissement qui a succédé au collége, à l'école centrale, y fut placé en 1804, dans les bâtimens que le président Odebert avoit fait élever en 1625, pour y établir l'hospice Sainte-Anne, fondé par lui. Cette maison est vaste, les cours en sont spacieuses, les appartemens bien aérés ; elle est très propre à remplir sa nouvelle destina-

Rue du Lycée.

tion ; c'est un des Lycées les plus beaux, les mieux tenus de l'Empire.

A côté du Lycée est la maison du célèbre sculpteur *Dubois*, qu'il fit bâtir sur l'emplacement de l'ancien hôtel de *Rothelin*, habitée par lui jusqu'à son décès ; Dubois avoit embelli son domicile de plusieurs sculptures et bas-reliefs que l'on aime à retrouver dans le local même de l'artiste qui en avoit décoré sa demeure.

<small>Rue Cazotte.</small> Vis-à-vis est la rue du *Four*, depuis surnommée CAZOTTE, du nom de Claude - Joseph *Cazotte*, Dijonnais, né en 1720, mort au champ d'honneur le 11 juin 1792, proche parent de Jacques *Cazotte*, né et mort dans les mêmes années.

Ce dernier avoit été commissaire de marine, et dans les premiers temps de la révolution, il se retira dans le village de Pierry, dont il étoit maire. Cazotte ayant manifesté son opinion contre les changemens apportés à la constitution de 1791, fut conduit à Paris au mois d'août 1792, et renfermé dans les prisons de l'abbaye. Arrivèrent ces jours affreux de septembre, pendant lesquels on massacroit tous les prisonniers; Cazotte n'échappa à la mort que par le dévouement de sa fille unique, âgée de 17 ans, qui s'étoit volontairement enfermée dans la prison de son père, pour le consoler et le servir. Lorsque les assassins arrivèrent près de Cazotte, cette fille courageuse entoure son père de ses bras, le couvre de son corps, et bravant les poignards, réclame la grâce de mourir avec lui; un tel héroïsme désarme les furieux, Cazotte et sa fille saisissent ce moment d'émotion pour traverser les cours, déjà pleines de victimes, et d'une populace avide de carnage, mais qui respecta pour le moment, la vieillesse marchant sous l'égide de la piété filiale.

Quelques jours après, Cazotte fut réintégré dans les prisons, et à la suite de 27 heures de débâts, sa tête tomba sous la hache révolutionnaire, le 25 septembre 1792; il étoit âgé de 72 ans.

Cazotte avoit cultivé avec succès les belles-lettres et la poésie; ses œuvres mêlées ont été publiées en 2 vol. in-8.°, parmi lesquelles on distingue le poëme d'*Olivier*, *le Diable amoureux*, *le Lord-impromptu*, et quelques poésies fugitives assez aimables.

On lit dans les œuvres posthumes de M. de la Harpe, qu'il a été trouvé dans ses papiers le morceau suivant:

« Il me semble que c'étoit hier, et c'étoit cependant au commencement de 1788. Nous étions à table chez un de nos confrères à l'académie, grand seigneur et homme d'esprit; la compagnie étoit nombreuse et de tout état, gens de cour, gens de robe, gens de lettres, académiciens, etc. On avoit fait grande chère comme de coutume; au dessert, les vins de Malvoisie et de Constance ajoutoient à la gaîté de la bonne compagnie, cette sorte de liberté qui n'en gardoit pas toujours le ton; on en étoit alors venu dans le monde au point où tout est permis pour faire rire. Champfort nous avoit lu de ses contes impies et libertins, et les grandes dames avoient écouté, sans avoir même recours à l'éventail; de là un déluge de plaisanteries sur la religion; l'un citoit une tirade de la Pucelle; l'autre rappeloit ces vers philosophiques de Diderot,

Et des boyaux du dernier Prêtre,
Serrez le cou du dernier Roi.

et d'applaudir; un troisième se lève, et tenant son verre plein : *Oui, Messieurs,* s'écrie-t-il, *je suis aussi sûr qu'il n'y a pas de Dieu, que je suis sûr qu'Homère est un sot,* et en effet il étoit sûr de l'un comme de l'autre, et l'on avoit parlé d'Homère et de Dieu, et il y avoit là des convives qui avoient dit du bien de l'un et de l'autre. La conversation devient plus sérieuse; on se répand en admiration sur la *révolution* qu'avoit faite Voltaire, et l'on convient que c'est là le premier titre de sa gloire. « Il a donné le ton à son siècle, et s'est fait lire dans l'anti-chambre comme dans le salon. Un des convives nous raconta, en pouffant de rire, que son coëffeur lui avoit dit, tout en le poudrant, *voyez-vous, Monsieur, quoique je ne sois qu'un misérable carabin, je n'ai pas plus de religion qu'un autre;* on conclut que la *révolution* ne tardera pas à se consommer, qu'il faut absolument *que la superstition et le fanatisme fassent place à la philosophie,* et l'on en est à calculer la probabilité de l'époque, et quels seront ceux de la société qui verront *le règne de la raison.* Les plus vieux se plaignoient de ne pouvoir s'en flatter, les plus jeunes se réjouissoient d'en avoir une espérance très vraisemblable, et l'on félicitoit surtout l'académie d'en avoir *préparé le grand œuvre,* et d'avoir été le chef-lieu, le centre, le mobile *de la liberté de penser.*

« Un seul des convives n'avoit point pris de part à toute la joie de cette conversation, et avoit même laissé tomber tout doucement quelques plaisanteries sur notre bel enthousiasme. C'étoit

Cazotte, homme aimable et original, mais malheureusement infatué des rêveries des illuminés. Il prend la parole, et du ton le plus sérieux, « Messieurs, (dit-il) soyez satisfaits, « vous verrez tous cette *grande et* « *sublime révolution* que vous désirez « tant. Vous savez que je suis un peu « prophète ; je vous le répète, vous « la verrez. » On lui répond par le refrein connu, *faut pas être grand sorcier pour ça.* — « Soit, mais peut- « être faut-il l'être un peu plus pour « ce qui me reste à vous dire. Savez- « vous ce qui arrivera de cette *révo-* « *lution*, ce qui en arrivera pour vous, « tous tant que vous êtes ici, et ce « qui en sera la suite immédiate, l'ef- « fet bien prouvé, la conséquence « bien reconnue ? » — Ah ! voyons, (dit Condorcet avec son rire sournois et niais), *un philosophe* n'est pas fâché de rencontrer un prophète. — « Vous, M. de Condorcet, vous « expirerez étendu sur le pavé d'un

« cachot (1), vous mourrez du poi-
« son que vous aurez pris pour vous
« dérober au bourreau, du poison que
« *le bonheur* de ce temps-là vous for-
« cera de porter toujours sur vous. »

« Grand étonnement d'abord ; mais
on se rappelle que le bon Cazotte est
sujet à rêver tout éveillé, et l'on rit
de plus belle. — « M. Cazotte, le
« conte que vous nous faites ici n'est
« pas si plaisant que votre *Diable*
« *amoureux* (2). Mais quel diable
« vous a mis dans la tête ce *ca-*
« *chot*, et ce *poison* et ces *bour-*
« *reaux?* qu'est-ce que tout cela peut
« avoir de commun avec la *philoso-*
« *phie* et *le règne de la raison ?* —
« C'est précisément ce que je vous
« dis : c'est au nom de la philosophie,
« de l'humanité, de la liberté, c'est
« sous le règne de la raison qu'il vous
« arrivera de finir ainsi, et ce sera

---

(1) V. Diction. hist. de Chaudon et de
Landine, supplément, tom. 2, pag. 13.

(2) Joli petit roman de Cazotte.

« bien le *règne de la raison*, car alors
« elle aura des *temples*, et même il
« n'y aura plus dans toute la France,
« en ce temps-là, que des *temples*
« *de la raison.* » — « Par ma foi (dit
« Champfort avec le rire du sarcas-
« me), vous ne serez pas un des prê-
« tres de ces temples-là. — « Je l'es-
« père ; mais vous, M. Champ-
« fort, qui en serez un, et très digne
« de l'être, vous vous couperez les
« veines de vingt-deux coups de ra-
« soir (1), et pourtant vous n'en
« mourrez que quelques mois après. »
On se regarde, on rit encore. « Vous,
« M. Vicq-d'Azyr, vous ne vous ouvri-
« rez pas les veines vous-même, mais
« après vous vous les ferez ouvrir six
« fois dans un jour, au milieu d'un
« accès de goutte, pour être plus sûr
« de votre fait, et vous mourrez dans

---

(1) Dict. histor. de Chaudon et de Landine, Supplément, tom. 1, pag. 456.

« la nuit (1). Vous, M. de Nicolaï,
« vous mourrez sur l'échafaud (2).
« Vous, M. Bailly, sur l'échafaud
« (3). Vous, M. de Malesherbes, sur
« l'échafaud (4). Ah! Dieu soit béni,
« (dit Roucher), il paroît que Mon-
« sieur n'en veut qu'à l'académie, il
« vient d'en faire une terrible exé-
« cution ; et moi, grâce au ciel.....
« Vous ! vous mourrez aussi sur l'é-
« chafaud (5). » Oh ! c'est une gageu-
re (s'écrie-t-on de toutes parts), il a
juré de tout exterminer. » — « Non,
« ce n'est pas moi qui l'ai juré. —
« Mais nous serons donc subjugués
« par les Turcs ou les Tartares ? en-
« core. — Point du tout ; je vous l'ai
« dit : vous serez alors gouvernés par la
« seule *philosophie*, par la seule *rai-*
« *son*. Ceux qui vous traiteront ainsi,
« seront tous des *philosophes,* auront

---

(1) Mort le 20 juin 1794, dans un délire, ne parlant que du tribunal révolutionnaire.

(2) Décapité le 7 juillet 1794.

(3) Décapité le 12 novembre 1793.

(4) Décapité le 22 avril 1793.

(5) Décapité fin de juillet 1794.

« à tout moment dans la bouche tou-
« tes les mêmes phrases que vous dé-
« bitez depuis une heure, répéteront
« toutes vos maximes, citeront tout
« comme vous les vers de Diderot et de
« la Pucelle..... » — On se disoit à
l'oreille, vous voyez bien qu'il est
fou ; car il gardoit toujours le plus
grand sérieux. — « Est-ce que vous
« ne voyez pas qu'il plaisante, et vous
« savez qu'il entre toujours du mer-
« veilleux dans ses plaisanteries. —
« Oui (répond Champfort), mais son
« merveilleux n'est pas gai, il est
« trop patibulaire, et quand tout
« cela arrivera-t-il ? — Six ans ne se
« passeront pas, que tout ce que je
« vous dis ne soit accompli. »

« — Voilà bien des miracles (et cette fois c'étoit moi-même qui parlois), et vous ne m'y mettez pour rien ? — Vous y serez pour un miracle tout au moins aussi extraordinaire, vous serez alors chrétien (1).

---

(1) Il mourut le 11 février 1803, dans de grands sentimens de piété.

« Grandes exclamations.—Ah! (reprit Champfort), je suis rassuré; si nous ne devons périr que quand La Harpe sera chrétien, nous sommes immortels.

« — Pour ça (dit alors Mad.ᵉ la duchesse de Grammont), nous sommes bien heureuses, nous autres femmes, de n'être pour rien dans les *révolutions*. Quand je dis pour rien, nous nous en mêlons toujours un peu; mais il est reçu qu'on ne s'en prend pas à nous, et notre sexe.... — Votre sexe, Mesd.ᶜˢ, ne vous en défendra pas cette fois, et vous aurez beau ne vous mêler de rien, vous serez traitées tout comme les hommes, sans aucune différence quelconque. — Mais qu'est-ce que vous dites donc là, M. Cazotte? c'est la fin du monde que vous nous prêchez. — Je n'en sais rien; mais ce que je sais, c'est que vous, Mad.ᵉ la Duchesse, vous serez conduite à l'échafaud, vous, et beaucoup d'autres Dames avec vous, dans la charrette du bourreau, et les mains liées derrière le dos. — Ah! j'espère que dans ce cas-là, j'aurai du moins un carosse drapé de noir. Non, Mad.ᵉ, de plus grandes dames que vous, iront comme vous en charrette, et les mains liées comme vous. — De plus grandes dames que moi! quoi! les princesses du sang (1)! — De plus grandes dames encore (2)..... Ici un mouvement très sensible dans toute la compagnie, et la figure du maître se rembrunit; on commençoit à trouver que la plaisanterie étoit forte. Mad.ᵉ de Grammont, pour dissiper le nuage, n'insista pas sur cette dernière réponse, et se contenta de dire du ton le plus léger : *vous verrez qu'il ne me laissera pas seulement un confesseur.* — Non, Mad.ᵉ, vous n'en aurez pas, ni vous, ni personne. Le dernier supplicié qui en aura un

---

(1) Décapitée le 10 mai 1794.
(2) Décapitée le 16 octobre 1793.

par grâce, sera..... Il s'arrêta un moment. Eh bien! quel est donc l'heureux mortel qui aura cette prérogative? —C'est la seule qui lui restera, et ce sera le Roi de France (1).

« Le maître de la maison se leva brusquement, et tout le monde avec lui. Il alla vers M. Cazotte, et lui dit avec un ton pénétré: mon cher M. Cazotte, c'est assez faire durer cette facétie lugubre, vous la poussez trop loin, et jusqu'à compromettre la société où vous êtes vous-même. Cazotte ne repondit rien, et se disposoit à se retirer, quand mad.e de Grammont, qui vouloit toujours éviter le sérieux, et ramener la gaîté, s'avança vers lui : « M. le prophête, qui nous dites à « tous notre bonne aventure, vous ne nous dites rien de la vôtre. » Il fut quelque temps en silence et les yeux baissés. — « Mad.e, avez-vous lu le siège de Jérusalem dans Joseph? —

___

(1) Décapité le 21 janvier 1793.

« Oh! sans doute, qu'est-ce qui n'a pas
« lu ça! mais faites comme si je ne
« l'avois pas lu. — Eh bien! Mad.ᵉ,
« pendant ce siège, un homme fit sept
« jours de suite le tour des remparts,
« à la vue des assiégeans et des as-
« siégés, criant incessamment d'une
« voix sinistre et tonnante : *malheur*
« *à Jérusalem ;* et le septième jour
« il cria : *malheur à Jérusalem, mal-*
« *heur à moi-même!* et dans le mo-
« ment une pierre énorme, lancée
« par les machines ennemies, l'at-
« teignit et le mit en pièces. » Et
après cette réponse, M. Cazotte fit sa
révérence, et sortit.

Poursuivons la rue du Lycée ; remarquez la ruelle à droite.

Le nom d'un de nos plus grands hommes d'état est attaché à la plus vilaine de nos rues ; le fameux Cardinal de Richelieu lui donne le sien : ce ministre a ses partisans et ses détracteurs ; mais on ne peut lui refuser d'avoir été un très habile politique, d'avoir contenu les mouvemens de

Rue Richelieu.

l'intérieur, et d'avoir, au dehors, rendu la France respectable à ses ennemis. *O grand homme!* s'écria le Czar *Pierre*, en considérant son mausolée dans l'église de la Sorbonne à Paris; *si tu vivois, je te donnerois la moitié de mes états, pour apprendre de toi à gouverner l'autre.* Le cardinal de Richelieu avoit été Abbé de Cîteaux depuis 1635 jusqu'à sa mort; ce fut sans doute ce qui fit attacher son nom à la rue ouverte non loin des jardins de l'ancien hôtel dit le Petit Cîteaux, occupé jusqu'à la révolution, par l'un des profès de cette maison, sous la qualité de gouverneur, résidence ordinaire des abbés de Cîteaux lorsqu'ils venoient à Dijon (1).

Cet hôtel provient des dons des

---

(1) Cîteaux étoit une abbaye régulière, chef d'ordre, à deux myriam. de Dijon, que les ducs de Bourgogne, de la première race, avoient affectée à leur sépulture. Vous prendrez une idée de sa puissance, lorsque vous saurez qu'elle

ducs Hugues II et Eudes II. Il fut construit en 1171, et long-temps habité par Jean de Cirey, Dijonnais, 43.ᵉ abbé de Cîteaux, surnommé le *bon Abbé*, successeur d'Humbert de Laône.

Elu de la province, en 1476, député de Bourgogne aux états-généraux tenus à Tours en 1484, Jean de *Cirey* soutint avec fermeté et défendit avec éloquence les droits et les priviléges de la Bourgogne, à laquelle il fit adjuger le premier rang après les députés de l'Ile de France. Il parut avec éclat aux conciles d'Orléans et de Tours, fut très estimé de Louis XI, et du pape Innocent VIII, et en obtint plusieurs priviléges, jadis très magnifiques, aujourd'hui anéantis avec le monastère auquel ils étoient concédés. Cet abbé mourut le 27 dé-

---

comptoit plus de trois mille monastères sous sa domination ; et dans sa dépendance, des Rois, des Princes souverains, des Prélats, etc. etc. que l'abbé présida lors du dernier chapitre général convoqué et tenu à Cîteaux en 1783.

cembre 1503; Jacques de Pontailler lui succéda. La mémoire de Jean de Cirey est surtout recommandable en ce que ce fut lui qui attira à Dijon Pierre *Metlinger*, le premier imprimeur que cette ville ait possédé, qui de Dôle où il étoit en 1490, vint s'établir à Dijon, où il imprima cette même année et la suivante, les constitutions, priviléges et vie des Saints de l'abbaye de Cîteaux, sous ces titres,

Constitutiones pro bonâ ordinis Cisterciensis gubernatione latae et à pontificibus approbatae, jussu Capituli generalis editae. Divione per Petrum Metlinger alamannum 1490, in-4.°

Collectio privilegiorum ordinis Cisterciensis operâ et impensâ reverendissimi in Christo patris Joannis abbatis Cistercii. Divione Metlinger, 1491, IV nonas julias, in-4.°

On répute ce volume le plus ancien bullaire qui ait été imprimé.

Compendium Sanctorum ordinis Cisterciensis. 1491, in-4.°

Ainsi Dijon doit à Jean de Cirey de lui avoir apporté l'art de l'imprimerie, que, sur la fin du dernier siècle, les presses de MM. Causse et Frantin ont mis en honneur dans cette ville.

Vous reconnoissez sans doute la Porte d'*Ouche,* devant laquelle nous avons déjà passé ce matin ; la rue *Porte d'Ouche* qui y aboutit, est une rue marchande, à laquelle aucun souvenir ne se rattache. Au sud-est étoit la tour de *Guise,* élevée dans le temps de la Ligue, par les ordres et les soins de la maison de Lorraine, qui commandoit despotiquement en Bourgogne ; elle fut édifiée pour la défense de la Porte d'Ouche, dont elle joignoit les Tourelles, seul quartier de la ville qui n'étoit pas couvert par des ouvrages de fortifications.

Rue Porte-d'Ouche.

A cette tour étoit adossée la communauté du Refuge, aujourd'hui cazerne de la garde départementale, et dont les autres bâtimens sont affec-

Rue du Refuge.

tés au service des vivres et à celui des fourrages militaires.

Le Refuge étoit un couvent destiné à renfermer les filles et les femmes de mauvaise vie ; son établissement étoit dû à J. B. *Gonthier,* chanoine de la Sainte-Chapelle, qui fit venir d'Avignon, en 1653, des religieuses de l'ordre du Refuge, et consacra leur église la même année. Le chanoine Gonthier étoit dijonnais, fils de Gaspard Gonthier, conseiller au parlement, et de Marie Gallois ; il mourut à Dijon le 1.er juin 1678, âgé de 51 ans. Il publia quelques livres de dévotion.

Maurice DAVID, né à Dijon en 1614, d'abord avocat, marié à une D.lle de Thésut, de laquelle il eut plusieurs enfans, devint veuf en 1660, reçut la prêtrise, et fut nommé, en 1663, supérieur de la maison du Refuge. Il publia un petit ouvrage, intitulé : *Animadversiones in observation. chronologic. Possini ad Pachymer.* Divione 1679, in-8.° Cet opuscule mérita à son auteur plus de considération que bien des volumes in-fol.; il réforma la chronologie, et même celle qu'avoit suivie le célèbre *du Cange*; l'abbé Fleury faisoit le plus grand cas de ce petit ouvrage. David mourut dans l'année de la publication de ses savantes remarques, le 11 novembre 1679, sans avoir joui de l'honneur qu'elles devoient lui procurer parmi les érudits de son siècle.

Un autre David est mentionné par Ch. Fevret, comme le Scœvola de la Bourgogne. Vous savez que Cicéron appeloit Q. Mutius Scœvola l'orateur le plus éloquent des jurisconsultes et le plus habile jurisconsulte de tous les orateurs : Fevret en dit autant de Cl. David, *inter aetatis suae jurisconsultos primus, inter summos, eximius :* il vante surtout sa concision, sa logique entraînante et serrée, son habileté dans la riposte, sa fine plaisanterie qui, déconcertant ses adversaires, faisoit prendre plaisir à l'entendre. *Vix enim quisquam paucis tam mul-*

ta, tam praeclara, tam reconditae eruditionis brevi verborum compendio dilucidiùs constringebat, sub perpetuae festivitatis dulcedine.

La rue du SACHOT ne mérite pas d'arrêter vos regards. Remontons par la rue MAISON-ROUGE.

<small>Rue Maison-Rouge.</small> C'est dans ce quartier qu'étoit jadis la principale maison des FRÈRES *de la doctrine chrétienne*, institués, en 1681, par M. *de la Salle,* chanoine de Rheims, établis à Dijon dès 1705 par les libéralités du chanoine *Gonthier,* dont je viens de vous parler, de MM. *Rigoley* et de *Blaisy*. Ces instituteurs des indigens furent englobés dans la suppression générale des ordres religieux; mais comme les établissemens utiles sont les seuls qui aient l'avantage de se survivre à eux-mêmes, cette association est rétablie depuis plusieurs années, sans que Dijon en ait encore une maison.

L'instruction primaire étoit l'unique but de cette congrégation; les écoles de ces bons frères ne sont ni célèbres ni fastueuses; leurs chaires ne sont ni courues ni recherchées; leurs leçons ne sont ni brillantes ni pompeuses; leurs succès n'ont rien d'éclatant. Malgré cela, ces hommes modestes et zélés ne se rebutent jamais de la monotonie de leurs obligations, ni des imperfections du jeune âge; ils font le bien pour le seul plaisir de le faire, sans même en espérer d'autre récompense que dans leur satisfaction intérieure.

Ces hommes simples, constamment voués par état aux premiers degrés de l'instruction, sans jamais pouvoir en dépasser les bornes, ont été ridiculisés par le surnom d'*Ignorantins;* mais s'il est vrai que la considération publique doive toujours être en rapport avec les services rendus à l'ordre social, qui, plus que ces bons religieux, peut avoir droit à la reconnoissance publique? eux, par qui la classe indigente, et c'est la plus nombreuse, reçoit les élémens des connoissances les plus indispensables à l'homme en société.

Rue Crébillon.

A droite est la rue CRÉBILLON, jadis des *Carmes*, plus anciennement rue *Gauche*. Les CARMES, établis d'abord à la Porte au *Fermerot*, avoient leur monastère en la rue *Gauche* depuis 1371 ; leur couvent ni leur église n'offroient rien de remarquable que les mausolées en marbre de Pierre *Bouchu*, intendant de Bourgogne, et du président de *Berbisey*; vous avez remarqué le dernier à la Cathédrale où il a été replacé.

Laurent BUREAU, né à Liernais, près Saulieu, étoit profès de cette maison ; de la condition de pâtre, il devint évêque de Sisteron, confesseur des rois Charles VIII et Louis XII ; son mérite lui suscita beaucoup d'ennemis, et la jalousie le fit périr aux états de Blois, en 1504, où l'on croit qu'il fut empoisonné.

Prosper JOLYOT naquit à Dijon le 15 janvier 1674, de Melchior *Jolyot*, l'un des greffiers en chef de la Chambre des Comptes, et de Henriette *Gagnard*, qui demeuroient proche du

Morimont. Quelques vignes que possédoient ces époux sur le finage de *Brochon*, au climat appelé le Cray-Billon, donnèrent à leur fils le nom sous lequel il est connu parmi les tragiques Français.

On raconte que le jeune *Jolyot*, destiné par son père à la carrière du barreau, fut placé à Paris dans une étude de procureur; mais qu'ayant montré pour cet apprentissage la plus grande répugnance, et s'amusant au contraire à faire des vers, M. Prieur, dans l'étude duquel il étoit clerc, lui dit qu'il feroit mieux de travailler pour le théâtre. Le jeune poëte goûta fort ce conseil, et ses premiers pas, dans cette carrière, furent marqués par des succès. Idoménée, mais sur-tout Atrée, dont la marche est du plus grand tragique (1), lui firent une réputation brillante; ces lauriers transportèrent

---

(1) Après une représentation de cette pièce, on demandoit à Crébillon, pourquoi il avoit adopté le genre terrible? *Je n'avois pas à choi-*

de joie le procureur, qui attaqué d'une maladie mortelle, se fit conduire à la première représentation d'Atrée, et en sortant, embrassa l'auteur avec effusion, et s'écria : *Je meurs content, je vous ai fait poëte, je laisse un homme à la nation ;* mais ces succès restèrent sans influence sur Melchior Jolyot, qui d'abord déshérita le tragique. C'est ce trait de la vie de son illustre compatriote que *Piron* a mis au théâtre, dans l'une des scènes de sa Métromanie.

Crébillon, à la fleur de l'âge, avoit de la réputation, mais point de fortune ; il avoit composé son Electre à Dijon, pendant l'année 1708 ; je souhaite, disoit-il *à Voltaire,* au sujet de sa tragédie d'Oreste, *que le frère vous fasse autant d'honneur que la sœur m'en a fait.* Rhadamiste parut en 1711, et malgré la critique de *Boi-*

---

sir, répondit-il ; *Corneille a pris le ciel, Racine la terre, ils ne m'ont laissé que les enfers.*

leau, elle enleva tous les suffrages, et eut deux éditions dans la même semaine. Tant de succès lui ouvrirent les portes de l'Académie française en 1731 ; il fut nommé censeur royal en 1735.

Sa tragédie de CATILINA donna lieu à deux anecdotes piquantes, qui feront connoître le caractère de *Crébillon*. Il n'en avoit encore composé que les deux premiers actes, lorsqu'il fit une maladie assez sérieuse ; son médecin qui le croyoit apparemment hors d'état de guérir, eut la maladresse de lui demander en cadeau les deux actes de cette tragédie ; Crébillon qui sentoit tout ce qu'une telle demande avoit d'inconvenant, lui répondit par ce vers de Rhadamiste.

Ah ! doit-on hériter de ceux qu'on assassine ?

Le poëte guérit malgré les pronostics du médecin, acheva sa tragédie, et la fit représenter ; son fils lui demanda des billets pour quelques-uns de ses amis, qui vouloient assister à la première représentation de cette pièce; vous savez bien, Monsieur, reprit le poëte, que je ne veux pas que personne se croie dans l'obligation de m'applaudir. — *Soyez tranquille, vos billets ne vous obtiendront pas grâce, si la pièce ne le mérite pas.* — En ce cas vous en aurez.

La vie de ce tragique tenoit de la singularité; il dormoit peu, couchoit sur la dure, fumoit beaucoup, aimoit à être seul, entouré de chiens et de chats, qui faisoient de son cabinet une espèce de ménagerie; quelqu'un lui en demandoit le motif, il répondit: *c'est que je connois les hommes* (1); mais du reste il étoit modeste, officieux et sensible; sa candeur alloit par fois jusqu'à la bonhomie, et cependant il avoit la connoissance de son mérite, et savoit même

---

(1) Ayant cédé à la sollicitation de ses amis, il se présenta à Versailles; l'auteur de *Rhadamiste* n'y fut regardé de personne.

quelquefois assez à propos aiguiser l'épigramme.

Lorsque les couplets satyriques attribués à J. B. *Rousseau* furent répandus dans le public, *Danchet* qui s'y trouvoit peint comme un imbécille, rencontrant *Crébillon,* lui dit : savez-vous que le couplet qui vous regarde est abominable ? — M. *Danchet*, repart Crébillon, *j'aime mieux que Rousseau me fasse passer pour un débauché que pour une bête.*

Dans sa tragédie de Xercès, Crébillon faisoit mourir presque tous les personnages ; une actrice qui avoit la réputation d'avoir empoisonné plusieurs personnes de ses faveurs, lui dit : *M.* Crébillon, *donnez-moi la liste de vos morts.* — *Et vous, Mademoiselle,* repart le tragique, *donnez-moi la liste de tous ceux que vous avez blessés.* Mais à part ces ripostes qu'on provoquoit, Crébillon ne s'est jamais permis la moindre satire. Dans son discours de réception à l'académie française, qu'il avoit composé en vers ; à la lecture de celui-ci :

Aucun fiel n'a jamais empoisonné ma plume, la salle retentit d'applaudissemens.

Un jeune homme vint un jour lui faire la lecture d'une satire ; Crébillon l'écouta tranquillement, et quand la lecture fut achevée, il lui dit: jugez, Monsieur, combien ce malheureux genre est facile et méprisable, puisqu'à votre âge vous y réussissez.

Crébillon avoit composé une tragédie de Cromwel ; Louis XV en étant informé, l'arrêta un jour, et lui dit : *M. de Crébillon, vous travaillez à une tragédie de Cromwel ?* — Oui, Sire ; — *Croyez-moi*, reprend le Monarque, *n'usez pas tous vos vers sur ce sujet-là*. Le poëte comprit l'intention du prince, et la pièce resta dans le porte-feuille.

Crébillon fut pendant douze années brouillé avec *Piron*; toutefois ce dernier prouva qu'il lui avoit toujours rendu justice, en lui composant l'épitaphe suivante :

Tandis que l'auteur de Thieste
De l'Olympe atteint le sommet,
Tandis que la troupe céleste
Lui présente le calumet,
Et qu'Hébé du tabac y met,
Au Parnasse grand deuil on mène,
Sur-tout la pauvre Melpomène
Qui ne va plus qu'à cloche-pied;
Terreur étoit de son domaine,
Ce ne sera plus que pitié.

Crébillon avoit épousé Charlotte *Péaget*, de laquelle il avoit été éperdument amoureux; il en eut deux enfans, dont l'un se fit un nom dans la république des lettres. Ce tragique mourut à Paris le 17 juin 1762, et fut enterré à l'église de Saint Gervais, où Louis XV lui fit ériger un mausolée en marbre, exécuté par le célèbre Lemoine. Son portrait est le chef-d'œuvre de Balechou.

En face est la rue BERBISEY, prolongement de la rue Chapelotte.

Rue Berbisey.

Jean de BERBISEY, baron de Vantoux, dont les ancêtres étoient membres du grand conseil de nos ducs, et qui depuis tinrent un rang honorable dans le parlement de Bourgogne, en fut nommé premier président en 1715, et en exerça les fonctions pendant trente années, avec distinction. Il demeuroit dans cette rue, à laquelle la reconnoissance attacha son nom ; Jean de *Berbisey* affecta son hôtel pour être à perpétuité celui des premiers présidens qui lui succéderoient, et par acte de 1748, il joignit à cette libéralité la terre de Vantoux, dont la maison, et sur-tout les dehors, commandoient l'admiration. Il ne borna point ses largesses à la compagnie dont il étoit le chef ; ce magistrat avoit fait les fonds d'apprentissage de divers métiers en faveur des enfans indigens ; il avoit fondé des prix au collége pour les enfans d'une classe plus élevée ; il avoit fait plusieurs dotations aux Carmes, chez lesquels il avoit choisi sa sépulture, et où il avoit fait ériger à son père, mort le 8 sept. 1697, le mausolée que vous avez remarqué à la Cathédrale, où il a été transféré.

La communauté des filles de Ste-Marthe, fondée à Dijon en 1678, par Jacques de *Neufcheses,* évêque de Châlon, pour le soulagement des prisonniers et des pauvres malades à domicile, avoit son monastère dans la rue *Berbisey,* qu'elle terminoit en face de la rue *Brulart.*

Les anciens souverains du comté de Neuchâtel avoient leur hôtel à l'angle des rues *Berbisey* et du Chaignot.

Philippe d'Hochberg, maréchal de Bourgogne, l'habitoit; il fut le dernier mâle de sa race, et Christophe de Bade se mit en possession de ses états, en vertu de concordat arrêté entre eux, sous l'agrément de l'Empereur. Louis d'Orléans-Longueville qui avoit épousé Jeanne, fille unique de Philippe d'Hochberg, n'obtint de cette riche succession que le comté de Neufchâtel et 250 florins d'or.

Cet hôtel est devenu celui de M. Richard de Ruffey. Germain-Gilles *Richard* de Ruffey, né à Dijon le 17 octobre 1706, président à la Chambre des Comptes de la même ville, fut un philologue instruit, cultivant les belles-lettres, poëte fécond, ami des beaux arts, et non moins versé dans la science de l'histoire et des antiquités; il mourut à Dijon le 19 septembre 1794.

Ses études et son zèle le dirigeoient principalement sur tout ce qui étoit en rapport avec sa patrie; il avoit réuni en 1752, une société littéraire, qui tenoit ses séances dans le salon de sa bibliothèque, et se rallia sept ans après à l'académie des sciences et arts, fondée par M. Pouffier; M. de *Ruffey* en fut un des membres les plus zélés.

L'expérience avoit appris que les anciennes fortifications de Dijon recéloient dans leurs fondations des débris de monumens antiques; M. de *Ruffey* suivit assidument les démolitions de l'ancienne tour, qui étoit au chevet de l'église Saint-Etienne, fit transporter chez lui tous les fragmens de sculpture que les fouilles mirent à découvert, et les fit incruster à perpétuelle mémoire dans les murs de clôture de son jardin. Cette collection de débris antiques est d'autant plus intéressante qu'elle conservera à nos neveux des monumens de la première existence de Dijon, et qu'elle offrira dans un même local des restes que l'antiquaire aime à trouver rapprochés, pour en bien saisir l'ensemble et les rapports. C'est ainsi que parmi ces fragmens, M. *Antoine* a trouvé de quoi composer ce beau monument, qui dès les temps celtiques exista au confluent de l'Ouche et de Suzon.

Nous allons suivre la rue du Chaignot qui aboutissoit autrefois à la tour *Fondoire* ou porte *Nanxion*, près de laquelle les templiers (1)

<small>Rue du Chaignot.</small>

----

(1) Le dernier grand-maître de cet ordre célèbre étoit Bourguignon. Jacques de *Molay*, quoiqu'il se déclare pauvre dans son interrogatoire et ne savoir ni lire ni écrire, étoit cependant de la maison de Longvy, branche de l'illustre maison de Châlon. Il fut sacrifié à l'envie qu'on avoit de détruire l'ordre dont il étoit le chef, et mourut sur un échafaud le 11

avoient une maison dans le XIII.ᵉ siècle, et nous suivrons la rue Sainte-Anne, autrefois des *Crais*.

<small>Rue St.ᵉ Anne.</small> Les religieuses de Tart, dont le monastère fut fondé dès 1131, avoient une suprématie sur beaucoup de communautés de filles de l'ordre de Saint Bernard. Comme première maison de filles de l'ordre de Cîteaux, elles tenoient chaque année à *Tart* un chapitre général; mais exposées dans leur village aux malheurs qu'entraînent les guerres, voyant leur abbaye ruinée par l'armée de *Galas*, elles obtinrent leur translation à Dijon vers le milieu du XVII.ᵉ siècle.

Leur église est une rotonde parfaitement éclairée, et dans les plus belles

---

mars 1314, protestant de son innocence, et ajournant le Pape et le Roi de France à comparoître devant Dieu dans l'année. Que cette prédiction soit vraie ou fausse, toujours est-il que le Pape et le Roi ne passèrent pas l'année qui vit périr au milieu des bûchers 72 templiers, pour des crimes dont il n'est pas encore prouvé qu'ils étoient coupables.

proportions, sur 25 mèt. ½ de long, 15 ½ de large. Elle fut construite dans le commencement du XVIII.ᵉ siécle, sur les dessins du frère *Louis* de l'Oratoire. Le président de Berbisey et l'abbesse Amée de la Michaudière, descendante de la famille de Saint Bernard, en posèrent la première pierre. On admire dans cette église le magnifique retable à six colonnes corinthiennes en marbre noir, surmonté d'un groupe d'anges, et offrant dans l'entre-colonnement les statues en marbre blanc de la Sainte Vierge visitée par Sainte Elizabeth, ouvrage composé par le célèbre *Dubois*, pour le monastère de la Visitation, d'où il fut transporté dans cette rotonde, où il fait un effet admirable. Dans une chapelle collatérale on s'arrête devant le beau tableau de la communion de Sainte Catherine de Sienne par Quentin.

Cette maison est aujourd'hui affectée à l'hôpital Sainte-Anne, fondé en 1645 par les libéralités du président *Odebert* (V. Lycée) et de Odette

Maillard son épouse, desquels on a transporté les mausolées dans cette église, afin que les restes des bienfaiteurs soient en perpétuelle vénération dans le lieu même qui doit son existence à leurs bienfaits.

<small>Rue de la Fraternité.</small> A l'angle-nord de cette rue étoit l'ancien hôtel de l'abbaye d'*Ogny*, fondée en 1106, par Milon de Frolois, sous la règle de Ste. Geneviève, et à laquelle succéda en 1699 le couvent des Carmélites, fondé à Dijon par Anne de *la Lobere,* l'une des compagnes de Ste. Thérèse. Le portail de cette église est d'une riche architecture ; les dessins en furent donnés par *Tassin* (1) ; la gravure en existe dans un des cartouches du plan de Dijon, par *Miquel,* professeur aux écoles d'artillerie d'Auxonne.

---

(1) Nicolas Tassin, né à Dijon, étoit un géographe exact et laborieux ; l'abbé *Lenglet* dit qu'il dégagea la géographie de l'obscurité où elle étoit auparavant, et que son travail est encore estimé par les maîtres ; ses premières cartes datent de 1631, les dernières de 1667.

Aujourd'hui les cellules de ces pieuses filles sont occupées par les soldats de la *cohorte*, et par des magasins de l'administration militaire.

En face de la rue Fraternité, ci-devant des *Carmélites*, étoit l'église de la *Chapelle aux riches*, vulgairement Chapelotte, fondée sur la fin du XII.ᵉ siècle, par les frères *Leriche*, desquels elle prit le nom, et non pas comme quelques-uns l'ont prétendu, de ce que les canonicats étant peu rentés, il falloit être riche pour les posséder. Cette église est démolie.

Parmi les chanoines de cette collégiale on doit remarquer :

Edme Thomas est né à Dijon, le 9 février 1591, de Jacques *Thomas*, doyen du Parlement, et de Jeanne *Chasot*, fut doyen de la Chapelotte, en

---

— Les plans et profils des villes de France, de Lorraine, de Bourgogne, de Suisse, des environs de Paris ; les cartes de France, des provinces, des côtes de France, sont ses principaux ouvrages.

8

1629, et nommé, en 1638, chanoine et official d'Autun, où il mourut le 28 octobre 1660. Edme Thomas est auteur d'une histoire d'Autun, dont il n'y eut que les cent premières pages imprimées à Lyon, l'année de son décès; cet ouvrage dont on possède la suite, manuscrite, dans plusieurs bibliothèques, contient des recherches savantes et profondes, une critique judicieuse et éclairée, et c'est la meilleure histoire de l'antique capitale des Eduens.

Claude Robert, né à Cheslay, entre Bar-sur-Seine et Tonnerre, l'an 1564, précepteur d'André *Fremyot*, archevêque de Bourges, et de Jacques de *Neufchèses*, évêque de Châlon, fut d'abord pourvu d'un canonicat dans cette église; l'évêque de Châlon lui en donna un dans sa cathédrale, et le nomma son grand-vicaire. Robert mourut à Châlon-sur-Saône le 16 mai 1637, entre les bras de son évêque, qui le regretta sincèrement.

Claude *Robert* fut le premier auteur du *Gallia christiana*, publié en 1626, ouvrage dont l'idée lui fut donnée par le cardinal *Baronius*, et dont le plan fut bientôt goûté, agrandi et appliqué à toutes les provinces ecclésiastiques. Ce recueil a forcé de mettre à découvert les archives des abbayes, chapitres et couvens dont les richesses étoient ignorées, et il est devenu l'une des pierres angulaires de notre histoire de France. Un savant recommandable qui fournit le plus de matériaux à ce grand ouvrage, fut Dom Claude Estiennot, né à Varennes, près d'Avalon, le 16 mai 1658, auteur de l'histoire du Vexin français, *in-fol.* 3 vol., des antiquités de son ordre au diocèse de Bourges, et de celle de quinze autres diocèses. D. Estiennot composa en onze ans 45 vol. *in-fol.*; aussi ce laborieux écrivain disoit-il de lui :

Immorior studiis, et amore senesco sciendi.

Il mourut à Rome le 20 juin 1699, procureur-général de son ordre.

Philibert-Papillon, né à Dijon le

1.ᵉʳ mai 1666, d'une famille ancienne dans la robe, consacra toute sa vie à l'étude spéciale de l'histoire littéraire de la Bourgogne. Plusieurs dissertations savantes insérées dans des mémoires de littérature, sa bibliothèque des auteurs de Bourgogne, publiée en 1742, ouvrage entrepris à la sollicitation de M. le président *Bouhier*, auquel il fut dédié, sont ses titres comme savant éclairé, et ses droits à l'estime de ses compatriotes, parmi lesquels il mourut le 23 février 1738. Son portrait gravé par *Petit*, est en tête de ses œuvres. L'abbé Joly a composé son éloge (1).

---

(1) Plusieurs personnages de ce nom ont fait honneur à la Bourgogne : Almaque Papillon, né à Dijon en 1487, poëte français, ami de Marot, valet de chambre de François I, fut fait prisonnier avec ce prince à la bataille de Pavie ; on lui attribue la pièce de vers intitulée, *le trône d'honneur*. Il mourut en 1559. Thomas *Papillon*, son neveu, naquit à Dijon en 1514, célèbre avocat au parlement de Paris, l'un des plus grands orateurs de son siècle : on publia en 1613, 1616, 1624, ses traités sur diverses ma-

Philippe-Louis *Joly*, né à Dijon, publia, en 1748, *in-fol.* des remarques critiques sur le dict. de Bayle, fut l'éditeur de la bibliothèque des auteurs de Bourgogne, des poésies de la Monnoye, des mém. hist. et critiq. de Bruys, et fut auteur du traité de versification en tête du dict. des rimes, et d'un vol. d'éloges de quelques auteurs français.

Nous arrivons sur la place de LA RÉUNION, autrefois des *Cordeliers*; son nom actuel provient de ce que ce fut dans les salles du couvent de ces moines que s'opéra, en 1789, la réunion des trois ordres de la province; cette place, qu'on appela en 1791, place *Mirabeau*, étoit autrefois décorée d'une fontaine publique, qu'il seroit bien intéressant de pouvoir rétablir.

Place de la réunion.

---

tières de jurisprudence, réimprimés à Leyde en 1629, dans la collection *Thesaurus juris romani*; ces ouvrages ont été estimés. Ce jurisconsulte mourut à Paris en 1596.

La maison à gauche entre les rues de *la Fraternité* et *Charrue*, est l'un des ouvrages du célèbre LE MUET; c'étoit anciennement l'hôtel de *Thianges*, habité par la famille des *Quarré d'Aligny*, qui a donné à l'ancien parlement des magistrats distingués.

Gaspard *Quarré* D'ALIGNY, né à Dijon le 20 décembre 1605, avocat-général en 1641, conseiller d'état en 1652, mort le 5 janvier 1659, fit imprimer à Paris, en 1658, in-4.°, ses plaidoyers qui eurent en leur temps un grand succès; il avoit composé l'histoire des anciens rois, ducs et comtes de Bourgogne jusqu'en 965, ouvrage resté manuscrit.

François *Quarré d'Aligny*, né à Dijon en 1644, succéda à son père dans la place d'avocat-général, et mourut le 31 octobre 1721. Ses écrits sur les *Amazones*, sur les *Sybilles*, sur la *durée de la vie des premiers hommes*, sur les *sept sages de la Grèce*, sur *l'invention des lettres et de l'imprimerie*, lui assurent une réputation distinguée parmi les sectateurs de l'antiquité.

Les membres de cette famille eurent leur sépulture à l'église St. Pierre.

De l'autre côté de cette maison est la rue CHARRUE, dans laquelle plusieurs personnages illustres avoient leurs hôtels.

<small>Rue Charrue.</small>

Guillaume HUGONNET, chancelier de Bourgogne, occupoit l'hôtel qui a appartenu depuis au président Joly de *Bévy;* ce chancelier périt victime de sa fidélité à la fille de son souverain.

La princesse MARIE, fille unique et seule héritière de Charles le téméraire, dernier duc de Bourgogne, avoit député son chancelier avec le seigneur d'Imbercourt, pour hâter la conclusion de son mariage avec le Dauphin, fils de Louis XI; ce Monarque retint, sous divers prétextes, ces ambassadeurs à sa cour le plus long-temps qu'il lui fut possible; d'autre part, les Gantois qui tenoient en captivité la fille de leur souverain, l'engagèrent à envoyer au roi de nouveaux ambassadeurs, et les lui désignèrent, Louis XI insinua à ces derniers que la princesse se défioit des Gantois, et remit à ces députés les lettres que Marie de Bourgogne avoit données à son chancelier ; les Gantois animés par le rapport de leurs députés, se présentent chez la princesse Marie, l'accablent de reproches et d'outrages, se saisissent d'*Hugonnet* et d'*Imbercourt*, que Louis XI avoit renvoyés, les condamnent à la mort, et malgré les supplications et les larmes de la jeune duchesse, qui se présenta en habit de deuil, les cheveux épars et les mains suppliantes au lieu du supplice, ces sujets fideles furent décapités en sa présence, le 11 mars 1477. Ce trait a fourni le sujet de la vignette du 22.e livre de l'histoire générale de Bourgogne.

Claude PATARIN, vice-chancelier du duché de Milan, premier président du parlement de Bourgogne, avoit aussi son hôtel en cette rue ; il étoit occupé dans ces derniers temps par M. le procureur-général *Pérard*; Claude *Patarin* étoit un homme profond dans la connoissance des lois; ses vertus lui méritèrent d'être appelé le *père du peuple*. Il assista, en 1527, à l'assemblée des notables, convoquée à Cognac, relativement à l'exécution du traité de Madrid, par lequel François I.er avoit consenti de céder à Charles-Quint le duché de Bourgogne pour rançon. Les députés de cette province opinans les premiers, ne craignirent pas de dire au Monarque en personne : *ce serment est nul, puisqu'il vous est arraché par la violence ; si toutefois vous persistez à rejeter de fideles sujets, et si les états-généraux nous retranchent de leur association, il ne vous appartient plus de disposer de nous ; nous adopterons telle forme de gouvernement qu'il nous plaira, et nous déclarons d'avance que nous n'obéirons jamais à des maîtres qui ne seront pas de notre choix.* PATARIN opina dans le même sens, et son avis fut que le roi ne pouvoit aliéner le domaine de la couronne. Ainsi la fermeté des Bourguignons sut conserver à la monarchie française l'une de ses plus belles provinces.

Patarin mourut le 21 novembre 1551, et fut enterré aux Cordeliers.

Dans la rue Charrue demeuroit l'avocat J. B. TAPHINON, né à Montbard, mort à Dijon en juin 1746; les productions de sa jeunesse lui méritoient une place parmi les enfans célèbres de *Baillet;* sa dissertation sur Racine lui valut l'amitié de *Boileau,* qui lui écrivoit obligeamment « qu'en faveur
« du style et du feu qui étinceloit
« dans cet écrit, il lui pardonnoit
« d'avoir critiqué son ami *Racine,* et
« qu'il avoit remarqué avec plaisir
« qu'il lui rendoit dans *Britannicus,*
« *Iphigénie, Phèdre* et *Andromaque,*
« ce qu'il lui ôtoit dans ses autres tra-
« gédies. » *Taphinon* concourut plusieurs fois pour les prix de l'académie française et celle des *jeux floraux,* qui

ont inséré ses pièces dans leurs savans recueils ; il fut un des premiers membres de l'académie formée à Dijon, en 1740.

La rue du *Petit-Potet*, donne aussi sur la place de la Réunion. Dans cette rue, l'hôtel la Trémouille avoit sa principale entrée ; il passa à la famille des *Godrans*, qui le céda aux Jésuites, et sous ces pères il fit partie des bâtimens de l'ancien collège, actuellement affectés à l'école de droit et à celle des beaux-arts. Rue du petit Potet.

La *Trémouille* habitoit cet hôtel, lorsqu'il défendit Dijon contre les Suisses. (Voy. *Château*, pag. 83.)

A droite est la rue TURGOT, nouvellement ouverte sur l'emplacement de l'église des Cordeliers. Rue Turgot.

TURGOT fut un des ministres les plus vertueux du règne de Louis XVI ; ce qui lui fait le plus d'honneur est son intendance de Limoges, qu'il administra douze années avec un esprit d'équité et de bienfaisance qui n'y seront jamais oubliés ; *il n'y a que M. Turgot et moi qui aimions le peuple,* dit un jour Louis XVI en plein conseil ; cependant toutes ses opérations furent entravées, et son administration ne fut pas heureuse, parce que, dit *Malesherbes,* il ne connoissoit les hommes que dans les livres. Son portrait est gravé par Vatelet ; il étoit né à Paris, le 10 mai 1727, et y mourut le 18 mars 1781.

La suppression d'une lettre dans la dénomination de cette rue, rendroit son nom plus en rapport avec la nécrologie de Bourgogne.

François THUROT, né à Nuits le 22 juillet 1727, quitta l'étude de la chirurgie, à laquelle son père l'avoit destiné, pour servir sur mer ; il s'embarqua à Dunkerque en 1744, il fut aussitôt fait prisonnier, et conduit en Angleterre ; delà cette haine forte qu'il conserva toute sa vie contre cette nation à laquelle il ne pardonna jamais.

Un cartel d'échange ayant été établi, *Thurot* n'y fut pas compris, et il résolut de tout sacrifier pour repasser en France; il guette l'entrée de la nuit, se précipite dans une chaloupe, la détache, se fait une voile de sa chemise, parvient à force de rames, à se diriger, et après mille dangers arrive à Calais peu d'heures après le commissaire français. Cette intrépidité lui valut la protection du commissaire, le maréchal de Belle-Isle; de mousse, il devint en moins de deux ans pilote habile et capitaine expérimenté; les armateurs se disputoient l'avantage d'avoir *Thurot* sur leurs bords; plusieurs combats particuliers dont il se tira toujours avec honneur, achevèrent sa réputation, et il fut nommé capitaine de marine royale dans la guerre de 1756; il se signala par plusieurs expéditions glorieuses, et en 1760, il fut chargé avec cinq frégates de faire une descente en Irlande; le capitaine Elliot l'ayant atteint à la hauteur de *Clarik-Fergus*, le combat fut terrible; *Thurot* abandonné par ses autres bâtimens, se défend seul sur la frégate la *Belle-Isle*, contre trois vaisseaux ennemis ; la frégate est démâtée, criblée, faisant eau de toutes parts ; Thurot est inébranlable, et préférant la mort à la honte de baisser son pavillon, il lâche sa dernière bordée ; à l'instant il est atteint dans l'estomac d'une balle de pierrier, et meurt sur son bord les armes à la main, le 28 février 1760 ; son corps fut jeté à la mer ainsi qu'il l'avoit désiré, ne voulant pas même tomber mort entre les mains de ses ennemis. Son portrait est gravé par Petit.

M. de la Place lui fit l'épitaphe suivante, la meilleure de celles qui parurent dans le temps :

Jeune et trahi par la victoire,
Ci-gît l'intrépide Thurot
Qui vécut assez pour sa gloire,
Et pour l'État mourut trop tôt.

Sur le local de la rue *Turgot*, existoit dans le XI.e siècle une chapelle dite de Notre-Dame ; elle fut cédée aux Cordeliers, qui furent établis à Dijon vers 1243 ; leur église ne fut achevée qu'en 1379, rebâtie en 1651, démolie en 1792. On y remarquoit les sépultures de :

Jeanne DE SAVOYE, fille de Blanche de Bourgogne et d'Edouard comte de Savoye, épouse de Jean *le Bon*, duc de Bretagne; cette princesse voulut succéder à son père, et à ce sujet entraîna le duc son époux dans des guerres qui ne lui furent pas favorables. Elle mourut au bois de Vincennes, le 29 juin 1344.

Philippe *de* VIENNE, évêque de Langres, mort en 1456.

Jean d'AMBOISE, aussi évêque de Langres, successeur de Charles d'*Amboise* son frère, dans le gouvernement de Bourgogne, frère du fameux cardinal Georges d'*Amboise*; il fut un excellent orateur, et mérita par ses vertus le titre de *nourricier des pauvres* et de *père de la patrie*.

Enfin, l'on y voyoit le mausolée du président LEGOUZ de *la Berchère*, et celui de son épouse que vous avez vus à St.-Benigne, où ils ont été transférés.

Les assemblées des états de la province qui se tenoient dans les salles de l'abbaye de St.-Etienne, commencèrent en 1602 à se tenir dans le bâtiment que venoient de faire construire les Cordeliers sur l'emplacement de l'ancien hôtel de l'abbaye d'*Auberive*; ce ne fut qu'en 1710 que les états s'ouvrirent dans le palais élevé aux frais de la province, près de l'ancien palais des Ducs.

Quelques Cordeliers du couvent de Dijon se sont distingués.

Jacques-Florent Goujon, né à Dijon le 15 novembre 1621, entreprit en 1666 le voyage de la Terre-Sainte, et en publia l'histoire en 1670, in-4.°; il mourut en 1693, aumônier d'un régiment de dragons.

Jean-Baptiste Bazin, né à Auxonne le 14 janvier 1637, gardien du couvent de Dijon, préfet de la custodie, définiteur de la province, procureur-général de l'ordre en 1673, revint mourir à Auxonne sa patrie, le 30 janvier 1708; il avoit fait plusieurs ouvrages sur les saints et les couvens de son ordre.

François DELACHÈRE, originaire de Dijon, né le 26 novembre 1660, missionnaire au Sénégal en 1686, y séjourna trois ans, rédigea le journal de son voyage, et mourut dans le couvent de Dijon, le 20 mai 1734; il avoit composé le nécrologe de ce monastère.

Parallèlement à la rue *Turgot*, a également été ouverte sur le terrein des Cordeliers, une nouvelle rue surnommé FRANKLIN.

Rue Franklin

Vous connoissez de réputation ce philosophe du nouveau monde, né à Boston dans les Etats-Unis d'Amérique, en 1706, d'un fabricant de chandelles et de savon; la profession de son père lui déplut; il choisit celle d'imprimeur, et s'établit à Philadelphie. Au milieu des occupations de son état, *Franklin* trouva le moyen d'étendre ses connoissances, et d'en acquérir de très grandes en politique, en morale et en physique. Les Etats-

Unis le députèrent à Paris pour suivre les négociations qu'entraînoit la scission de sa patrie avec la Grande-Bretagne; Franklin réussit à obtenir l'appui de la France, qui valut l'indépendance de l'Amérique. A son retour, nommé gouverneur de la Pensylvanie, il se dévoua tout entier aux intérêts de cette colonie, où il mourut le 17 avril 1790. — Les États-Unis d'Amérique, l'Assemblée nationale de France portèrent le deuil de cet homme que regrettoient les deux mondes; on attribue au ministre *Turgot* ce beau vers qui fait devise au bas du portrait de Franklin :

Eripuit cœlo fulmen, sceptrumque tyrannis.

<small>Rue Saint-Pierre.</small> Cette large rue que nous allons suivre, est celle de Saint PIERRE, jadis d'*Auberive,* parce que l'abbaye de ce nom y avoit un hôtel.

Cette rue étoit avant la révolution, terminée par l'église Saint PIERRE, paroisse qui remonte au XI.e siècle; d'abord bâtie dans le faubourg, elle ne se trouva placée dans l'intérieur de la ville que par l'effet de la nouvelle enceinte élevée dans le XIII.e siècle; cette église supprimée lors de la Constitution civile du Clergé, fut démolie pour l'élargissement de la rue qu'elle obstruoit ; sa démolition n'offre rien à regretter.

Benigne SAUMAISE, conseiller au parlement en 1594, doyen de cette Cour, mort le 15 janvier 1640, âgé de 80 ans, fut enterré dans cette église; il étoit père du *grand Saumaise*, qui disoit qu'en fait de poésie, peu de gens l'avoient égalé ; il avoit traduit en vers la géographie de Denys d'Alexandrie, imprimée à Paris en 1597, in-12.

Dans la rue Saint-Pierre nacquit, le 12 octobre 1726, Pierre-Henri LARCHER, fils d'Henri Larcher, trésorier de France et de Pétronille Gauthier.

P. H. Larcher étoit membre de l'Académie des inscript. et belles-lettres, de l'Institut impérial, et de l'Académie des sciences, arts et belles-lettres de Dijon; il mourut à Paris le 21 décembre 1812. On a de lui quelques traductions de *Pope* et d'*Euripide*, un *Essai sur le Sénat romain*, mais surtout la traduction d'Hérodote la plus estimée, in-8.°, 1802, 9 vol. et de la retraite des dix mille de Xénophon.

Dans cette même rue demeuroit aussi Nicolas FOURNIER, médecin de la ville et des états, membre de l'Académie des sciences de Dijon, mort le 21 février 1782, qui pendant 40 années qu'il habita Dijon, publia plus de 50 mémoires relatifs à son art.

Porte St.Pierre. Vous voyez la porte Saint-Pierre, encore dans une ancienne tour, à laquelle viennent aboutir trois routes principales.

Celle de Lyon par Châlon, Seurre et Saint-Jean-de-Laône;

Celle de Strasbourg par Besançon, Dôle et Auxonne;

Celle de Rome par Milan, le Simplon, Genève et Dôle.

En face de la rue Saint-Pierre, est la rue CHABOT-CHARNI, autrefois *Saint-Julien*.

Rue Chabot-Charni.

Le côté oriental de cette rue est presque entièrement formé par l'hôtel des anciens sires de *Vergy*, ou de la *Sénéchaussée*, parce que la charge de grand Sénéchal de Bourgogne fut héréditaire dans cette famille pendant plus de trois siècles, depuis Hugues de *Vergy*, dont la fille Alix fut mariée au duc de Bourgogne Eudes III.

Ayant passé aux *Chabot*, cet hôtel fut occupé par Léonor de *Chabot-Charni*, amiral de France, commandant en Bourgogne, qui en fit relever les murs de clôture, sur lesquels il fit placer les anchres et emblêmes maritimes qu'on y voyoit encore sur la fin du siècle dernier.

Ce fut dans l'un des salons de cet hôtel que, par le conseil de Pierre *Jeannin*, il fut décidé de suspendre l'exécution des ordres de Charles IX pour le massacre de la Saint Barthelemi. Cette considération, dit l'historiographe de Bourgogne, auroit dû faire donner à cette rue le nom de Chabot-Charni; son vœu est rempli :

la reconnoissance publique a acquitté la dette de l'humanité envers ce gouverneur, qui se montra le père et le protecteur des citoyens placés sous son commandement.

Mais après avoir été, sous *Chabot-Charni*, le temple de la bienfaisance et de la philantropie, ce palais devint bientôt après le repaire des discordes civiles ; il fut habité par ce fameux duc de Mayenne, qui le constitua le foyer des fureurs de la ligue, ourdie contre le meilleur des rois.

Enfin, ce vaste édifice ayant été cédé à l'abbaye de *Rougemont*, depuis appelée SAINT-JULIEN, fut pendant plus d'un siècle l'asyle de la piété religieuse ; il est aujourd'hui divisé en plusieurs maisons de commerce.

Les Bénédictines de *Rougemont*, fondées vers la fin du XI.e siècle, réunies en 1664 au prieuré de *Saint-Julien* sur *Deheune*, obtinrent leur translation à Dijon, en 1673, à la sollicitation d'Agnès de Rouville, leur abbesse, qui acheta cet hôtel en 1676.

Au côté opposé de cette rue, le prieuré d'Époisses, ordre de Grammont, paroisse de Bretennière, fondé en 1189, supprimé en 1771, avoit un hospice considérable, dont une partie de l'emplacement retient encore aujourd'hui le nom de *Cour d'Espoisses*.

<small>Cour d'Espoisses.</small>

La rue à droite étoit celle du Grand-Potet; elle a pris le nom de Buffon, parce que Benjamin *Leclerc*, conseiller aux requêtes du palais, père du Pline français, y avoit son hôtel.

<small>Rue Buffon.</small>

Georges-Louis *Leclerc*, comte de Buffon, nacquit à Montbard le 7 septembre 1707: Anne-Christine *Marlin*, sa mère, étoit une femme de beaucoup d'esprit, ayant des connoissances et une tête bien organisée; et comme son opinion étoit que les enfans tenoient de leur mère presque toutes leurs facultés intellectuelles, *Buffon* aimoit à dire qu'il devoit beaucoup à la sienne. Au corps d'un athlète il joignoit l'ame d'un sage; sa figure mâle et noble annonçoit la force de son tempérament et de son génie ; son caractère vif et même bouillant décéloit le feu de son imagination. *Buffon* avoit fait ses études au collège de Dijon ; dès ses plus jeunes années il se passionnoit pour la géométrie, et tandis que ses camarades prenoient leur récréation (1), il se retiroit à l'écart pour lire et relire les élémens d'*Euclide* qu'il portoit toujours avec lui ; aussi avoit-il conservé le goût du travail. Il s'y livroit constamment 12 et 14 heures par jour, dans ce pavillon des jardins de Montbard, que le prince *Henri* de Prusse avoit surnommé le berceau de l'histoire naturelle, et dont J. J. Rousseau baisa respectueusement le seuil avant d'oser le franchir. Là Buffon se ren-

___

(1) Lorsque bien des gens s'étonnoient de ce que son père souffroit qu'à dix-sept ans Buffon s'amusât encore à faire des *cercles,* nom par lequel ils ridiculisoient ses études mathématiques, le président *Bouhier,* au contraire, jugea dèslors quelle seroit la supériorité de ce jeune homme laborieux.

doit tous les jours au lever du soleil, faisoit fermer les volets et les portes, et travailloit dans le silence, à la clarté des bougies, coëffé d'un bonnet de soie grise, enveloppé d'une robe de chambre rouge à larges raies blanches, assis dans un vieux fauteuil de cuir noir, devant un simple bureau en chêne, au-dessus duquel étoit la gravure de Newton.

Le style de cet écrivain nous paroît naturel et facile, mais le travail est caché par l'art; Buffon écrivoit difficilement; il ne craignoit pas de passer quelquefois une matinée entière à l'arrangement d'une phrase; il faisoit mettre au net ce qu'il avoit composé, le revoyoit le lendemain ou quelques jours après, y faisoit les changemens qu'il croyoit convenables, le redonnoit à la copie, et le corrigeoit encore, jusqu'à ce qu'il n'y trouvât plus rien à reprendre. C'est ainsi qu'on assure qu'il écrivit jusqu'à dix-huit fois ses *époques de la nature*. Aussi ses descriptions sont des chef-d'œuvres de style ; ses discours sont le charme de l'imagination, ses réflexions sont l'éclair du génie ; correction, pureté, élégance, harmonie, images, clarté, enchaînement des idées, il n'est aucune des qualités d'un grand écrivain dont ses ouvrages n'offrent le modèle.

A table, où Buffon aimoit à rester long-temps, sa conversation étoit simple mais noble, et celle d'un homme qui sait élever ou abaisser son génie au niveau des circonstances ; c'est là où l'on pouvoit goûter le plaisir de l'entendre à son aise ; là, il s'abandonnoit par fois à toutes les gaîtés qui lui passoient par la tête ; il alloit même jusqu'à des propos un peu libres, dont il rioit beaucoup tout le premier. Il aimoit à gloser sur la chronique scandaleuse du pays, et c'étoit un divertissement pour lui de s'en faire instruire par le perruquier son voisin.

Buffon aimoit la société des femmes, et ne se montroit jamais en public sous des dehors négligés ; il tenoit sur-tout à la coëffure, et tous les jours se faisoit mettre des papillotes : tout homme, disoit-il, doit s'efforcer d'avoir un extérieur qui prévienne en sa faveur.

Lorsqu'il fut nommé Comte (en mai 1771), et que le Roi lui eût accordé l'honneur des entrées, Buffon se montra jaloux d'être qualifié de son nouveau titre et de ses droits honorifiques vis-à-vis de ses vassaux. Il se promenoit tous les dimanches, en grand paré, sous l'allée d'arbres qui conduit à l'église, et après avoir entendu la messe de paroisse, il y revenoit accompagné de son fils et du P. *Ignace*, entouré des habitans auxquels il adressoit souvent la parole.

Ce grand-homme mourut le 16 avril 1788, âgé de 81 ans, déclarant, avant de recevoir les sacremens, que ses erreurs en matière de foi étoient celles de son esprit et non celles de son cœur; il fit publiquement une confession générale de toute sa vie, sans s'inquiéter de ceux qui étoient présens à ce grand acte de religion.

Le seul monument à sa mémoire est la colonne que lui fit élever son fils à Montbard en 1785, avec cette inscription :

> Excelsæ turri, humilis columna ;
> Parenti suo, filius Buffon.

A côté de *Buffon*, puis-je ne pas mentionner ses collaborateurs ?

Jean-Louis-Marie DAUBENTON, né à Montbard le 29 mai 1716, membre de l'académie des sciences, fut chargé par Buffon de la partie anatomique de son histoire naturelle, dans laquelle il mit autant de clarté et de sagacité que son compatriote apportoit de génie et d'élégance dans ses descriptions. On doit à *Daubenton* la savante classification des productions de la nature, au cabinet du jardin des plantes ; une foule de découvertes anatomiques, plusieurs mémoires sur l'amélioration des troupeaux, la qualité des arbres, la classification des minéraux. Il fut nommé membre du Sénat, place que lui méritoient ses succès en histoire naturelle, son amour pour sa patrie, son attachement à tous ses devoirs. Il fut frappé d'apoplexie à la première séance du Sénat à laquelle il assista, mourut le dernier jour du XVIII.ᵉ siècle, et fut inhumé au Jardin des Plantes. Ainsi le cardinal *Bentivoglio* fut frappé dans le conclave; le jésuite *Chapelain*, en entrant dans l'église ; *Molière*, en jouant son malade imaginaire ; et l'abbé *Barthelemi*, s'endormit en lisant Horace, pour ne se réveiller jamais.

On rapporte que, sous le règne de la terreur, Daubenton ayant eu besoin d'un certificat de civisme, il fut demandé à la section sous le nom d'un berger qui donnoit ses soins à multiplier et naturaliser en France la race des *Mérinos*, et il lui fut accordé. On le lui eût refusé sans doute, s'il se fût présenté avec tous les titres qui, dans tout autre temps, l'eussent recommandé à la reconnoissance nationale.

Philibert GUENEAU *de Montbeillard*, né à Semur en 1720, reçut à Dijon une excellente éducation ; il fut l'ami et le collaborateur de Buffon qui ne craignoit pas de dire que c'étoit l'homme dont la façon de voir, de parler et d'écrire, avoit le plus de rapport avec la sienne; Buffon l'avoit chargé de la partie des oiseaux; les premiers articles parurent sous le nom de l'illustre naturaliste qui se l'étoit associé, ils ne furent pas reconnus, et ce fut Buffon qui en nomma l'auteur. On raconte à ce sujet, que Buffon félicité sur son article du *Paon* par le prince Louis de Gonzague, dit à Son Altesse qu'il alloit lui en montrer l'auteur, et lui présenta M. de *Montbeillard*. Le prince admira que la nature eût placé si près l'un de l'autre deux grands hommes, et que ces grands hommes fussent amis. La partie des oiseaux achevée, M. de Montbeillard entreprit celle des insectes; mais la mort l'arrêta dans ses travaux; il expira à Semur le 28 novembre 1785, généralement regretté.

Vis-à-vis l'hôtel de *Buffon*, étoit celui de l'abbaye de la *Bussière*, construit sur une portion du cimetière des Juifs, que le duc Eudes IV avoit concédé à ce monastère. Cet hôtel fut, dans le dernier siècle, la résidence du président *de* MIGIEUX, à qui nous devons le recueil des sceaux gothiques, Paris, 1779. in-4.º, monument intéressant de l'histoire du moyen âge. Il mourut le 18 décembre 1788, âgé de 65 ans.

Vous voyez le modeste portique de ce théâtre de Dijon, si redouté par les acteurs médiocres, et dont les maîtres de la scène ambitionnoient les applaudissemens. C'étoit, sous nos Ducs, l'hôtel de *Beaufremont :* en 1717, il fut acheté par la ville pour y établir un jeu de paume, qu'on appeloit *le Tripot des Barres*; en 1743, il fut converti en une salle de spectacle, qui est celle existante aujourd'hui.

Rue Legouz-Gerland.

La rue qu'on aperçoit à côté de ce théâtre, a été prise sur les jardins de l'ancien évêché ; elle porte le nom de LEGOUZ-GERLAND, grand-bailli du Dijonnais, fondateur du jardin botanique.

Il nacquit à Dijon le 17 novembre 1695, et y mourut le 17 mars 1774; il est auteur de l'histoire des premiers Rois de Bourgogne et de celle des antiquités de Dijon, imprimées en cette ville en 1771. in-4.°; d'une histoire de la courtisanne Laïs; d'une dissertation sur la religion des Druides; d'un voyage d'Italie; d'une histoire de Pompée; d'un parallèle de César et d'Auguste; et de plusieurs dissertations intéressantes insérées dans les Mémoires de l'académie de Dijon qui a publié en 1774 son éloge, dont le docteur Maret est auteur.

Peu d'hommes ont été plus que Legouz-Gerland, dévoués à leur patrie: il fonda le jardin botanique et fit don de 6000 fr. pour son entretien; il forma le cabinet d'histoire naturelle, et contribua puissamment à l'érection de l'école de dessin; ses écrits et ses actions ont été constamment dirigés à l'avantage de la ville qui lui donna naissance. Son portrait, peint par Devosge père, a été gravé par Marcenay.

Rue d'Apchon

Les Juifs furent tantôt reçus et tolérés, tantôt chassés et proscrits par les Ducs de Bourgogne, suivant que ces princes avoient besoin d'argent. Dans le XII.e siècle on leur concéda ce quartier de la ville, d'où il prit le nom de rue *des Juifs*; c'est aujourd'hui la rue d'APCHON : quoique cet évêque ne soit point né dans ses murs, Dijon devoit à la reconnoissance d'éterniser le nom de ce prélat, et de rappeler aux citoyens le souvenir de ses vertus.

Claude-Marc-Antoine d'APCHON, natif de Montbrison en Forez, après avoir passé les premières années de sa vie dans la carrière des armes, embrassa l'état ecclésiastique, fut nommé doyen de la chapelle aux Riches, grand-vicaire de Dijon en 1752, puis Evêque de cette ville en 1755. Ce prélat consacroit son temps, sa fortune, sa vie même à des actes de bienfaisance, à la pratique des vertus morales et chrétiennes dont il donnoit un si bel exemple : père des indigens et des affligés, il savoit mettre dans les secours qu'il leur distribuoit, autant de délicatesse que de générosité.

Informé que deux demoiselles âgées et d'une famille honnête, éprouvoient des besoins, il se transporte chez elles et les prie de lui remettre un tableau dont on lui avoit dit qu'elles étoient propriétaires; du geste il en désigne un dans l'appartement; aussitôt le tableau est décroché et offert, mais l'évêque ne veut l'accepter qu'autant qu'on le laissera maître d'y assigner un prix, et remercie de ce qu'on veut bien s'en défaire en sa faveur : on cède par respect, un rouleau de louis est déposé sur la cheminée.

La cherté des subsistances avoit excité le 18 avril 1775 une émeute populaire à Dijon; aucune autorité, aucune force n'avoient pu arrêter le peuple; plusieurs hôtels étoient au pillage, l'insurrection étoit à son comble. D'Apchon se présente seul à la multitude effrénée, elle s'arrête :

Tum pietate gravem ac meritis si fortè virum quem
Conspexere silent.

Il porte la parole avec cette douceur, cette onction qui lui étoient ordinaires : *Mais, Monseigneur ;* — *mais, mes enfans, que faites-vous? que demandez-vous?* — *Du pain, Monseigneur, du pain,* ...... *qui nous en donnera ?* — *Moi, mes enfans, moi, à l'Evêché, tant qu'il y en aura* ..... *Eh! ne suis-je pas votre père à tous?* Il donne le bras à deux des plus mutins, les emmène à l'Evêché où il avoit eu soin de faire trouver un approvisionnement de pains, les distribue au peuple. Tous rentrent dans l'obéissance et couvrent le prélat de leurs bénédictions.

Cet acte le fit nommer à l'Archevêché d'Auch en mars 1776 ; lorsqu'il en prit possession, une épizootie avoit ravagé toute la contrée ; il fit acheter sept mille bêtes à cornes, et les répartit entre les cultivateurs les moins aisés de son diocèse.

Un incendie ayant éclaté dans une maison, deux enfans étoient sur le point de périr dans les flammes ; d'Apchon s'y transporte, invite, presse, prie les ouvriers d'aller à leur secours, promet 200 louis à celui qui les sauvera; personne n'ose s'y exposer : CE SERA DONC MOI, dit le Prélat; il se fait dresser une échelle, entre lui-même par une fenêtre, pénètre à travers les flammes, on l'y croit englouti; mais il reparoît bientôt après avec les deux enfans sur ses épaules, et les rend à leur famille en y ajoutant la somme qu'il avoit promise à celui qui tenteroit de les sauver.

Toute la vie de cet archevêque est remplie de pareils traits : — il mourut à Paris en 1783. Son portrait est gravé.

{Rue Chancelier-l'Hospital} Sur votre droite est la rue des *Ursulines*, aujourd'hui celle du célèbre CHANCELIER-L'HOSPITAL.

Les Ursulines de Dijon furent fondées en 1611 par Françoise de *Xaintonge* et Catherine de *Montholon*, fille de l'illustre garde des sceaux de ce nom, morte en 1650. On voyoit dans leur église les statues de Saint Joseph et de Saint Augustin, exécutées par Bouchardon, et plusieurs tableaux de Quentin et de Revel.

Michel de L'HOSPITAL nacquit à Aigues-Perse en 1505; son père étoit médecin.

Ce grand homme fut successivement auditeur de la Rote à Rome, conseiller au parlement de Paris, ambassadeur au concile de Trente, surintendant des finances, chancelier de France; et dans toutes ces fonctions, il déploya les plus grands talens, la plus héroïque fermeté, les plus rares vertus. En se faisant redouter des sangsues de l'Etat, il donna l'exemple du plus grand désintéressement, et après avoir été douze ans dans le parlement et six ans à la tête des finances, sa fortune étoit restée si bornée, que le Roi fut obligé de doter sa fille. Devenu chef de la justice, il se montra philosophe au milieu des factions qui agitoient la Cour et le royaume, et justifioit la devise du juste :

Si fractus illabatur orbis,
Impavidum ferient ruinæ.

Il parut avec beaucoup d'éloquence aux Etats d'Orléans, au colloque de Poissy, à l'assemblée de Moulins; on lui doit l'édit qui fait coïncider l'année avec le cours du soleil, et qui fixe, au 1.er janvier, l'ouverture de l'année qui jusques-là n'avoit commencé qu'à Pâques.

Exclu du Conseil par Catherine de Médicis, l'Hospital se retira dans sa campagne, et remit les sceaux sans regret : *j'ignorois*, écrivoit-il, *que la vie et les plaisirs champêtres eussent autant de charmes ; j'ai vu blanchir mes cheveux avant de connoître l'état dans lequel je pouvois rencontrer le bonheur.*

Le nom de *l'Hospital* n'avoit point été placé sur les tables de proscription de la Saint-Barthelemi, et cependant ce magistrat eût été l'une des victimes de cette sanglante journée, si des gardes envoyés par le Roi, n'eussent fait retourner les furieux qui alloient l'assassiner. *Je ne croyois pas*, dit l'Hospital, *avoir jamais mérité ni la mort, ni le pardon.* Il mourut le 13 mars 1573;

Louis XVI lui fit ériger une statue. Son portrait est gravé par *Marcenay* et *Desrochers*.

En face de la principale porte du couvent des Ursulines, devenu aujourd'hui l'une des casernes de la garnison, est la rue DU VIEUX COLLÉGE, jadis *des Béliots*. {Rue Vieux-Collège.}

Jusqu'au milieu du XV.ᵉ siècle, l'instruction publique à Dijon étoit demeurée dans les mains du chapitre de la Sainte-Chapelle ; les écoles, d'abord placées dans le cloître de cette église, furent transférées en 1340 dans l'hospice de la rue Saint-Fiacre, qui étoit sous la juridiction de cette collégiale.

Dans les premières années du XVI.ᵉ siècle, deux prêtres, les frères Martin, ouvrirent, dans la rue des Béliots, une maison d'institution qui fut appelée le collége des *Martins*, et qui subsista jusqu'en 1603, époque de l'établissement de celui des Jésuites à Dijon.

Pierre TURREL, Autunois, fut long-temps recteur de ce collége, et sa réputation rendit les écoles des Martins florissantes : *majorem imò nec parem recepit Gallia,* disoit Chasseneux : poëte, philosophe, astrologue, cette dernière qualité pensa lui coûter la vie.

Accusé d'impiété pour avoir osé se mêler de prédire l'avenir, dans son livre intitulé, *fatale précision sur les astres, et disposition d'icelle sur la région de Jupiter, maintenant appelée Bourgoigne, pour l'an 1529 et autres subséquentes;* Turrel eût succombé sous cette accusation, si *Duchatel,* son élève, n'eût entrepris sa défense, et n'eût plaidé sa cause avec tant de zèle, de force et d'éloquence, qu'il le fit absoudre.

Ce plaidoyer de DUCHATEL lui procura l'évêché de Mâcon (1), la place de grand aumônier de France, et celle de bibliothécaire de François I.er, dont il fut jusqu'à sa mort le conseil et l'ami.

---

(1) Avant de l'élever à cette dignité, François I.er voulut connoître sa famille, et lui demanda s'il étoit gentilhomme? SIRE, répondit-il, *Noé avoit trois fils, je ne sais pas bien duquel des trois je suis descendu.*

Cet évêque entendant un jour le chancelier Poyet trahir le roi par une lâche adulation, lui dit avec véhémence : *de quel front osez-vous hasarder devant S. M. des flatteries qui feroient baisser les yeux aux Néron et aux Caligula ?* Les courtisans s'élevèrent contre la hardiesse de l'apostrophe ; mais François I.er ajouta : *et moi, je vous ordonne de déployer en toute occasion cette liberté généreuse dont j'ai besoin ; ma protection, mon amitié sont à ce prix.*

Duchatel, au dire du chancelier l'Hospital, étoit *l'ornement des muses*, savant dans le grec et dans les langues orientales, prédicateur éloquent ; il mourut d'apoplexie en prêchant dans sa cathédrale d'Orléans le 3 février 1552. Ainsi le cardinal de *Berulle* mourut en célébrant le saint sacrifice de la messe ; *Montaigne*, à l'élévation de la messe qu'il se faisoit dire dans son appartement ; le P. *Élisée Coppel*, carme déchaussé du couvent de Besançon, à la suite du carême qu'il avoit prêché avec tant de succès et d'applaudissemens à Dijon, en 1783.

Jean *Bégat*, Etienne *Tabourot*, Benigne *Pérard*, Claude *Robert*, étoient élèves du collége des MARTINS.

Dans la rue vieux Collége, habitoit Denis *Languet*, procureur-général au parlement de Dijon, père du célèbre curé de Saint Sulpice et de l'archevêque de Sens.

Jean-Baptiste LANGUET, né à Dijon le 6 mai 1675, devint curé de Saint-Sulpice de Paris, en 1714 : n'ayant que cent écus dans la caisse de sa fabrique, il entreprit de faire élever cette superbe Basilique, l'ornement de la capitale de l'Empire ; il employa cette modique somme à acheter des pierres et les fit étaler dans les environs de cette église, afin d'annoncer au public ses desseins par un commencement d'exécution : alors les aumônes, les libéralités sollicitées par le curé, devinrent tellement abondantes, que l'on posa en 1718 la première pierre de cette Basilique, qui fut achevée en 1745.

Jamais homme ne fut plus habile à se procurer des aumônes; il en distribuoit pour plus d'un million par an aux indigens et surtout aux pauvres honteux; dans un temps où le pain étoit cher, en 1725, ce curé vendit tout son mobilier pour en distribuer le prix aux malheureux, et depuis cette époque il resta logé sans tapisseries, couchant sur un lit de serge qu'on lui avoit prêté. Peu de temps après il vendit son patrimoine pour l'employer au soulagement de la classe indigente. Il ne cessa de soutenir jusqu'à sa mort l'établissement des filles de l'enfant Jésus qu'il avoit fondé en faveur des demoiselles pauvres, et qui servoit de ressource à plus de 800 familles. En sortant de visiter cette maison, charmé de l'ordre qui y régnoit, le cardinal de Fleury lui fit proposer de le créer surintendant général des hôpitaux du royaume; il répondit en souriant : *Je ne veux pas qu'il soit dit que les bontés de S. E. m'ont conduit à l'hôpital.*

Ce Curé sut se délivrer des convulsionnaires de sa paroisse par l'arme de la plaisanterie : il les recommanda au prône, comme atteints d'une folie épidémique, désigna les maisons de quelques-uns d'entre eux, invitant ceux de ses paroissiens qui passeroient devant leur porte, de s'agenouiller sur le seuil et d'y réciter pour eux un *Pater* et un *Ave :* cette exhortation fit rire certains de ses auditeurs, mais des gens simples l'en crurent et allèrent bonnement à la porte des convulsionnaires ; ce moyen obtint tout l'effet que le curé en désiroit ; dès la même nuit les convulsionnaires quittèrent sa paroisse.

Jean-Baptiste *Languet* avoit refusé plusieurs évêchés ; il mourut en 1750 dans son abbaye de Bernai. Son portrait fut gravé par *Desrochers, Odieuvre* et *Saint-Aubin.*

François-Joseph LANGUET son frère (1), né à Dijon le 25 août 1677,

---

(1) On avoit prétendu qu'un M. Languet de Gergy qui étoit à la Bastille, n'ayant point eu d'enfans, et ayant intérêt d'en avoir, demanda

ami du grand Bossuet, évêque de Soissons en 1715, archevêque de Sens en 1730, conseiller d'Etat, l'un des quarante de l'Académie française, fut un prélat pieux et éclairé : il s'occupa principalement de matières de controverse dans lesquelles il mit beaucoup de chaleur ; on fait mention de 71 ouvrages par lui composés en matière de religion : il mourut le 3 mai 1753. Son portrait est gravé par *Desrochers*, *Chevalier* et *Gaillard*.

Hubert Languet, de la même famille, né à Vitteaux en 1518, fut un des hommes les plus savans, un des politiques les plus habiles de son siècle ; il pensoit sur les monarques com-

---

et obtint permission que sa femme vînt passer une journée avec lui, et que dans cette entrevue sa femme devint enceinte de deux garçons, dont l'un fut curé de Saint-Sulpice, et l'autre archevêque de Sens. Mais Denis Languet étant mort en 1680, et ses fils étant nés, l'un en 1675, l'autre en 1677, c'est une fausse assertion que M. Amanton a réfutée dans le Moniteur du 15 février 1805.

me on en parloit dans le Sénat de Rome après l'expulsion des Tarquins, et son ouvrage, intitulé, *Vindiciae contra tyrannos*, en est la preuve. Ambassadeur de Saxe à la Cour de France, il fit à Charles IX, au nom des princes protestans, une harangue non moins éloquente que hardie, et fut assez heureux pour sauver Duplessis-Mornay du massacre de la Saint-Barthelemi. Languet mourut à Anvers le 30 septembre 1581. Philibert de Lamare publia sa vie, in-12. 1700. — Son portrait est gravé.

Rue Saumaise. La rue *Porc-Sanglier* est devenue la rue SAUMAISE.

La communauté du *bon Pasteur* y fut établie dès 1681, par les soins de Benigne Joly; c'étoit une maison de réclusion pour les femmes débauchées.

Claude Saumaise, né à Semur le 15 avril 1588, élevé à Dijon chez son père qui y devint conseiller au parlement, épousa, le 5 septembre 1623, Anne, fille de *Josias Mercier*, homme accrédité parmi les protestans et les savans de son siècle.

En 1629, Saumaise revint à Dijon ; son père voulut lui résigner sa charge ; quoiqu'il fut protestant, le parlement y avoit donné les mains ; mais le chancelier, Michel de Marillac, fut inexorable, et Saumaise retourna à ses occupations favorites.

En 1631, appelé à Leyde par les Etats de Hollande, pour y remplacer Scaliger, il y resta jusqu'en 1635, que des soupçons de peste le firent repasser en France. Étant à Paris, le roi lui accorda un brevet de Conseiller d'Etat et le cordon de l'ordre de Saint-Michel. Saumaise vint à Dijon, il y fut vivement sollicité par le prince de Condé de rester en France, et il y avoit accédé, sous condition qu'il seroit rappelé par un ordre exprès du roi, et qu'on lui feroit la même pension de 3,600 l. qu'on avoit faite à *Grotius* lorsqu'il fut rappelé de Hollande ; mais ces conditions ayant tardé à être acceptées par la Cour, Saumaise retourna en Hollande en 1636.

Quatre ans après la mort de son père,

il revint de nouveau dans sa patrie ; le cardinal de Richelieu lui fit offrir une pension de 12000 liv. pour rester en France et y travailler à l'histoire de son ministère ; mais Saumaise fit répondre qu'il n'étoit point homme à sacrifier sa plume à la flatterie.

En 1650, Saumaise se rendit en Suède, à la sollicitation de la reine Christine ; il voulut y paroître en habit de Cour, pour complaire à sa femme qui aimoit à dire qu'*elle avoit épousé le plus savant de tous les nobles, et le plus noble de tous les savans* ; et s'y montra, non avec la robe de lettré, mais en costume de gentil-homme, ce qui fit faire beaucoup de plaisanteries à ses dépens. Il y fit peu d'années après un second voyage ; comme il tardoit un peu trop à repasser en Hollande, les Etats le réclamèrent à la reine, dans les termes les plus honorables ; et dans son voyage pour retourner à Leyde, il eut l'honneur d'être admis à la table du roi de Danemark.

La santé de ce savant, sans cesse altérée par de fréquentes attaques de goutte, le porta à accompagner sa femme aux eaux de Spa ; il y mourut le 3 septembre 1653, et fut enterré sans pompe et même sans épitaphe dans l'église de Maëstricht. Son portrait fut gravé par *Matham, Desrochers* et autres.

Saumaise est auteur de plus de quatre-vingts ouvrages imprimés, et de plus de soixante restés manuscrits ; son érudition étoit immense, il fut le héros de la littérature de son temps, et le plus habile critique de son siècle.

Optimus interpres veteris Salmasius ævi. (*Grotius.*)

Ce savant avoit pour femme une autre Xantippe qui le maîtrisoit au point que la reine Christine disoit, qu'elle admiroit encore plus Saumaise pour sa douceur et sa patience que pour toute l'immensité de son savoir.

Un autre protestant célèbre, de cette province, est Théodore *de Bèze*, né à Vezelai le 24 juin 1519, qui, dès sa jeunesse, fut recherché pour les agrémens de sa figure et pour ses talens en poésie ; il chanta la volupté avec la délicatesse de Catulle et la licence de Pétrone ; ses poésies qui étoient l'image de ses mœurs, furent publiées en 1548, sous le titre de *Juvenilia Bezae*, et réimprimées par Barbou en 1757.

Disciple le plus fidèle de Calvin, ce fut lui qu'il députa au colloque de Poissy en 1561 ; ministre de Genève après la mort de son chef, il devint le coryphée de sa secte, parut avec éclat aux conférences de Berne et de la Rochelle. Son éloquence, les agrémens de sa conversation, ses manières insinuantes, son heureuse vieillesse, le firent appeler par ses partisans le phénix de son siècle ; il mourut le 23 octobre 1605. On a imprimé une foule de ses ouvrages en matière de religion. Son portrait est gravé par *Granthome*, *Odiœuvre* et *Desrochers*.

Rue Dubois.

Ce bâtiment à gauche est l'ancien couvent des Minimes, reçus à Dijon en 1599, et auxquels on céda l'ancien collége des Martins : la duchesse de *Bellegarde*, Bénigne *Frasans* et Michéle d'*Esbarres* en étoient regardés comme les fondateurs.

Entre autres religieux sortis de cette maison, l'on remarque Louis Donr d'*Attichi*, évêque d'Autun en 1652, auteur d'une histoire des cardinaux, sous le titre *Flores historiae Cardinalium*. in-fol. 3 vol. Son portrait est gravé par *Lochon* et *Nanteuil*, 1665.

Le cardinal de Richelieu demandant s'il restoit encore quelqu'un de la famille Marillac qu'il avoit persécutée, on lui répondit qu'il ne restoit plus que *Doni d'Attichi*, qui s'étoit jeté chez les Minimes. *En ce cas*, reprit le ministre, *il fera là assez pénitence*. Aussi d'Attichi a-t-il dit très peu de choses de ce cardinal dans son histoire, et le roi lui en demandant la raison : SIRE, reprit-il, *si j'avois voulu en dire davantage, je l'aurois peint de couleurs trop noires*.

Jacques SALLIER, né à Saulieu en 1615, provincial de l'ordre, mourut à Dijon le 20 août 1707. M. de Lamonnoye dit qu'il entendoit parfaitement la scholastique, dont il publia un traité en 3 vol. in-4.°

On a encore de lui un opuscule intitulé *de plagiis*, en réponse au chanoine Maltête, qu'il désigne sous le nom de *Cacocephalus*, ouvrage dans lequel Sallier se disculpe de l'accusation de plagiat.

Je ne dois pas manquer l'occasion de vous parler de son neveu :

Claude SALLIER, né à Saulieu le 4 avril 1686, mort à Paris le 9 janvier 1761, garde de la bibliothéque du roi, membre de l'académie française et de celle des inscriptions, se distingua parmi les membres de ces compagnies savantes, par des dissertations remplies d'érudition, des recherches curieuses, une judicieuse critique; il travailla au catalogue de la bibliothéque du roi, en 10 vol. in-fol., qui, sous lui, fut ouverte au public pour la première fois. Il publia l'histoire de Saint Louis par Joinville, accompagnée d'un glossaire pour lequel il fut aidé par *Melot*, son confrère et son ami.

Anicet MELOT, né à Dijon en 1697, mort à Paris le 10 septembre 1759, étoit, ainsi que l'abbé *Sallier*, garde de la bibliothéque du roi, mais pour la partie des manuscrits. Il enrichit les mémoires de l'acad. des inscr., de plusieurs dissertations savantes et d'un intérêt marquant.

La rue des Minimes porte à présent le nom d'un Dijonnais célèbre :

Jean DUBOIS, né à Dijon en 1626, fameux sculpteur et non moins habile architecte, avoit décoré de ses ouvrages la plupart des églises de sa patrie. On alloit voir à Saint-Étienne, les statues de Saint Étienne et de Saint Médard ; à la Sainte-Chapelle, celles de Saint André et de Saint Yves; à Saint-Michel, celle de Saint Philippe ; aux Jacobins, celles de Saint Thomas et de la Sainte Vierge ; à Saint-Jean, le groupe de la Résurrection, etc., etc. ; mais c'étoit surtout au chœur de l'abbaye de la Ferté-sur-Grosne, qu'il falloit aller pour connoître l'élégance de son ciseau et les richesses de son génie.

D. Martenne nous assure dans son voyage littéraire, que les bas-reliefs en bois de cette église surpassent tout ce que l'on pourroit imaginer de plus riche en ce genre.

On admire les sculptures de la maison que cet artiste habitoit près du Lycée ; le superbe rétable de Sainte-Anne ; le magnifique groupe de l'Assomption. Dubois n'étoit pas moins habile à saisir les ressemblances ; son buste de Fr.-Cl. *Jehannin*, lui valut de la célébrité en ce genre, et M. de Harlay, alors intendant de Bourgogne (1688), proposa à Dubois un voyage à Paris pour y travailler au buste du chancelier Boucherat son beau-père ; Dubois l'exécuta, et son ouvrage fit l'admiration de la capitale ; le chancelier voulut retenir cet artiste à Paris, mais Dubois s'en défendit honnêtement, et termina sa réponse au ministre par cette phrase qui peint la candeur de ses sentimens : *Je demande à V. Ex. la permission de jouir du repos que l'on goûte or-*

dinairement dans sa patrie et au milieu de sa famille.

Il y mourut ainsi qu'il l'avoit désiré, le 29 novembre 1694, et fut enterré à Saint-Philibert. Celui qui avoit érigé tant de monumens funéraires, n'eut pas même une épitaphe. Sa fille fut mère du célèbre Piron.

Voici la Porte Neuve ; nous sommes à la moitié de notre seconde promenade ; vous êtes peut-être fatigué, reposons-nous quelques instans sous les beaux marronniers du bastion de *Saulx*. Porte Neuve.

Continuons notre tournée ; cette rue qui conduit à la Porte *neuve*, a eu plusieurs noms. Rue Jeannin.

Les étuves ou bains publics établis par le duc Jean en 1410, y étoient situés, les fontaines de Mont-Musard et de Champ-Maillot y fournissoient l'eau nécessaire, et comme ces bains devinrent par la suite des lieux de débauches et de prostitutions, cette rue en prit le nom de rue des *Ribottes.*

Elle le quitta pour celui de rue *Chanoine*, par rapport aux logemens affectés aux prêtres desservans de Saint-Michel. Aujourd'hui elle porte le nom de l'un des plus grands hommes dont la Bourgogne ait à s'honorer :

Pierre JEANNIN, né à Autun en 1540, fils de Pierre Jeannin tanneur de ladite ville, ne rougissoit point de cette origine, mais ne souffroit pas qu'on voulût chercher à l'en humilier, et répondit à un prince qui avoit dessein de le mortifier, en lui demandant quels étoient ses aïeux : *Je suis le fils de mes vertus.*

Disciple du fameux Cujas, son début au barreau fut en faveur de la ville d'Autun sa patrie, dont il défendit la préséance contre les prétentions de la ville de Châlons. Il étonna, dans cette cause, les meilleures têtes du palais, *grandiùs aliquid magnificentiùsque intonuerat,* dit de lui Ch. Fêvret. Bientôt nommé Conseil de la ville et de la province, ce fut d'après son avis et ses sages représentations qu'il fut sursis en Bourgogne à l'exécution des ordres de Charles IX pour le massacre de la Saint-Barthelemi ; Jeannin s'appuya de cette belle loi de Théodose qui, touché de repentir de ce que son édit pour le massacre de Thessalonique avoit été mis trop promptement à exécution, défendit aux gouverneurs des provinces de faire exécuter de pareils ordres avant les trente jours, pendant lequel temps ils devoient en référer à l'Empereur : le succès fut tel que Jeannin l'avoit prévu ; deux jours après, un courrier apporta la révocation de ces ordres sanguinaires.

Député de la ville de Dijon aux Etats de Blois, Jeannin y opina avec beaucoup d'éloquence ; nommé conseiller, puis président au parlement de Paris, charge créée exprès pour lui, il y parut en jurisconsulte profond.

Jeannin tint le parti de la ligue jusqu'à la réduction de la province, fruit du triomphe de Henri IV à Fontaine-

Française; depuis il fut sincèrement attaché à ce Prince, dont il devint le conseil et l'ami.

Voyez-vous ce bon homme, disoit le Roi à la Reine en lui présentant Jeannin; *c'est un des plus hommes de bien de mon royaume, le plus affectionné à mon service, le plus capable de servir l'Etat; s'il arrive que Dieu dispose de moi, je vous prie de vous reposer sur sa fidélité et la passion qu'il a du bien de mes peuples.*

Jeannin, nommé premier président du parlement de Bourgogne, fut dans cette place le modèle des magistrats. Plénipotentiaire à la Haye, ce fut à lui que la Hollande dut son indépendance; aussi sa mémoire est-elle en perpétuelle vénération dans les fastes bataves: les Etats-généraux de Hollande remercièrent solennellement Henri IV de leur avoir envoyé un ministre aussi sage et aussi éclairé.

Son portrait, gravé par *Svanembourg, Mont-Cornet, Nanteuil*, etc., etc., étoit en Hollande dans toutes les maisons, et Jeannin fut obligé de solliciter qu'on lui envoyât de France de quoi subvenir aux dépenses de son retour.

Il fut nommé surintendant des finances de France, et rendit compte de son administration aux Etats-généraux assemblés; après avoir disposé pendant sept années du trésor public, il sortit de cette place sans fortune : *Explevit abstinentissimè.* Henri IV se le reprochoit et disoit *qu'il doroit quelques-uns de ses sujets pour cacher leur malice, mais que pour le président Jeannin, il en avoit toujours dit du bien, sans jamais lui en faire.*

L'Ambassadeur d'Espagne ayant un jour demandé à Henri IV quel étoit le caractère de ses ministres, ce monarque lui dit : je vais sur-le-champ vous les faire connoître. Il fait appeler le chancelier Silleri, et lui dit : *je suis fort en peine, M. le chancelier, de voir sur ma tête un plancher qui semble menacer ruine.* Sire, dit le chancelier, *il faut consulter des architectes et faire les réparations si elles sont nécessaires*. Le Roi fait entrer le ministre de la guerre, et lui tient le même discours. Sire, répond Villeroi, *vous avez grande raison, cela fait peur*. Enfin, Henri IV manda le président Jeannin auquel il dit la même chose : *Je ne sais pas, Sire, ce que vous voulez dire, ce plancher est bon ou j'ai la berlue ; allez, Sire, dormez en repos, il durera plus que nous*. Quand ils furent sortis, le Monarque dit à l'Ambassadeur, vous connoissez à présent mes ministres : le chancelier ne sait jamais ce qu'il veut faire ; Villeroi me donne toujours raison ; Jeannin pense toujours juste et ne me cèle pas la vérité.

Mais le témoignage le plus flatteur qui ait été rendu à ce grand homme, fut lorsque Henri IV se plaignant à tous ses ministres assemblés que le secret de l'Etat avoit été dévoilé, leur dit, en prenant Jeannin par la main : *Je réponds pour le bon homme, c'est à vous autres à vous examiner*.

Une telle confiance fit à Jeannin

beaucoup d'ennemis parmi les courtisans. Il avoit vécu sous cinq rois et les avoit tous également bien servis. Après la mort de son fils unique, il se retira à sa maison de campagne près d'Autun, et y mourut le 30 octobre 1622, âgé de 82 ans. Anne Guéniot, son épouse, lui survécut.

Cette ruelle à gauche est celle de la Monnoie, parce qu'elle longe l'ancien hôtel des monnoies de cette ville : cette conformité de nom et d'orthographe avec la rue qui porte le nom de l'auteur des *Noëls bourguignons*, devroit faire donner à cette ruelle une autre dénomination, et nulle ne lui conviendroit mieux que celle des anciens propriétaires de l'hôtel des monnoies ; les Sires de Croï. *Ruelle de la monnoies.*

Nous lisons dans nos histoires de Bourgogne, que Louis XI ayant mis un impôt sur le sel de Salins, Philippe le Bon défendit à ses sujets de le payer, et envoya le sire de *Croï*, comte de Chimay, se plaindre au Roi de cette infraction au traité d'Arras ;

Louis XI demanda au sire de Croï, si *le Duc étoit d'un métal différent des autres princes ?* — *il le faut bien*, repart vivement Chimay, *puisqu'il vous a reçu et protégé quand personne n'osoit le faire.* Louis XI, déconcerté de la fermeté de cette réponse, se tut ; mais on jugea ce silence même être l'arrêt de sa perte, et le Comte de Dunois lui ayant marqué son étonnement d'une réponse de cette hardiesse à un Monarque aussi absolu que Louis XI, Croï lui répondit : *j'aurois été à 50 lieues, que si le Roi eût parlé comme il l'a fait de mon maître, je serois venu exprès pour lui répondre comme je l'ai fait.* La gabelle fut supprimée, et le comte de Chimay ne fut point inquiété par Louis XI.

Si Philippe le Bon étoit défendu avec cette fermeté par ses officiers, il ne mettoit pas moins de chaleur à les défendre lui-même. Louis XI, mécontent d'Olivier de la Marche, vouloit que le Duc lui livrât ce serviteur fidèle;

Philippe fit répondre au Monarque *que si le Roi ou quelqu'autre attentoit sur lui, il en feroit raison.* Aussi ce bon Duc étoit-il adoré en Bourgogne.

Cet *Olivier* DE LA MARCHE, né en Bourgogne en 1422, capitaine des gardes des deux derniers ducs, les servit avec zèle ; commanda les troupes du duc Charles à la bataille de Nus, et fut fait prisonnier à celle de Nancy, où son Souverain perdit la vie. Olivier resta attaché à l'héritière de Bourgogne qui lui continua sa place de grand-maître d'hôtel, et le nomma son ambassadeur à la Cour de France. Il mourut à Bruxelles en 1501. Il composa des mémoires imprimés, sous son nom, à Lyon en 1562, et qui sont estimés pour leur véracité et les détails intéressans qu'ils renferment. Son portrait est gravé par *Gazan.*

Dans le principe, la monnoie étoit frappée dans l'une des cours du palais de nos Ducs, celle où est aujourd'hui le palais sénatorial ; mais, depuis 1711, elle se fabriquoit dans cet hôtel des anciens sires de Croï; les flaons s'y marquoient à la lettre P; elle fut supprimée en 1772, et Dijon n'en conserva plus que la juridiction.

L'espace entre cette ruelle et la rue Vannerie, est dénommé sur le plan de *Lepautre*, rue Baillet. Nous connoissons deux personnages marquans de ce nom. Jean *Baillet*, avocat du Roi, à Châlons-sur-Saône, qui succéda à Claude Patarin dans la place de premier président du parlement de Bourgogne, et mourut en fonctions l'an 1554, aïeul de celui qui suit.

Philippe Baillet de Vaulgrenant, conseiller au grand conseil, reçu président au parlement de Dijon en 1586, quitta le mortier pour le casque, réputant que dans les temps de troubles l'épée est plus nécessaire que la plume. Il se jeta dans Saint-Jean-de-Laône qu'il maintint en l'obéissance du Roi, et dont il fut fait gouverneur; les services qu'il rendit au Roi furent récompensés par le collier de Saint-Michel et une compagnie de cinquante hommes d'armes, avec laquelle il fut au siège de Paris. Vaulgrenant continua depuis la profession des armes, et mourut à Dijon. Sa sépulture étoit en l'église Saint-Jean.

Sans doute ces magistrats avoient leur hôtel dans cette rue.

Ensuite de la rue Jeannin, est celle des Prisons, autrefois *des fous*, dénominations qui ne présentent que des idées de l'avilissement de l'homme ; il seroit bien plus moral de n'offrir aux citoyens que des exemples de vertus, des souvenirs de belles actions ; l'ancien maire de Dijon, dont le père demeuroit en cette rue, sembleroit devoir lui attacher sa dénomination :

Pierre-Bernard Ranfer *de Bretenière*, né à Dijon le 20 décembre 1738, de Simon *Ranfer*, avocat du premier mérite, et de .... Vaudremont, fut reçu maître des comptes en 1762, maire de Dijon en 1802, et mourut en fonctions le 26 janvier 1806, victime de son zèle envers les prisonniers de guerre, parmi lesquels une épidémie s'étoit manifestée. M. de Bretenière étoit bienfaisant et très charitable ; il avoit l'ame forte et l'esprit nourri des auteurs les plus estimés ; ses voyages en Italie lui avoient acquis un goût sûr pour les beaux arts. On doit à ses soins l'établissement du lycée et les écoles ouvertes aux indigens sous la direction des filles de Saint-Vincent de Paule ; il décora d'inscriptions les deux premières salles de l'hôtel-de-ville, et les constitua en quelque sorte le Panthéon dijonnais.

Rue du Faucon. Le prolongement de cette rue est celle du Faucon ; sans doute là étoit l'hôtel de la *fauconnerie*, ou des *grands fauconniers* de nos Ducs ; cette rue est terminée par l'hôtel des comtes de *la Marche*, anciens premiers présidens du parlement de Bourgogne qui, depuis 1745 à 1772, furent, de père en fils, revêtus de cette magistrature : c'est le fils qui fit édifier ces superbes jardins de Montmusard, dans leur temps les délices de Dijon et l'admiration des étrangers.

Nous allons suivre la rue VANNERIE, qui étoit anciennement la rue des vanniers, comme la rue des forges étoit celle des ouvriers en fer. La portion de cette rue qui va de la place Saint-Michel à la rue *Jeannin*, s'appeloit autrefois rue de la *Serrurerie*, du nom des ouvriers qui l'habitoient plus spécialement ; à gauche est la rue CHAUDRONNERIE, jadis le quartier des *chaudronniers*, où se tenoit anciennement le marché de la *Teille*, ou du chanvre, et du *Mégis*, ou des peaux.

Rue Vannerie

Rue Chaudronnerie

Dans le prolongement de la rue *Chaudronnerie*, est celle du GRIFFON, jadis de *la Draperie*, du nom des marchands qui l'habitoient ; nous présumerions qu'une ancienne famille de Dijon, qui a presque constamment donné des maires à cette ville dans le XIVe siècle, les *Griffon*, habitoit cette rue, et lui aura communiqué son nom.

Rue du Griffon.

Girard, Guillaume et Pierre Griffon administrèrent Dijon dans le siècle que l'histoire nous signale comme le plus orageux ; sans doute ils méritèrent bien de leur patrie dans ces temps difficiles, et le nom de cette rue seroit un monument de reconnoissance.

Une éruption de l'Etna, la plus terrible que l'on ait encore vue ; plusieurs villes renversées par des orages épouvantables ; les moissons ravagées par les sauterelles trois années de suite ; des phénomènes apparoissant dans le ciel, remplirent les esprits de terreur et de crainte ; des maladies épidémiques exercèrent un tel ravage, que suivant le proverbe

<blockquote>
En mil trois cent quarante-neuf,
De cent, ne demeuroient que neuf.
</blockquote>

Des guerres déchirant une partie de l'Europe ; la prise de Calais ; la perte des batailles de Creci et de Poitiers ; le roi Jean, prisonnier à la tour de Londres ; les désastres des grandes compagnies; des *Ecorcheurs*, se disant les ennemis de Dieu et des hommes ; telles sont les couleurs sous lesquelles l'histoire nous peint le XIV.ᵉ siècle.

Dans cette rue étoit dernièrement l'hôtel de la 18ᵉ. Conservation forestière qui a pour arrondissement les mêmes départemens que la Cour impériale. Elle exèrce son administration sur 372622 hectares de bois surveillés par le Conservateur, vingt-six inspecteurs, quarante-un gardes généraux et onze cent sept gardes particuliers.

Le Conservateur actuel est beaufrère du duc d'Abrantès.

Andoche Junot, né à *Bussi-le grand* le 25 octobre 1771, commença sa carrière militaire dès 1792 en qualité de volontaire dans le premier bataillon de la Côte-d'Or, et s'y fit connoître par un courage dont les élans alloient jusqu'à l'intrépidité. En 1796, il fit la campagne d'Egypte avec le titre de premier aide-de-camp du général en chef; dans l'expédition de Syrie, à la tête de trois cents Français, il ne craignit pas de livrer bataille à dix mille Turcs, et remporta sur eux la victoire de *Nazareth* que le Gouvernement désigna pour être le sujet d'un tableau au concours.

Au retour de l'Egypte, le général Junot fut gouverneur de Paris jusqu'en 1804, nommé colonel-général des hussards, ambassadeur à Lisbonne, lieutenant-général en Portugal ; il quitta ce royaume pour se rendre à l'armée d'Allemagne, auprès de la personne de l'Empereur, et se distingua sous ses yeux à la mémorable bataille d'Austerlitz. Depuis il continua à être employé dans les hauts grades de l'armée. L'Egypte et l'Italie, le Portugal et l'Espagne, l'Allemagne et la Pologne, la Prusse et la Russie furent successivement les témoins de sa haute vaillance.

Ce général dut à ses services de voir s'accumuler sur sa tête une réunion honorable de distinctions militaires. Au titre de Duc d'Abrantès qui lui avoit été conféré, il joignoit ceux de grand officier de l'Empire, grand aigle de la Légion d'honneur, commandeur de l'ordre de la Couronne de fer, grand'Croix des ordres de Saint-Henri et du Christ ; il étoit capitaine et gouverneur général des provinces illyriennes, lorsqu'une maladie l'ayant rappelé sur son sol natal, il y mourut, au milieu de sa famille, le 29 juillet 1813, et fut enterré à Montbard.

On voit encore dans la rue du Griffon une maison remarquable par ses sculptures extérieures et dix cariatides ; c'est le berceau des *Pouffier*, dont les armes sont encore sur la façade, une marmite remplie de fleurs ; elles doivent à leur singularité de n'avoir pas été effacées lors de la destruction scrupuleuse de tout ce qui tenoit à la féodalité ancienne.

En face de la rue Chaudronnerie est celle de la ROULOTTE ou *Roüellotte* (petite ruelle), jadis rue des *Nonains*, parce que les Bernardines expulsées de Tart dans le tumulte des guerres, vinrent d'abord se réfugier dans ce quartier. Bernard de la *Monnoye* avoit sa maison à l'extrémité de cette rue, à l'angle sud-est, donnant sur le rem-

Rue Roulotte.

part ; c'est là que fut écrit le livre de ses Noëls qu'il a datés de la rue de la *Roulotte ;* les autres furent composés dans la rue du *Tillô.*

Continuant la rue Vannerie, l'on trouve l'ancien hôtel de la *Couste* d'*Arcelot*, aujourd'hui de *Macheco ;* ceux de M. de *la Tour-du-Pin*, dernier commandant de la province ; et de M. le comte de *Montigny*, dernier trésorier général des Etats de Bourgogne, premier Maire de Dijon, élu par les suffrages du peuple en 1790, homme bienfaisant, charitable, dévoué aux intérêts de sa patrie, et auquel on doit plusieurs embellissemens qu'il entreprenoit dans le double but de fournir à la classe indigente des moyens de travailler. Il n'a pas tenu à lui que le ruisseau de Suzon ne fût rendu pérenne, il avoit offert d'en faire les frais ; il s'étoit aussi proposé d'élever de nouvelles halles sur le local des anciennes, si on eût voulu y ajouter les maisons adjacentes.

La suite de cette rue prend le nom

de rue du CHANET; elle est remarquable par plusieurs anciens hôtels.

Rue du Chanet.

Celui de M. d'Ozilly est l'ancien hôtel des comtes de Saulx, qui le possédoient dès 1412; celui de M. *Cœur de Roi* est l'ancien hôtel de *Tavannes*, 3.ᵉ branche et la seule qui reste de cette ancienne maison, qui s'étant alliée à celle de Saulx, prit le nom de SAULX-TAVANNES.

Le personnage le plus marquant de cette maison est Gaspard de SAULX-TAVANNES, né à Dijon en mars 1509, inhumé à la Sainte-Chapelle en 1573.

Il se signala le 13 août 1544 à la journée de Renti, en présence de Henri II ; il y combattit avec une telle valeur qu'il força l'ennemi, presque déjà triomphant, de lui céder la victoire ; comme il revenoit de cette action couvert du sang de ses ennemis et du sien, le Roi détachant le collier de l'ordre qu'il avoit à son cou, en revêtit *Tavannes* en l'embrassant (1) ; *marque*,

(1) Louis XI, en pareille circonstance, dit

dit Brantôme, *certes très honorablement acquise à lui, avec une forme et une façon peu vue, bien différente de celle que j'ai vu depuis acquérir par Pourchas et importunité d'hommes et de dames.*

Le motif secret de la bravoure de Tavannes à cette journée, est assez curieux à connoître. Le comte de Walenfurt qui commandoit un corps de Reistres appelés les *Diables noirs* à cause de leur intrépidité, s'étoit vanté qu'avec ce corps seul, il déferoit entièrement toute la gendarmerie française, et il avoit fait peindre sur sa bannière, un renard dévorant un coq, par allusion au mot *gallus*, qui a double signification.

Gaspard de *Saulx* qui portoit dans les armes de Margueritte de *Tavannes*

---

plus agréablement au jeune Raoul de Lannoy : *Pâques-Dieu, mon ami, vous êtes trop furieux en un combat, il faut vous enchaîner* ; et il passa au cou du guerrier une chaîne d'or de 500 écus.

sa mère, un coq d'or, griffé de sable, sur un champ d'azur, s'imagine que cette allégorie offensante lui est personnelle, et dès-lors se regarde comme intéressé par honneur, à enlever aux Impériaux le drapeau qu'il croyoit menacer sa vaillance et sa gloire; il fit en effet des efforts prodigieux qui décidèrent la défaite des Reistres, et par suite celle de toute l'armée. — *Tavannes* s'attribua tout l'honneur de cette victoire et le fit bien sentir au duc de Guise qui lui disant, *M. de Tavannes, nous avons fait la plus belle charge qui fût jamais. . . . . . . Monsieur,* répond Tavannes, *vous m'avez fort bien soutenu.*

Gaspard de *Saulx* donna des marques non moins éclatantes de bravoure et d'habileté dans les batailles de Jarnac et de Moncontour; il y mérita le bâton de maréchal de France, honneur d'autant plus grand que le nombre en étant alors fixé à quatre, et les places étant remplies, il fallut en créer pour lui une cinquième, sous la condition expresse que cette place demeureroit éteinte à la première qui viendroit à vaquer.

On est fâché de voir ce maréchal ternir une aussi belle vie. Bien différent de l'amiral Chabot et du président Jeannin ses compatriotes, *Tavannes* couroit les rues de Paris durant le massacre de la Saint-Barthelemi, criant au peuple : Saignez, saignez, *les médecins assurent que la saignée est aussi bonne en tout ce mois d'août, comme en mai.* Cependant il faut lui rendre la justice de dire que ce fut d'après ses conseils que le Roi de Navarre et le Prince de Condé ne furent point enveloppés dans ce massacre. Ainsi la France est redevable à Tavannes de lui avoir conservé son Henri IV. Charles IX ayant demandé au maréchal de Tavannes à qui l'on pourroit donner le gouvernement de Provence qui venoit de vaquer ? *donnez-le*, Sire, répondit le maréchal, *à un homme de bien qui ne dépende que de vous.* — Quelques jours après, le Roi lui dit qu'il avoit profité de l'avis qu'il lui avoit donné, et qu'il avoit donné le gouvernement de Provence; devinez à qui? dit le Roi; Tavannes ne sait qui nommer, *à vous-même*, reprend Charles IX : — *j'y consens, SIRE,* (répond Tavannes), *et je fais autant pour vous en l'acceptant, que vous faites pour moi en me le donnant.*

Le maréchal de Tavannes vit la mort s'approcher sans en être ému. Quelqu'un lui demanda s'il ne désireroit pas revenir en santé; non, répondit-il, j'ai eu beaucoup de peine à faire les deux tiers du chemin, il faudroit recommencer si je guérissois, il est temps de me reposer, je ne suis plus propre à la fatigue. Son portrait est gravé par la *Roussière*. in-fol.

Il avoit épousé Françoise de la Baume-Montrevel, dont les aïeux avoient aussi leur hôtel dans la même rue, et des deux fils qu'il en eut, Jean, vicomte de *Tavannes*, fut assez osé pour faire tirer le canon de Talant sur le couvent des Chartreux où Henri IV soupoit le 13 juin 1595 ; l'autre, Guillaume, comte de *Tavannes*, resta fidelle à son roi, et lui rendit de grands services pour la réduction de cette province.

Dans le siècle suivant, deux gentilshommes de cette maison renouvelèrent pareille opposition. Lors des troubles de la Fronde, en 1650, l'on vit, près d'Arc-sur-Tille, le comte de *Tavannes*, partisan des princes, mettre en déroute le marquis de *Tavannes* qui tenoit le parti de la Cour.

Peu de maisons ont été plus illustrées que celle de *la Baume* ; elle a fourni des cardinaux, des maréchaux de France et de Savoye, un vice-roi, plusieurs lieutenans-généraux, parmi lesquels nous remarquerons :

Etienne de LA BAUME dit *le Gallois*, grand-maître des Arbalétriers de France, gouverneur de Cambray qu'il défendit vaillamment contre Edouard, roi d'Angleterre, en 1339 ; il mourut en 1362.

Jean de *la Baume*, maréchal de France en 1421, que les ducs de Savoye, d'Anjou, d'Orléans, de Bourgogne, cherchoient à attirer dans leur parti, mais qui resté fidelle au roi de France, le délivra lorsqu'il étoit enfermé dans Meaux, et le servit utilement contre les Anglais. Il mourut en 1435.

Pierre de LA BAUME, cardinal archevêque de Besançon, mort en 1544, avoit obtenu d'avoir pour coadjuteur son neveu Cl. de *la Baume*, alors âgé de 12 ans. Lorsqu'en 1575, la nuit du 21 juin, les Huguenots tentèrent de surprendre Besançon, Claude de *la Baume* se met à la tête des habitans la rondache au bras, le coutelas à la main, fond sur les ennemis, les culbute dans la rivière et fait pendre de suite ceux qui sont faits prisonniers. Il fut nommé cardinal en 1578, mourut à Arbois le 15 juin 1584, et y fut inhumé près de son prédécesseur.

Nicolas-Auguste Labaume-Montrevel se distingua tellement au siège de Lille, qu'il fut avancé à la demande de Turenne, et parvint de grade en grade à celui de maréchal de France en 1703; il mourut à Paris le 11 octobre 1716, âgé de 70 ans, victime d'une foiblesse superstitieuse. Étant à table chez le duc de Biron, on renversa une salière sur lui ; il en fut si effrayé, qu'il s'écria, *je suis mort!* il tomba en syncope, la fièvre le prit, et il mourut au bout de quatre jours. Cependant on lui accordoit beaucoup de bravoure, et il en avoit donné des preuves dans plus d'une occasion. Son portrait est gravé par *Mariette*.

L'hôtel de Saulx fut postérieurement habité par la famille de Clugny, dont un des membres .... de *Clugny* fut ministre des finances en 1776, et mourut en fonctions le 14 novembre de la même année.

Ferry de CLUGNY de Conforgien, maître des requêtes du Duc, l'un des rédacteurs de la Coutume de Bourgogne, né à Autun, fut employé avec succès par Charles le Téméraire dans diverses négociations auprès du Pape, de l'Empereur, des Rois de France et d'Angleterre; il fut nommé chevalier de la Toison d'or en 1473, évêque de Tournay, enfin, cardinal en 1480. Il mourut à Rome le 7 octobre 1483, et fut enterré à Sainte-Marie *del Popolo*.

<small>Rue d'Assas.</small>

La rue qui conduisoit à l'hôtel des comtes de Saulx, portoit le nom de rue *au Comte*; mais la suppression des titres féodaux fit dans le temps proscrire cette dénomination, et la rue de traverse de la rue Vannerie à celle Saint-Nicolas, reçut le nom du *Curtius français*.

Vous connoissez ce trait d'une bravoure héroïque qui porta ce chevalier à se dévouer à la mort pour sauver le corps qu'il commandoit.

A l'affaire de Clostercamp en 1760, le régiment d'Auvergne infanterie ayant été placé à l'entrée de la nuit près d'un bois, d'Assas y pénètre seul pour reconnoître le terrein et parer à toute surprise; après avoir fait quelques pas, il fut saisi par des grenadiers ennemis qui, lui mettant la baïonnette sur la poitrine, le menacent de le percer s'il jette le moindre cri ; mais comprenant par la défense même, que le régiment alloit être surpris, d'Assas s'écria avec force : A MOI, AUVERGNE, FEU..... CE SONT LES ENNEMIS,.... TIREZ ; et il tombe percé de coups. Ce que ce brave officier avoit prévu arriva ; le régiment fit une vigoureuse résistance, le combat s'engagea et l'armée française fut sauvée.

Louis XVI voulant éterniser le souvenir de cette action, créa une pension de mille francs héréditaire dans la famille d'*Assas* jusqu'à l'extinction des mâles, et ordonna que toutes les fois qu'un d'Assas demanderoit du service dans le régiment d'Auvergne, il y fût reçu quel que fût le nombre des officiers.

La paroisse Saint-Nicolas, consacrée en 1610, avoit sa principale entrée dans cette rue ; la tour seule en subsiste, on l'a conservée par rapport à l'horloge qui sert de régulateur à ce quartier. Cette église d'abord située au faubourg, dans la *rue des Coquins*, ayant été démolie en 1558, rebâtie, détruite de nouveau en 1636, parce que la ville étoit menacée de sièges, fut reportée dans la ville en 1606; elle a été démolie en 1792, et n'offroit rien qui fût digne d'être remarqué que la tombe modeste de *Quentin*, célèbre peintre dijonnais, qui y fut inhumé le 11 septembre 1636.

M. Liébault, vicaire de cette paroisse, mort le 3 septembre 1763, s'est fait connoître par plusieurs dissertations sur la lumière, la grêle, les comètes et les années climatériques, qui lui ont ouvert les portes de l'Académie de Dijon, où il fut admis le 12 août 1740.

Jean Liebaut, médecin, né à Dijon, fut l'un des collaborateurs de la Maison rustique ; on a de lui des traités sur les maladies, l'ornement et la beauté des femmes. 1582. in-8.° 3 vol. *Thesaurus sanitatis*. 1578. in-8.° *De praecavendis curandisque venenis comment*. — *Scholies sur* Jacq. *Holle-rius*. 1579. in-8.° Il mourut sur la fin de juin 1596 dans une des rues de Paris, sur une borne où il fut contraint de s'asseoir. Ainsi moururent *Charron* et *Debonnaire*, auteurs de traités sur la sagesse.

Denis-Xavier CLÉMENT, né à Dijon en 1706, paroisse Saint-Nicolas, prédicateur du Roi, confesseur des Dames de France, ayant surmonté par sa patience une difficulté d'élocution, se consacra de bonne heure à la chaire. Il avoit une onction douce qui ramenoit dans le sein de l'Eglise les plus incrédules et les plus débauchés. Ses sermons furent imprimés en 1772. 4 vol. in-12. Il mourut à Paris en 1771.

Rue Vieux-Marché. La rue en face de cette église est appelée la rue du VIEUX MARCHÉ, parce qu'anciennement on y tenoit le marché au blé.

Rue J. J. Rousseau. Après la rue d'Assas, on arrive au COIN DES CINQ RUES : celle à droite est la grande rue SAINT-NICOLAS, qui conduit à la porte et au faubourg de ce nom ; tous trois portent aujourd'hui celui de J.-J. Rousseau. — La rue en face de la rue d'Assas est celle *Desilles* ; la troisième est celle du Pilori, en face de laquelle est l'Hôtel-de-ville, ainsi appelée parce que jadis le poteau du *carcan* y étoit placé. Le nom de cette rue est celui d'un supplice, et de la dégradation de l'homme : s'il lui faut des exemples, offrons-lui bien plutôt celui de la vertu en honneur, que celui de la punition des crimes. Cette rue, et celle *Ramaille*, qui font avenue à l'hôtel-de-ville, devroient porter les noms de ceux des Maires de Dijon qui ont le mieux mérité de cette ville. Parmi les anciens, nous indiquerions Bénigne de *Cirey* et *Millotet* ; et parmi les modernes, *Chartraire* de Montigny et *Lejéas*.

Rue du Pilori.

Entre la rue du *Pilori*, et celle *Saint-Martin*, sont les halles bâties par la ville en 1426 sur un emplacement provenant de la famille Champeaux, d'où elles furent long-temps appelées les *halles Champeaux* : là se tenoit le marché de la chair salée et du *queul* ou des assaisonnemens, tous les samedis. En 1459, on augmenta ces halles de plusieurs magasins, et depuis 1666, on y plaça les foires établies par Louis XIV, à la Saint-Martin, à la mi-carême et à la Sainte-Hostie, lesquelles succédèrent à celles établies par nos Ducs en faveur des abbayes de Saint-Etienne et de Saint-Bénigne, qui se tenoient sur les places dépendantes de ces monastères. De ces anciennes foires il ne subsite plus qu'un reste dans celle de Saint-Jean, qui s'est toujours tenue sur la place de ce nom, et dans les étalages de faïence et terrerie qui ont continué de couvrir, en temps de foires, la place Saint-Etienne.

Les foires de 1666 ont été reportées aux dixièmes jours des mois de mars, juin et novembre; elles ont continué de se tenir aux halles de la rue Saint-Martin jusqu'en 1812, que les marchands de quincaille sont allés déballer à la halle Saint-Jean.

Rue Saint Martin.

La rue Saint-Martin fut pendant long-temps appelée la rue de l'*Archerie* par rapport aux arches et boutiques où se vendoient le *lard* et le *queul*.

Vous savez que Saint Martin fut jadis le patron de la France, et que la mort de cet évêque fut long-temps le seul point de notre chronologie ; on portoit sa chappe à l'armée en guise de bannière ; on célébroit sa fête au 11 novembre avec les plus grandes solennités ; et comme toutes les fêtes se terminoient ordinairement par des banquets, le peuple n'a pas voulu perdre cette coutume, et les artisans vont tous les ans demander à leurs pratiques le vin de la Saint-Martin. Cette rue peut prendre son nom de ce que dans les premiers temps de Dijon, elle conduisoit à l'ancienne église de Saint-Martin-des-Champs.

Rue Desilles.

La rue Desilles, autrefois *Macheco*, du nom d'une ancienne famille de Dijon, porté aujourd'hui le nom de ce jeune officier du régiment du Roi, qui voulant empêcher l'effusion du sang lors de l'insurrection de la garnison de Nancy, arracha, à diverses reprises, les mèches des mains des canonniers, enfin se jeta sur les canons et mourut victime de son zèle le 31 août 1790.

Ce trait d'un courage philantropique est sans doute admirable, mais il n'est en aucun rapport ni avec la province, ni avec la ville de Dijon. — Si, pour faire avenue à celui de Napoléon, l'on vouloit, dans ce quartier, une série de noms guerriers, on pouvoit y placer celui du baron de *Sirot* ou du maréchal de *Chamilly*.

Claude Lestouf, baron de Sirot, né à Sirot en Bourgogne le 12 juillet 1600, lieutenant-général des armées du roi, étoit employé en 1625 et 1626 dans les armées de l'Empereur; il eut l'honneur singulier et peut-être unique de mesurer ses armes à celles de deux rois. Christian IV, roi de Dannemark, qu'il avoit démonté, l'envoya complimenter sur sa valeur par un de ses officiers; Gustave-Adolphe, roi de

Suède, auquel il disputa un étendard que ce prince vouloit sauver, blessa *Lestouf* à l'épaule d'un coup de carabine, lequel riposta par un coup de pistolet qui brûla les cheveux du monarque et fit tomber son chapeau, dont *Sirot* s'empara n'ayant pu se saisir de sa personne. Ce guerrier coopéra activement au succès de la bataille de Rocroi en 1643, et ce fut véritablement à lui que l'on dut cette victoire. Il y commandoit la réserve, et comme l'aile droite des ennemis avoit enfoncé notre aile gauche, tandis que le duc d'Enghien poussoit tout ce qui étoit devant lui, un jeune officier major, qui croyoit la bataille perdue, vint porter à Sirot l'ordre de se retirer.

Sirot, instruit dans l'art des combats par une longue expérience, lui répondit : *je vois bien, Monsieur, que vous ne savez pas comment on gagne les batailles, quant à moi, je veux gagner celle-ci ;* et en même temps marchant contre les ennemis, il les arrête, les oblige de fuir à leur tour, et donne le loisir au duc d'Enghien de rallier les troupes, de les ramener au combat et de remporter la victoire.

Le baron de Sirot, blessé au siège de Gergeau, y mourut le 8 avril 1652. Ses mémoires, à la fin desquels il a donné sa généalogie, ont été imprimés en 1683. in-12. 2 vol. Son portrait est gravé par *Tourneyser et Giffart*.

Noël Bouton de CHAMILLY prit naissance à Chamilly en Bourgogne le 6 avril 1636. Dans sa jeunesse il servit en Portugal avec le grade de capitaine de cavalerie, sous le maréchal de Schomberg; pendant les loisirs de la campagne, il se lia de l'amitié la plus tendre avec une religieuse portugaise; leurs lettres amoureuses, livrées à l'impression en 1682, furent souvent réimprimées. Chamilly s'immortalisa par sa belle défense de Grave, qui lui valut le bâton de maréchal de France en 1703. Louis XIV lui ayant en outre permis de demander une grâce, SIRE, répondit ce maréchal, *je vous prie de* m'accorder celle de mon colonel, qui est à la bastille. — *Et qui peut être votre colonel?* répart le roi avec surprise. — *C'est M. de Briquemaut; j'ai eu autrefois une compagnie dans son régiment, il m'a formé dans l'art de la guerre, et je ne pourrois sans ingratitude oublier ce service.* Le roi lui accorda sa demande. Le maréchal de Chamilly mourut à Paris le 8 janvier 1715. Son portrait est gravé par *Thomassin* et *Scupel*.

Après cette rue *Désilles*, celle que vous voyez à droite, étoit jadis celle du marché des porcs ou du *Sargis*, nom qu'elle a quitté dans le XV.ᵉ siècle pour prendre celui du *Vert-bois*, par rapport à de grands arbres qui la terminoient au nord. On l'appela aussi rue des *Tondeurs*, à cause des fabricans d'étoffes de laine qui vinrent l'habiter. C'est aujourd'hui la grand'-rue POUFFIER.

Rue Pouffier.

Hector-Bernard POUFFIER avoit son hôtel en face de cette rue; il naquit à Dijon en 1658, et y mourut le 17 mars 1736, doyen du parlement de Bourgogne. M. Lantin prononça son éloge.

Plusieurs des ancêtres de M. *Pouffier* avoient été doyens des Cours souveraines de Dijon ; il voulut rendre cette place honorable et recherchée, et engager, par un surcroît de fortune, les magistrats à continuer jusqu'à leur mort l'exercice de leurs fonctions, parce que c'est lorsqu'ils ont vieilli sous la pourpre, que leurs services et surtout leurs conseils sont plus utiles à la chose publique. En conséquence, par ses dispositions olographes des 1.er octobre 1725, 20 juin 1726 et 10 mars 1732, il donna à perpétuité au doyen des conseillers au parlement, sa maison de la rue Vert-bois, avec les principaux meubles qui la garnissoient ; sa terre d'Aizerey, ses domaines de Sennecey et Magny-sur-Tille, et une somme de 40,000 fr. payable dans l'année de son décès.

Mais M. *Pouffier* voulut que ces libéralités servissent en même temps à l'avantage de la science. N'ayant pu obtenir pour la ville de Dijon une université complète, pour laquelle, dans une disposition antérieure, il avoit assuré une partie de ses biens; il voulut compléter en quelque sorte les facultés qui manquoient, et institua une Académie pour s'occuper de la médecine et des arts, composée de six honoraires, douze pensionnaires et six associés, sous la direction de cinq magistrats; il chargea le doyen du parlement de fournir pour les séances et conférences un local convenable dans son hôtel, de subvenir à toutes les dépenses de mobilier, bois, lumière, papiers, frais de correspondance et salaire du garçon de bureau, etc., etc., de payer les gages du secrétaire, achat de livres nouveaux et une somme annuelle de 2000 fr. pour les six prix qu'il voulut être distribués chaque année le dimanche après la Saint-Bernard; sa bibliothèque fut destinée à l'usage des conférences académiques qu'il établissoit.

M. Pouffier ne borna point là ses li-béralités ; il légua 40,000 fr. à l'hôpital de Dijon ; les églises et les pauvres d'Aizerey et de Saint-Nicolas eurent part à ses largesses. Il fut inhumé en l'église de la Visitation, conformément à ses intentions écrites.

A l'autre extrémité de la grande rue Pouffier, étoit l'ancien hôtel de *Mailly* ou d'Arc-sur-Tille, occupé par M. Legouz de Saint-Seine, dernier premier président de l'ancien parlement de Bourgogne.

Rue Verrerie. Dans le prolongement de cette rue est celle Verrerie, du nom des marchands qui l'habitoient. C'est dans cette rue que demeuroit François-Bernard Coquart, né à Dijon le 4 janvier 1700, avocat très habile dans la plaidoirie, et en même temps agréable poëte. Il suffit de dire à son éloge qu'il eut l'honneur rare d'être complimenté par la Cour après l'un de ses plaidoyers, et que *Lamonnoye*, *Piron* et le président *Bouhier*, en faisoient beaucoup de cas. Ses poésies ont été imprimées à Dijon par Desventes. 1754. in-12. 2 vol.; on cite surtout une élégie insérée au Mercure de mai 1722, une épître publiée dans celui de juin 1728. *Coquart* mourut à Dijon en 1771. Il avoit été l'un des premiers membres de l'Académie formée dans cette ville en 1740.

A l'angle des rues *Pouffier* et du *Champ de Mars*, demeuroit Joseph Enaux, habile chirurgien, professeur d'accouchemens, établi à Dijon dès 1754, où il mourut le 27 novembre 1799. Il joignoit à la justesse de l'esprit la dextérité de la main, portoit la clarté dans les objets les plus complexes, et trouvoit des ressources contre les accidens les plus graves. On lui doit plusieurs mémoires sur son art, entre autres ceux sur *les tumeurs polypeuses, sur le bec de lièvre,* etc., etc.

La rue du Champ de Mars est la continuation des rues d'*Assas* et *Désilles*. La dénomination de cette rue atteste le séjour des Romains dans cette ville; c'étoit sans doute en ce lieu qu'ils

Rue du Champ-de-Mars.

exerçoient leurs troupes aux manœuvres et aux évolutions militaires ; dans le XV.ᵉ siècle, cette rue avoit encore une fontaine publique, ornée de bassins, d'emblêmes et de bas reliefs ; ces fontaines contribuoient en même temps à l'ornement et à la salubrité de la ville. Dans un mémoire imprimé en 1807, M. Antoine, doyen du Corps impérial des ponts et chaussées de France, a démontré la nécessité, la possibilité de rétablir à peu de frais quelques-unes de ces fontaines ; il seroit bien à désirer que les projets que forme sans cesse ce savant estimable, pour la prospérité de la ville qu'il habite, pussent enfin recevoir quelque exécution.

Rue Napoléon. En face de l'une des rues du *Champ de Mars* est *l'Hôtel de la Préfecture* dans la rue NAPOLÉON, jadis *Charbonnerie*, plus anciennement rue de la *Courroyerie*, qui a pris le nom de S. M., depuis qu'elle y a logé les 16 et 17 floréal an VIII, en allant triompher à *Marengo*.

Je me suis imposé la loi de ne vous parler d'aucun homme vivant ; à la vérité celui-ci fait exception à tous les autres, mais c'est peut-être encore une raison de plus pour que je tienne davantage à ma promesse. Que pourrois-je en effet vous dire sur ce génie extraordinaire que ne sachent la France, l'Europe, l'univers entier qu'il a rempli de la grandeur de son nom, du bruit de ses victoires, de l'éclat de ses triomphes, de la sagesse de ses lois que l'Allemagne et l'Italie se sont empressées d'adopter ? C'est donc parce qu'il y a trop à dire sur ce grand et puissant monarque, que je dois garder sur lui un silence respectueux. Homère seul put chanter Achille, Apelles seul put peindre Alexandre.

Philippe de CHABOT-BRION, comte de Charni, gouverneur de Bourgogne et de Normandie, avoit son hôtel dans la rue Napoléon. Cet amiral, qui avoit été fait prisonnier à la bataille de Pavie avec François I.er, dont il étoit le favori, fut envoyé en 1535 contre la Bresse et la Savoye, et soumit en très peu de temps ces provinces. Les Grands du royaume en conçurent une basse jalousie et le desservirent par rapport aux liaisons qu'il conservoit avec le connétable de *Montmorency*, auquel il continuoit de rester attaché.

François Ier fit venir *Chabot*, et lui dit qu'il étoit informé de ses liaisons avec le connétable et qu'il lui défendoit de les continuer. *Chabot* répondit avec une générosité rare, qu'il savoit ce qu'il devoit à son Roi, mais qu'il n'ignoroit pas non plus ce qu'il devoit à son ami; que le connétable étoit un sujet fidelle qui avoit toujours bien servi l'Etat, et qu'il ne l'abandonneroit jamais. Le Roi le menaça de lui faire son procès : « *Vous le pouvez,* « *SIRE ; je ne demande là-dessus ni* « *délai ni grâce ; ma conduite a tou-* « *jours été telle que je ne crains ni* « *pour ma vie ni pour mon honneur.* » Cette réponse ayant piqué le monarque, Chabot fut arrêté, renfermé au château de Melun ; et son ennemi déclaré, le chancelier *Poyet*, fut chargé de chercher des commissaires dans divers parlemens pour lui faire son procès. On parvint à créer à l'amiral Chabot des crimes imaginaires ; il fut condamné à perdre sa charge et à une amende de 70,000 écus, mais cependant déclaré exempt du crime de lèze-majesté et d'infidélité au premier chef. Le chancelier revint triomphant apporter au roi la procédure et l'arrêt. Un prince tel que François I.er avoit pu agir par humeur, mais étoit incapable d'une injustice marquée ; il fut indigné à la vue de cette infâme procédure et dit au chancelier pour toute réponse, *je n'aurois jamais cru avoir dans mon royaume tant de juges iniques.* Il ordonna que Chabot fût mis en liberté, et, à la sollicitation de la duchesse d'Estampes, il lui permit de reparoître à la Cour. La première fois qu'il s'y présenta, François I.er l'abordant, lui dit : *eh bien! homme irréprochable, vanterez-vous encore votre innocence?* —Sire, répondit Chabot, *ma prison m'a appris que nul ne peut se dire innocent devant son Dieu et devant son roi ; mais j'ai du moins cette consolation, que la rage de mes ennemis n'a pu me trouver coupable d'aucune félonie envers V. M.* Le monarque ne consultant plus alors que son cœur, lui rendit ses bonnes grâces ; mais le coup étoit porté, Chabot avoit succombé sous le poids de l'humiliation; il mourut le 1er juin 1543, laissant à l'Etat le regret de sa perte. Il fut enterré aux Célestins de Paris où le roi lui fit ériger un superbe tombeau, tardive et insuffisante réparation d'un mal irréparable. Son portrait se trouve gravé dans *Thevet*.

A côté de cet ancien hôtel, étoit celui de Benigne Frémyot, père de Mme de Chantal et de l'archevêque de Bourges. Ce magistrat soutint avec tant de courage le parti de Henri IV en Bourgogne, que les ligueurs ayant fait prisonnier son fils André, le menacèrent de lui envoyer sa tête s'il ne se rangeoit de leur côté : *je m'estimerois heureux*, répondit le président Frémyot, *de le sacrifier pour une si belle cause ; il vaut mieux que le fils périsse innocent, que le père de vivre perfide*. Il étoit à la tête des conseillers restés fidelles au roi, et présidoit la section du parlement qui siégeoit à Semur. Le duc de Mayenne, désespérant de l'attirer dans son parti, dit dans un moment d'humeur ; *plaisante écritoire pour tant la rechercher*. Le président Jeannin qui se connoissoit en hommes, lui répliqua que *de cette écritoire on verroit un jour sortir des boulets*. Les événemens justifièrent la vérité de cette prédiction.

Après la réduction de la province, le président Frémyot fut nommé conseiller d'Etat, maire de Dijon, et le roi lui accorda les revenus de l'abbaye de Saint-Etienne, dont il disposa en faveur de son fils André, qui devint archevêque de Bourges. (Voyez *Saint-Étienne*, à la 3.ᵉ partie.)

Le président Frémyot mourut en

août 1611, et fut inhumé en l'église Notre-Dame de Dijon.

C'est sur l'emplacement de ces deux hôtels que M. *Bouhier de Lantenay* fit élever en 1750, sur les dessins de M. Lenoir, le magnifique édifice qui devint l'hôtel de l'intendance, et par suite celui de la préfecture.

Le premier qui l'habita en qualité de préfet, fut Charles-Philippe-Toussaint Guiraudet, ancien secrétaire général des relations extérieures, traducteur de Machiavel, auteur de la *Théorie de l'impôt* et de la Famille *considérée comme élémens des sociétés*. M. Guiraudet étoit un administrateur consommé, un littérateur très instruit, et d'une société très agréable. Il mourut subitement à Dijon le 5 février 1804, universellement regretté.

La préfecture de Dijon fut occupée pendant les années 1808 et 1809 par M. Mathieu Molé, conseiller d'Etat, directeur général des ponts et chaussées ; elle l'est depuis un an par M. le comte de Cossé-Brissac. Ces deux noms rappellent de grands souvenirs et d'importans services rendus à l'Etat dans la haute magistrature et à la tête des armées. M. de Cossé réunit à l'avantage de la naissance, la qualité d'homme aimable et instruit, le mérite d'un administrateur sage et éclairé.

Au midi de cette rue est la place NAPOLÉON, jadis *Charbonnerie*.

{Place Napoléon}

Sur cette place étoit l'ancien hôtel de *Pot*, construit par Regnier *Pot*, chambellan des ducs Philippe *le Hardi*, Jean *Sans-Peur*, et Philippe *le Bon*, mort en 1455. Philippe POT, son fils, filleul et favori de Philippe *le Bon*, se distingua par ses rares et éminentes qualités ; il fut le chevalier le plus accompli de son temps, et étoit surnommé la *Bouche d'or*, pour son éloquence ; Louis XI rétablit en sa faveur la place de grand sénéchal de Bourgogne. Charles VIII ayant supprimé le parlement de cette province, Philippe *Pot* fut député vers le Roi par les Etats de Bourgogne, et, dans cette circonstance, porta la parole avec tant de dignité et de force, que le parlement fut rétabli à Dijon. Nommé gouverneur de la province, sa douceur, sa sagesse, ses bienfaits lui acquirent le nom de PÈRE DE LA PATRIE; il mourut en sept. 1494, et fut inhumé à Cîteaux où les religieux lui firent élever le mausolée qui, lors de la démolition de ce couvent, fut transporté et rétabli dans le jardin de M. de Ruffey.

Sa devise, son cri de guerre étoient *tant L. vaut.* L'on rapporte à ce sujet, qu'ayant volé au secours de Constantinople assiégé par Mahomet second, Philippe Pot, entouré de janissaires, les combattant avec intrépidité, mais enfin accablé par le nombre, fut obligé de rendre les armes. Le sultan devant qui il fut amené, ayant appris par ses gardes le courage héroïque avec lequel ce chevalier français avoit défendu sa liberté, admirant l'air noble et martial qui distinguoit ce jeune guerrier, conçut le dessein de l'attacher à son service, mais en vain il employa doucœur et promesses, menaces et persécutions, il ne put y réussir; enfin, Mahomet lui dit : si tu peux vaincre l'ennemi que je t'opposerai, je te renverrai dans ta patrie.

Au jour assigné, Philippe est conduit dans une espèce de cirque où étoit le Grand-Seigneur et sa Cour; il crut avoir à combattre quelque guerrier redoutable; l'ennemi qu'on oppose à ce héros est un lion affamé. A la vue de ce terrible animal, le chevalier saisit son sabre, lève les yeux vers le ciel, et s'écrie avec le ton présage du triomphe, *tant L. vaut;* le lion s'élance sur Philippe; à l'instant, celui-ci lui coupe d'un coup de sabre les deux pieds de devant, l'animal tombe furieux, remplit l'arène de ses rugissemens; Philippe s'élance à son tour sur son ennemi, d'un autre coup de sabre il lui enlève la langue, enfin lui perce le cœur, et fier de son triomphe, remercie Dieu dans les mêmes termes qu'il avoit invoqué son assistance, et répète son cri de guerre *tant L. vaut.*

Charmé de la valeur et de l'adresse de cet intrépide chevalier, Mahomet descend dans le cirque, embrasse le vainqueur, lui passe son baudrier au cou, le priant de le porter en souvenir de l'admiration dont il venoit de le pénétrer, et lui rend sa liberté. De là vient le cimeterre dont ce brave chevalier avoit surchargé l'écu de ses armoiries.

Ce trait fut peint dans un tableau *ex voto*, déposé par Philippe Pot en la chapelle de la Vierge à l'église Notre-Dame de Dijon.

Sur la même place, au lieu où est la maison Bazard, étoit l'ancien hôtel des *Vergy*. Il avoit été construit en 1439 par Antoine de Vergy, l'ami du duc Jean, qui accompagnoit ce prince, lorsqu'il fut assassiné par le Dauphin et les partisans de la maison d'Orléans sur le pont de Montereau. Créé maréchal de France par le roi d'Angleterre, alors s'intitulant Roi de

France, il défit plusieurs fois les troupes françaises, et en cela il ne suivit pas l'exemple de Guérin de *Vergy*, son devancier, qui contraignit Lothaire à rendre la liberté à Louis *le Débonnaire*, gémissant sous la tyrannie de ses fils.

Nous ne pouvons taire que Guillaume de Vergy marchoit à la tête de l'un des corps de troupes qui vint en 1513 investir Dijon. Comblé de biens et d'honneurs par les derniers ducs de Bourgogne et les rois Louis XI et Charles VIII, il passa néanmoins au service de la princesse de Bourgogne, épouse de Maximilien; quel qu'en soit le motif, il n'en est aucun qui puisse jamais autoriser à porter les armes contre sa patrie. Ce seigneur auroit pu suivre l'héritière de nos ducs, même la servir de son bras, mais dans toute autre guerre; ce n'étoit pas à un Vergy à venir assiéger Dijon.

Cette famille des *Vergy* étoit l'une des cinq grandes maisons de Bourgogne : *Nobles* de Vienne, *Preux* de Vergy,

Riches de Chalon, *bons Barons* de Beaufremont, *Fiers* de Neufchatel.

Parmi les personnages marquans de la maison de Vergy, je ne vous parle pas de cette malheureuse Gabrielle, que Dubelloy a mise au théâtre, et dont il place la scène horrible en Bourgogne, parce qu'il est prouvé dans les mémoires historiques sur Raoul de Coucy, Paris, Pierres, 1781, tom. 1.er, que cette amante infortunée étoit de la maison de *le Vergies*, dont le château étoit voisin de celui du sire de Faïel et de celui de Coucy, dans les environs de Saint-Quentin.

Sur cette même place Napoléon est le bureau de la poste aux lettres, où étoit employé Phil.-Denis Pierres, né à Paris en 1741, ancien premier imprimeur du roi. M. *Pierres* possédoit au plus haut degré les connoissances relatives à un art dans lequel il avoit tenu le premier rang, et que le vœu des savans l'appeloit à reprendre. Il avoit entrepris pour la grande collection des arts et métiers, de traiter *l'art de l'im-*

primerie ; cet ouvrage auquel il avoit consacré le reste de sa vie, eût formé 3 vol. in-fol. Il fut l'inventeur d'une nouvelle presse d'imprimerie beaucoup plus simple, dont il publia la description en 1786 ; lié d'amitié avec les Franklin, les Daubenton, les Lacépède, ce fut à lui que le roi de Pologne s'adressa pour avoir le plan de la bibliothéque publique qu'il vouloit établir à Varsovie, et l'indication des livres les plus estimés sur toutes sortes de matières. Il mourut à Dijon le 28 février 1808, âgé de 68 ans. M. Leschevin a publié son éloge. Son portrait est gravé par *Chrétien*.

La porte *Bouchefol*, *four-Morot* ou Fermerot, fermée depuis le siège des Suisses, n'a point été rouverte, mais la rue conserve toujours le nom de cette porte. *Porte au Fermerot*

Là étoit situé le monastère des Dames de la Visitation de Sainte-Marie, établi en 1622 par Mme de Chantal, fondatrice de l'ordre, réparé en 1678, démoli en 1806.

Jeanne-Françoise Fremyot, fille du célèbre président de ce nom, et de Margueritte Berbisey, naquit à Dijon le 23 janvier 1572, presque vis-à-vis ce couvent. Elle avoit épousé en 1699, Christophe de Rabutin, baron de Chantal, et de ce mariage est issu Celse Benigne *Rabutin* de Bourbilly, père de Mme de *Sévigné.*

Mme de *Chantal*, restée veuve de bonne heure, le baron son époux ayant été tué à la chasse par l'effet d'une imprudence malheureuse, cette sainte femme renonça au monde, ne s'occupa plus que de bonnes œuvres et de l'éducation de ses enfans. On montre encore à Bourbilly le grand four où cette Dame charitable faisoit cuire, elle-même, toutes les semaines, le pain des pauvres ; on conserve encore à Chantal le souvenir de ses vertus chrétiennes et morales, des exemples de douceur, de piété, de bienfaisance qu'elle y donna, pendant qu'elle vécut dans la maison de son beau-père qui voulut l'avoir près de lui, après la fin tragique de son époux.

L'éducation de ses enfans terminée, Mme de *Chantal* n'eut plus d'autres pensées que celles de la religion ; pieuse amie de Saint François de Sales, ce fut avec ce saint évêque qu'elle s'occupa de fonder l'ordre de la Visitation, dont elle fut la première religieuse, la première supérieure, la protectrice et la mère. Elle mourut à Moulins le 13 décembre 1641. Elle fut canonisée en 1767. Son portrait fut gravé par *Montcornet*, *Leclerc*, *Giffart* et autres. L'abbé Marsollier et plusieurs autres ont publié sa vie.

A côté de l'aïeule, pourrois-je ne pas mentionner sa petite-fille, Mme de Sévigné.

Marie de *Rabutin*, fille de Celse Benigne Rabutin de Bourbilly et de Marie de Coulanges, naquit à Bourbilly en Bourgogne le 5 février 1626. Orpheline dès l'âge de cinq ans, devenue veuve après cinq années de mariage du marquis de Sévigné, qu'elle avoit épousé en 1644, sa tendresse pour ses enfans lui fit refuser les partis les plus avantageux, et c'est aussi à ce sentiment que nous devons ces lettres inimitables, le modèle, mais le désespoir de tous ceux qui courent la même carrière; vrais tableaux de l'Albâne, dans lesquels les grâces sont jointes à l'esprit et le sentiment à la délicatesse.

La tendresse maternelle fit la réputation de Mme de Sévigné, mais aussi elle causa sa mort; les soins qu'elle prodigua à Mme de Grignan sa fille, dans une maladie grave, l'accablèrent de fatigues; elle en contracta une fièvre continue à laquelle elle succomba le 14 janvier 1696, au château de Grignan.

On peut juger par une seule répartie de la justesse et de la finesse de l'esprit de Mme de Sévigné. Elle termina d'un seul mot la longue dispute entre les anciens et les modernes : *les anciens sont beaux, mais nous sommes plus jolis.* Son portrait est gravé par *Nanteuil.*

Pendant que j'en suis aux Rabutins,

je dois vous parler de ce fameux comte Roger de Bussi-Rabutin, qui appartenoit par la branche de Couches à l'ancienne maison de Bourgogne.

Il naquit à Epiry près d'Autun, le 3 avril 1618. Sa valeur qui parut avec éclat dans plusieurs sièges et batailles, lui mérita le grade de lieutenant-général des armées du roi et le gouvernement du Nivernois ; mais ce qui lui donna le plus de réputation, ce fut son *histoire amoureuse des Gaules*, dans laquelle il s'étoit amusé à peindre, avec autant d'esprit que de méchanceté, toutes les femmes de la Cour de Louis XIV. Il fut mis à la Bastille et n'en sortit que pour aller en exil dans sa terre de Bussy, où il resta 17 années. Ce fut ce château dont il s'amusa à couvrir les murs des portraits des femmes de la Cour, avec des devises qui caractérisoient chacune d'elles d'une manière plus ou moins offensante. M. Millin en a donné une description assez étendue, avec gravure, dans son voyage au midi de la France.

Dans son long exil, Bussy s'occupa à écrire ses *mémoires* en 2 vol. in-4.°; ses lettres, en 7 vol. in-12, plusieurs fois réimprimées; *un discours sur les adversités de la vie*, etc., etc. Il étoit membre de l'Académie française, avoit épousé en premières noces Gabrielle de Toulonjeon, du chef de laquelle il se trouvoit doublement allié à la marquise de Sévigné.

Après plusieurs démarches, Bussy-Rabutin ayant obtenu l'agrément de reparoître à la Cour, le Roi évita de le regarder; Bussy qui se flattoit de l'emporter en valeur sur le maréchal de Turenne, en génie sur Pascal, en poésie sur Boileau, outré de dépit, se confina pour toujours dans ses terres; il y mourut le 9 avril 1693, et fut inhumé à l'église Notre-Dame d'Autun. Son portrait est gravé par *Lefebvre* et *Édelink*.

On assigne pour cause à sa disgrace, le couplet qu'il fit sur le Roi et Mad.ᵉ de la Vallière :

Que Deodatus est heureux
De baiser ce bec amoureux
Qui d'une oreille à l'autre va ! *etc.*

Louis XIV ne lui pardonna jamais cette plaisanterie sur sa maîtresse.

En face du monastère des Visitandines est la rue Pichou. Ce poëte étoit de Dijon ; il avoit une heureuse mémoire et beaucoup de vivacité dans l'esprit ; l'histoire et la poésie étoient les deux maîtresses dont il fut constamment épris. Au dire de son panégyriste, il avoit ce talent poétique que la nature ne donne pas à tout le monde ; Pichou fut auteur de plusieurs pièces de théâtre : l'*Infidelle Confidente* souvent représentée sur le théâtre de l'hôtel de Bourgogne, effaça la gloire des pièces qui y avoient été jouées jusqu'alors ; *la Philis de Scyre* enleva tous les suffrages de la Cour, et le cardinal de Richelieu la réputoit la pastorale la plus juste et la mieux travaillée qu'on eût encore vue. Pichou mourut assassiné vers 1630. Le président *le*

Rue Pichou.

Sueur, savant traducteur de Pindare, le poëte *Vergier*, l'antiquaire *Winckelman*, Pierre *Belon*, Jean *Magnon* de Tournus, avoient eu avant lui une fin non moins tragique et malheureuse.

Au lieu de ce dramatique obscur aujourd'hui ignoré, j'arrêterai vos regards sur un Bourguignon qui lui succéda au théâtre, et dont les ouvrages y sont restés : Edme BOURSAULT, né à Mussy-l'Évêque en 1638, auteur d'*Ésope à la cour, à la ville,* du *Mercure galant,* et de plusieurs autres comédies dont le recueil forme 3 vol, 1746, in-12. Boursault n'avoit pas fait d'études, et ne parloit que le patois bourguignon, lorsqu'il arriva à Paris ; mais il fut bientôt en état de parler français purement et même avec élégance. Il amusa long-temps la cour, la ville et les provinces, par sa gazette en vers que les Franciscains eurent le crédit de faire supprimer. Boursault étoit secrétaire de la duchesse d'Angoulême, et eût été nommé précepteur du Dauphin, s'il eût su la langue latine; Thomas Corneille le pressoit de demander sa réception à l'Académie française, il ne voulut jamais y consentir : *Que feriez-vous, lui répondit-il, d'un homme qui ne sait ni latin ni grec ?* On a de lui un grand nombre d'écrits, romans, lettres, fables, contes, pièces en vers, etc., etc. Il mourut en 1701, à Mont-Luçon, où il avoit été nommé receveur des tailles.

A côté de cette rue est celle Saint Bernard.

{Rue Saint-Bernard.}

Saint *Bernard* naquit à Fontaine-les-Dijon, l'an 1091, de Tesselin-Leroux et d'Alethe de Montbard (1), qui fut l'une des héroïnes littéraires du XII.ᵉ siècle. Un couvent de Feuillans étoit édifié sur l'éminence même où étoit le château des ancêtres de Saint Bernard; on y avoit conservé, à la vénération des fidelles, la chambre même où ce grand homme étoit né.

---

(1) Elle fut enterrée à Saint-Benigne, mais exhumée vingt ans après sa mort pour être transportée à Clairvaux, à la sollicitation de son fils.

Bernard prit l'habit monastique à Cîteaux à l'âge de 22 ans, avec trente de ses camarades auxquels son éloquence avoit persuadé de renoncer au monde ; l'austérité fut bientôt empreinte sur des traits que la nature avoit ornés de ses grâces, et sa sagesse le fit nommer, presque au sortir du noviciat, premier abbé de Clairvaux, où il mourut le 20 août 1153, après avoir édifié cette maison par 40 années d'austérités, de pénitence et de vertus.

Saint *Bernard* étoit véritablement la merveille de son siècle ; on s'adressoit à lui de tous les coins de l'Europe ; le Pape Eugène III qui fut son disciple, le consultoit souvent, et l'appeloit son maître ; son monastère devint le séminaire des prélats ; le concile du Puy s'en rapporta à lui seul pour prononcer entre les papes *Innocent* et *Anaclet* ; il se déclara en faveur du premier, et toute l'église y souscrivit ; les avis de Saint Bernard étoient des oracles pour les souverains et pour les peuples. Il prêcha la seconde croisade, et malgré l'opposition de l'abbé Suger, il y entraîna la France et l'Allemagne; l'enthousiasme fut tel à Vezelai en Bourgogne, où l'on dressa une estrade, sur laquelle cet éloquent Cénobite parut avec Louis le *jeune*, qu'il fut obligé de mettre sa robe en pièces pour suppléer aux croix qu'il distribuoit à tous ceux qui s'enrôloient pour cette expédition. On vouloit l'en déclarer le chef, mais il refusa cet honneur pour retourner dans sa solitude.

Ce grand homme est placé au rang des pères de l'église. Plein des maximes de l'écriture sainte, Saint Ambroise et Saint Augustin étoient les auteurs auxquels il s'étoit principalement attaché. Ses sermons respirent une éloquence douce et persuasive, ses sentences morales renferment un grand sens en peu de mots, son imagination féconde lui fournissoit, toujours à propos, les traits brillans dont ses discours sont parsemés; il possédoit sur-tout l'art de donner des louanges sans flatterie, et de dire la vérité sans offenser.

Il avoit été donné, dit un moderne, à cet homme extraordinaire, de dominer les esprits ; on le voyoit d'un moment à l'autre, passer de son désert au milieu des Cours, jamais déplacé quelque part qu'il fût ; et sans titre, sans caractère, jouissant de cette considération personnelle qui est supérieure à toute autorité. Son portrait fut gravé par *Mariette*, *Lombard*, *Desrochers* et autres.

L'abbaye de Clairvaux possédoit dans ce quartier un ancien couvent ; c'est sans doute ce qui a fait donner à cette rue le nom de son premier abbé et de son fondateur.

Place Suzon. Les rue et place de SUZON n'offrent rien de remarquable que le bel hôtel de Talmay, jadis *de la Toison*.

Rue Bannelier. La nouvelle rue ouverte le long des bâtimens où BANNELIER donna pendant tant d'années ses doctes leçons, méritoit bien de porter le nom de ce savant professeur de droit.

Jean Bannelier, né à Dijon en 1683, fut un des plus célèbres avocats de la province; il étoit professeur et doyen de la faculté de droit. Entre autres ouvrages de jurisprudence, il publia un excellent commentaire sur les traités de droit français, composés par M. Davot, à l'usage de la Bourgogne. Les décisions de ces deux savans professeurs ont été long-temps, et sont même encore aujourd'hui, les oracles du barreau de Dijon. *Bannelier* demeuroit dans la rue Saint-Fiacre; il mourut en 1766.

Gabriël Davot, duquel Bannelier ne doit point être séparé, naquit à Auxonne, le 13 mars 1677, d'un père notaire et procureur-syndic de ladite ville; reçu avocat le 25 juin 1696, la justesse de son esprit, son discernement prompt et exquis, joints à l'étendue de ses connoissances, le firent bientôt distinguer, et Jean *Melenet*, avocat du premier mérite, lui accorda sa fille en mariage.

Davot fut reçu, le 15 mars 1698,

en l'office de substitut du procureur-général ; en 1722, nommé professeur de droit français ; en 1743, pourvu d'une charge de secrétaire du roi : dans ces diverses fonctions, il déploya des talens supérieurs, et mourut subitement le 12 août 1743, dans le cabinet de M. de Saint-Contest, intendant de Bourgogne, où il opinoit avec d'autres jurisconsultes sur une affaire très importante. Ainsi Pline nous apprend que mourut le juge *Bebius* sur son tribunal ; ainsi terminèrent leurs jours l'avocat-général *Servin*, aux pieds de Louis XIII, auquel il portoit des remontrances en un lit de justice ; et le marquis de *Chauvelin*, dans l'appartement même de Louis XV. Davot habitoit dans la rue du *Vieux-Collége*.

Jean MELENET, avocat du premier ordre, né à Montot, près Saint-Jean-de-Laône en 1660, étoit un de ces hommes rares, dont l'éloquence mâle et vigoureuse entraînoit avec rapidité, et dont la probité étoit incorruptible ;

il avoit épousé en 1682 Olympe Camus, de laquelle il eut plusieurs enfans, et mourut à Dijon le 12 juillet 1722 ; il avoit composé sur la coutume des commentaires qui n'étoient que manuscrits, mais très recherchés.

Parmi les autres jurisconsultes qui ont écrit sur la coutume du duché de Bourgogne, on doit placer en premier ordre Barthelemy de Chasseneuz, né au mois d'août 1480, à Issy-l'Evêque, près d'Autun. Après avoir étudié le droit dans les universités les plus célèbres de son temps, il revint dans sa patrie y exercer la profession d'avocat. Ce fut là qu'il commença son commentaire sur la coutume de Bourgogne, qui eut de son vivant cinq éditions successives, et que depuis sa mort on a encore réimprimé plus de quinze fois. Un ouvrage de cette réputation lui mérita d'être nommé par François I.er, premier président du parlement de Provence ; il y excita la jalousie, et fut calomnié ; mais un arrêt solennel rendu en 1535, le justifia pleinement de toutes les inculpations qui lui avoient été faites.

Quelques années après il coopéra, par sa présidence et sa signature, au fameux arrêt rendu le 18 novembre 1540, contre les malheureux paysans de *Cabrières* et de *Mérindol*; qui furent condamnés au feu, parce qu'ils étoient protestans, et dont les femmes et les enfans furent expulsés du royaume. *Chasseneuz* fit tout ce qu'il put pour éluder l'exécution de ce cruel arrêt ; l'on croit même que ce fut à sa sollicitation que furent expédiées les lettres du 18 février 1541, par lesquelles le roi accorda un pardon général à ces malheureux habitans ; mais pendant que le parlement délibéroit sur leur exécution, Chasseneuz, à ce que l'on rapporte, mourut empoisonné dans un bouquet de fleurs qui lui fut présenté ; ainsi le cardinal *Ximénès* fut empoisonné dans un pâté de truites ; le cardinal *Bibiéna*, dans des œufs frais ; l'Augustin *Gonzalès*, dans l'hostie qu'il venoit de consacrer. Le portrait de Chasseneuz est gravé par *Cundier*, 1724, in-fol.

On donne pour motif des délais apportés par Chasseneuz à l'exécution de l'arrêt de 1540, un conte absurde qu'on s'est plu à répéter.

Un sieur d'Allein ayant rappelé à Chasseneuz que pendant qu'il étoit à Autun, des paysans ayant demandé l'excommunication des rats qui désoloient leurs terres, il avoit pris la défense de ces animaux, remontré que le terme qui leur étoit assigné pour comparoir, étoit trop court, et qu'il y avoit du danger pour eux à se mettre en campagne, d'autant que les chats des villages voisins étoient aux aguêts pour les arrêter; après avoir représenté à Chasseneuz qu'il avoit obtenu que les rats seroient cités de nouveau avec un plus long délai, d'Allein lui dit : *Pensez-vous qu'un premier président doive moins qu'un avocat respecter les formes de l'ordre judiciaire? ou croyez-vous qu'une société d'hommes mérite moins d'égards que les plus méprisables des animaux?* Interpellation qui faisant rentrer Chasseneuz en lui-même, le fit revenir de son opinion.

Mais le président Bouhier a démontré que cette fable avoit été inventée à plaisir par les protestans, pour ridiculiser les juges qui avoient rendu l'arrêt contre les Vaudois.

On doit encore placer au nombre des commentateurs de la coutume :

Jean Guillaume, né à Arnay, en 1570, mort à Dijon en 1626, duquel le président Bouhier dit, qu'il égala de bonne heure, par ses lumières, les plus savans de ses confrères, et qu'il les surpassa tous par son éloquence. Le prince de Condé qui l'avoit choisi pour son conseil dans un procès important, honora ses obsèques de sa présence.

Bernard Martin, né à Dijon en 1574, et qui y mourut le 15 novembre 1639, célèbre avocat dont Fêvret faisoit le plus grand cas. M. de Bévy destinoit ses commentaires à figurer à la suite de ceux de M. le président Bouhier; le premier volume seulement a été imprimé; les changemens apportés à la jurisprudence, n'ont pas permis de publier le surplus. Bernard *Martin* et Anne *Boulier*, son épouse, donnèrent 3000 fr. au collége de Dijon, pour subvenir aux frais de la distribution annuelle des prix. Sa bibliothèque fut léguée à ce collége.

Jacques-Auguste de CHEVANNES, né à Dijon en 1624, mort en 1690.

Philippe de VILLERS, dijonnais, mort en sa patrie le 1.er janvier 1622.

François-Claude JEHANIN, né à Dijon en 1630, y mourut le 22 novembre 1698; Lamonnoye l'avoit surnommé *le Papinien de la Bourgogne*. Son buste, ouvrage de Dubois, est au-dessus de son mausolée en l'église Saint-Michel; l'épitaphe est de Paul Petit.

Nicolas et François PERRIER, jurisconsultes distingués, morts sur la fin du XVII.e siècle, et Guillaume RAVIOT, né à Dijon le 29 novembre 1667, mort le 5 octobre 1751, qui a publié le recueil des arrêts rassemblés par

François Perrier, en 2 vol. in-fol. Son portrait, en tête de ses œuvres, est gravé par *Antoine*.

Rue Fêvret.

Une autre rue porte le nom de Fêvret.

Plusieurs hommes de mérite de ce nom, ont habité cette ville.

Charles Fêvret, né à Semur le 16 décembre 1583, fils de Jacques Fêvret et de Suzanne Guichard, avocat du plus grand mérite, l'arbitre général de la province, auteur du *traité de l'abus*, et de plusieurs autres ouvrages, mourut à Dijon le 12 août 1661. Son portrait, en tête de ses œuvres, est gravé par *Lebrun* et *Avroux*.

A son occasion, je vous parlerai de la sédition du *Lanturelu*.

La ville de Dijon avoit le privilége d'élire ses magistrats ; on voulut y porter atteinte, en forçant la province de recevoir l'édit des élections ; le peuple s'en mêla, crut que l'on vouloit établir les aides en Bourgogne, et le 28 février 1630, les vignerons s'armèrent de hallebardes et de pieux, élurent un chef, qu'ils appelèrent le *Roi Machas*, brûlèrent le portrait de Louis XIII, couroient les rues en chantant dans leur marche le vaudeville *du Lanturelu*, et criant Lanturelu, *vive l'Empereur*; ils incendièrent quelques maisons, entre autres celle du premier président, les découvrirent, commirent plusieurs autres excès; cependant les bons citoyens prirent les armes, et dès le lendemain, les plus mutins de la troupe furent tués ou arrêtés, et leurs membres suspendus aux portes de la ville.

Louis XIII, à qui l'on avoit présenté les propos de ces séditieux, comme le crime de toute la ville, se rendit de Troyes à Dijon, le 27 avril, en fit sortir tous les vignerons, et défendit au corps municipal de se présenter devant lui; il y fut cependant admis dès le lendemain, à la sollicitation du duc de Bellegarde, avec cent des principaux habitans; tous se prosternèrent aux pieds du Monarque; Charles Févret plaida à genoux la cause de la ville de Dijon avec tant d'éloquence, que le roi ne put ni retenir ses larmes, ni refuser le pardon (1).

Pierre FÊVRET, fils du précédent, et d'Anne Brunet, né à Dijon le 28 novembre 1625, chanoine de la Ste.-Chapelle, mort le 18 décembre 1706, sous-doyen du parlement, donna aux Jésuites sa riche bibliothèque, à con-

---

(1) La réponse du garde des sceaux, la relation de cette émeute, de l'arrivée du Roi, la harangue de Fêvret, sont insérés au Mercure de 1630, tom. 16, pag. 148 et suiv. Le discours de cet orateur pouvoit être bon pour le temps, mais on n'admireroit pas aujourd'hui qu'il comparât Dijon à *une vieille médaille recommandable par les seules rides de son antiquité*. Celui du garde des sceaux est meilleur que celui de Fêvret ; on y lit pour motif de pardon : *S. M. a voulu se souvenir que c'est d'ici que le christianisme est entré dans la maison royale de France*. Après avoir fait expédier des lettres d'abolition, le Roi partit de Dijon le 29 avril pour Saint-Jean-de-Laône, s'embarqua sur la Saône pour descendre à Lyon, où il arriva le 2 mai.

dition qu'elle seroit ouverte au public ; ainsi les livres du chanoine *Févret*, ceux du Jésuite *Pasquelin* et de Bernard *Martin*, qui léguèrent aussi les leurs à la même condition, ont formé le noyau de la bibliothèque publique, dont le catalogue fut imprimé en 1708, in-4.° Dijon, 162 pages.

Charles-Marie Fêvret de *Fontette*, arrière-petit-fils de Charles Fêvret, né à Dijon en avril 1710, fils de Charles Fêvret de St.-Mesmin et de Marie de Fontette, conseiller au parlement, membre de l'Académie des inscriptions et belles-lettres, directeur de celle des sciences et arts de Dijon, est auteur de la seconde édition de la bibliothèque historique de France, qu'il augmenta de quatre volumes in-fol., ouvrage plein de recherches, d'une érudition immense, et le plus beau monument de notre histoire littéraire de France. Il mourut le 21 février 1772. M. Perret a donné son éloge.

La rue Debrosses est encore une des rues nouvellement ouvertes sur le

Rue Debrosses.

terrein des religieux de l'ordre de Saint-Dominique.

Charles DEBROSSES, né à Dijon le 7 février 1709, succéda, en 1775, à M. de la Marche, dans la place de premier président du parlement de Bourgogne; il demeuroit sur la place St.-Jean; l'Académie des inscriptions et belles-lettres l'avoit admis parmi ses membres.

M. *Debrosses,* dit Buffon, étoit un de ces hommes qui peuvent, suivant les circonstances, devenir les premiers en tous genres; qui manifestent leur génie par des productions naturelles toujours différentes de celles des autres, et souvent plus parfaites. Son traité de *la formation mécanique des langues,* est rempli de sagacité et d'idées philosophiques; son *Salluste* dénote une profonde connoissance de l'histoire, des écrivains et des mœurs de l'ancienne Rome; son *histoire des navigations aux terres australes,* est très estimée; il en préparoit une nouvelle édition sur un exemplaire qu'il avoit chargé de notes, lorsque la mort le surprit à Paris, où ses affaires l'avoient appelé. Il y fut inhumé le 7 mai 1777. Son portrait peint par Cochin, est gravé par *Saint-Aubin*.

A la suite est la rue QUENTIN, du nom du peintre distingué, inhumé à St.-Nicolas de Dijon, le 11 septembre 1636. Le Poussin voyant aux Jacobines de cette ville son tableau de la communion de Sainte Catherine, et apprenant que l'auteur de ce tableau demeuroit à Dijon, dit tout haut : *Il n'entend pas ses intérêts ; que ne va-t-il en Italie ! il y feroit fortune.*

On admire au muséum de Dijon plusieurs ouvrages de Quentin ; son tableau de la *Circoncision* qui étoit aux Jacobins, celui de la *Nativité* que possédoient les Minimes, celui de la *Résurrection* que l'on voyoit à St.-Nicolas, et celui du *Couronnement d'épines* qui provient de l'église des Capucins. Ses quatre grands

Rue Quentin.

tableaux des mystères de la Vierge décorent la grande salle de l'école de droit ; son tableau de Ste Catherine est à l'hôpital Sainte-Anne.

Rue Odebert.

Enfin, la rue ODEBERT est la cinquième et dernière des rues ouvertes dans l'enclos des Jacobins.

Pierre ODEBERT, né à Avalon en 1574, président au parlement de Bourgogne, en remplit pendant quarante-deux ans les fonctions à la satisfaction générale ; mais ce ne fut pas son seul titre à la reconnoissance de ses compatriotes.

En 1645, il fonda, bâtit et dota de plus de 80,000 fr. le bel hôpital de Sainte-Anne, devenu aujourd'hui le Lycée ; il ajouta quatre professeurs à ceux déjà fondés au collége de Dijon par les *Godran*, et à cet effet légua 30,000 fr. à ce collége ; il fonda aussi plusieurs bourses au séminaire et aux cordeliers de la même ville.

Odette Maillard, son épouse, partageoit ses sentimens de bienfaisance ; c'est à ce couple vertueux qu'Avalon doit la fondation de son collége, de son hôpital et du couvent des Capucins ; et pour couronner toutes leurs bonnes œuvres, ces époux instituèrent les pauvres, leurs héritiers.

Pierre Odebert mourut le 19 novembre 1661, et fut enterré à Saint-Etienne de Dijon; son mausolée sculpté par Dubois, a été transféré à l'église S.te-Anne où vous l'avez admiré, afin que la bienfaisance reçût à perpétuité les hommages qui lui sont dus, dans le lieu même où elle s'exerce tous les jours au nom de ces époux vertueux. Son portrait a été gravé par *Lombart* et *Palliot*.

A côté du président *Odebert*, nous devons mentionner un autre magistrat, non moins libéral et bienfaisant : Mel. Cochet de Saint-Vallier, né à Beaune en 1664, mort président du parlement de Paris, le 19 décembre 1738, connu par son *traité de l'indult*, en 3 vol. in-4.°, plus connu encore par les actes de sa bienfaisance. Il légua 10,000 fr. de rente pour marier chaque année une fille noble de province, 4000 fr. pour doter chaque année une autre qui voudroit entrer en religion, huit bourses pour les jeunes gentilshommes peu fortunés qui viendroient étudier à Paris, et assigna des secours considérables pour les veuves des magistrats qui éprouveroient des besoins. Ces traits d'humanité ne peuvent jamais être oubliés tant qu'il existera des cœurs reconnoissans.

Son portrait est gravé par *Simoneau* et *Thomassin*.

Le monastère des JACOBINS, fondé en 1237 par *Alix de Vergy*, duchesse de Bourgogne, n'offroit rien de remarquable; l'église a été convertie en une halle pour les légumes. Elle a 57 mètres de longueur, 16 $\frac{1}{2}$ de hauteur, 21 $\frac{1}{2}$ de largeur.

Elle fut la sépulture de quelques personnes remarquables.

Charlotte d'Orléans *Longueville*, morte à Dijon en 1549, fut enterrée dans cette église; elle étoit mère de

Jacques de Savoye, duc de Nemours, vainqueur du baron des Adrets, et du duc de Deux-Ponts, qui contribua à sauver Charles IX, que les rebelles étoient sur le point d'investir à Meaux, en 1567.

Des membres des familles *Le Compasseur* et *Godran* y furent inhumés.

Dans le XIV.ᵉ siècle, les maire et échevins s'assembloient dans les salles du cloître du couvent des Jacobins; l'université de droit y donna ses leçons depuis 1723 jusqu'à sa suppression en 1790; l'Académie des sciences y tint ses séances jusqu'à l'acquisition de son hôtel.

Quelques religieux de ce monastère ont eu de la réputation.

Martin PORÉE, confesseur de Philippe-le-Hardi, chancelier de Bourgogne en 1394, évêque d'Arras en 1408, ambassadeur au concile de Constance en 1414, mort dans son évêché le 6 septembre 1426.

Philippe JOLY, né à Dijon en 1664, prieur du couvent de cette ville, prédicateur estimé, avoit surtout un merveilleux talent pour la poésie bourguignonne ; quelques unes de ses pièces ont été imprimées ; il mourut à Dijon le 6 décembre 1734.

Le père VERNISY, religieux de cette maison, né à Dijon, y mourut en juillet 1785 ; il étoit versé dans l'histoire des insectes et la botanique ; il étoit membre de l'Académie de Dijon, qui possède la collection de ses savans écrits sur l'histoire naturelle.

<small>Rue Musette.</small> A gauche est la rue MUSETTE, terminée par le portail Notre-Dame.

Dans cette rue étoit l'une des entrées de l'hôtel CHAMBELLAN, qui avoit aussi des issues sur la place Notre-Dame, et sur la rue au Change.

On voit encore dans cet hôtel des salons décorés comme au temps de sa construction, avec des moulures en or, des bas reliefs, des statues revêtues d'une feuille d'or et parfaitement conservées ; on y remarque la chapelle dont les vitraux peints, sont chargés des armoiries des Chambellan ; le principal escalier a son noyau terminé par un jardinier debout, portant sur sa tête une large corbeille de fleurs qui, débordant en tous sens, forme le plafond supérieur qui couvre les degrés.

Plusieurs *Chambellan* furent maires de Dijon dans les XIV et XV.ᵉ siècles ; Marie Chambellan, fille de Henri et dernière héritière de cette maison, porta cet hôtel en dot en 1489 à Guy de Rochefort *de Pluvault*, premier président du parlement de Bourgogne, lequel devint chancelier de France en 1497, cinq ans après la mort de son frère, Guillaume de *Rochefort*, aussi chancelier de France, par les conseils duquel Charles VIII épousa Anne de Bretagne, au lieu de s'emparer des états de cette princesse par la force des armes.

Dans la place de chancelier, Guy *de Rochefort* soutint dignement l'honneur de la couronne ; en 1497, il fit créer le grand conseil ; en 1499 il reçut à Arras l'hommage de l'archiduc

Philippe pour les comtés de Flandres et d'Artois. Il mourut en janvier 1507, et fut inhumé à Cîteaux.

Marie *Chambellan* sa veuve fut gouvernante de la reine épouse de François 1.er; son fils, Jean de *Rochefort*, bailli de Dijon, portoit la cornette blanche à la bataille de Pavie, où il fut fait prisonnier; en 1536 il fut ambassadeur de France à la Cour de Rome. Il se montra également habile dans les emplois civils et militaires. L'hôtel de *Rochefort* étoit dans la rue Petite-Poissonnerie.

En face de la rue Musette est le portail de l'église Notre-Dame, gravé plusieurs fois comme l'un des plus beaux monumens de l'architecture gothique; vous le trouverez dans le parallèle des édifices remarquables, par Durand, dans le cours d'architecture de Patte, etc. etc.

Cette église est la première paroisse de Dijon; elle fut édifiée au XIII.e siècle dans l'emplacement de l'ancienne chapelle du marché, qui, elle-même, avoit succédé à la chapelle de St.-Jacques de *Trimolois*; son vaisseau est regardé par les connoisseurs, comme le chef-d'œuvre de l'architecture gothique; la délicatesse des colonnes, la hardiesse de la voûte, l'élégance des colonnades supérieures faisoient dire à M. de Vauban qu'il ne manquoit à ce temple qu'une boëte pour le renfermer; M. Soufflot admiroit tellement cette église, qu'il l'avoit fait exécuter en bois dans toutes ses proportions, comme un modèle d'élégance et de légéreté. Elle a 65 mètres de longueur, 23 mètres de largeur et 18 mètres $\frac{1}{2}$ de hauteur.

C'est dans cette église que les maires de Dijon venoient prêter serment après leur installation; que s'exécutoit le vœu fait par la ville à Sainte-Anne en 1531, pour la délivrance de la peste; celui fait en 1595, pour la réduction de la ville en l'obéissance de Henri IV; celui de Louis XIII, en 1638, lorsqu'il mit son royaume sous la protection de la Vierge. L'Assomption qui est au rond point de cette église, est du ciseau de Dubois, et son chef-d'œuvre; on y remarque le tableau de l'Annonciation, original de Revel, et quatre grands tableaux dans le chœur, copiés par le même artiste, d'après les meilleurs maîtres.

Après la bataille de Rosebec, la ville de Courtrai ayant refusé de rendre au roi de France les éperons dorés des chevaliers français tués sous ses murs en 1302, le vainqueur enleva de force ce trophée, dont l'existence étoit une humiliation, et fit mettre le feu à la ville. Le duc Philippe-le-Hardi se saisit de l'horloge, qu'il fit conduire à Dijon en décembre 1382, et la fit placer sur l'une des tours de l'église Notre-Dame. C'étoit la seconde horloge à roue et à sonnerie qu'avoit construite *Jacques* MARC, mécanicien flamand, ouvrage, dit Froissart, historien contemporain, *le plus beau qu'on pût trouver de çà et de là les mers.* Dans la tour opposée, sont placées les anciennes archives de la ville, pour les garantir du feu, et obvier à ce qui étoit arrivé dans les incendies de 1137 et 1227, où les archives de la ville devinrent la proie des flammes.

Ce fut dans l'une des chapelles de cette église que le comte *de Charni* et les douze chevaliers qui avoient tenu avec lui le pas d'armes de Marsannay, assigné par Pierre de Beaufremont, vinrent offrir et déposer leurs écus et leurs lances.

Ce tournois pompeusement annoncé dans toute l'Europe, ouvert le 11 juillet 1443, avoit pour but le maintien et l'honneur des armes; il fut d'abord assigné sur la chaussée d'Auxonne, à l'arbre des Hermites, mais depuis transféré à l'arbre de Charlemagne, sur la charme de Marsannay; on y combattit à pied et à cheval; des pavillons dressés en différens endroits étoient garnis de *vaisselle* et de *buffets*, de *vins*, de *serviteurs, le tout*, dit Olivier de la Marche, *d'une manière de faire si honorable, que tous gens de biens y étoient accueillis et servis, que mieux on ne sauroit faire.*

Les écus attachés à l'arbre de Charlemagne furent présentés par deux rois d'armes à genoux, devant l'image de Notre-Dame de bon espoir ; on les voyoit encore suspendus dans sa chapelle, avant la révolution.

Parmi les curés de Notre-Dame on doit citer :

Thomas CHAUDOT, mort le 8 août 1684, en odeur de sainteté ;

Jacques GENREAU, mort en 1737, auteur de plusieurs ouvrages de piété ;

Louis CARELET, né en 1746, mort le 20 mars 1781, qui publia 7 vol. in-12 de sermons et instructions morales ;

L'abbé DEREPAS, chanoine de cette église, mort en 1758, étoit un des premiers membres de l'Académie des sciences de Dijon, formée en 1740 ; les registres de cette compagnie mentionnent honorablement ses discours sur *les bienséances, les maladies de l'esprit, les chagrins de la vie, la critique, le plagiat et la cause des erreurs dans la recherche de la vérité*. L'abbé Richard a prononcé son éloge.

Cette église se trouve entre la rue au CHANGE et celle de la CHOUETTE.

Dans la première habitoient les changeurs de monnoies, profession devenue nécessaire dans un temps où chaque petit prince, et même certaines églises, avoient leurs monnoies particulières; cette rue porta le nom de l'*Arbre de Jessé*. {Rue au Change.}

La seconde prend son nom d'une *chouette* sculptée sur l'un des arcs-boutans de cette église; c'est dans cette rue qu'étoit l'ancien auditoire de la JURIDICTION CONSULAIRE, tenue par des marchands. {Rue de la Chouette.}

Vous savez, Monsieur, que ce tribunal prit naissance sous le règne de Charles IX, et que son établissement fut l'ouvrage du Chancelier l'Hôpital. On rapporte que Charles IX assistant à un arrêt qui mettoit hors de cour deux marchands qui plaidoient depuis douze années, indigné de l'énormité des frais et des longueurs de la procédure, institua des tribunaux spécialement consacrés aux matières de commerce, composés de juges élus par les marchands entre eux, et dispensés des formalités ordinaires de la procédure.

L'édit de leur création est de l'an 1563; c'est de cette époque que date aussi l'érection d'un tribunal de ce genre à Dijon; son auditoire de la rue de la *Chouette* ayant été vendu comme propriété nationale, a été transféré dans l'une des ailes du palais des états de Bourgogne, donnant dans la rue *au Change*.

Revenons sur nos pas; en descendant la rue Musette, où étoient en 1437 les *latrines publiques*, on trouve la rue de la POISSONNERIE, en face de laquelle étoit le tripot de *la Mère folle*.

Rue Poissonnerie.

Dans la maison de la rue des Champs, presque en face de la rue *Poissonnerie*, se tenoient les assemblées de la MÈRE FOLLE, institution burlesque, du genre de la fête des Foux, dont on ne connoît pas précisément l'origine, mais qui étoit en pleine vigueur au temps de Philippe-le-Bon, lequel en confirma l'existence par lettres-patentes du 27 décembre 1454; l'évêque de Langres, Jean d'Amboise, gouverneur de Bourgogne, la confirma par ses lettres de 1482. Cette association étoit composée des personnages les plus marquans. Le prince de Condé y fut admis en 1626, le comte d'Harcourt, la Rivière, évêque de Langres, les Vandenesse, les Requeleyne en étoient *membres superlatifs, mirélifiques* et *scientifiques loppinans*. Le chef de cette société portoit le nom de *Mère folle*; il avoit une cour de souverain, ses officiers de justice et de maison, son chancelier, son grand écuyer, fauconnier, grand veneur et autres; ses dames d'honneur, ses hérauts, ses pages; deux cents hommes d'infanterie, cinquante cavaliers, cinquante suisses formoient sa garde; l'appel de ses jugemens se relevoit nuement au parlement; son scéau, représentant une femme assise, la marotte à la main, portoit pour légende : *Numerus stultorum infinitus est.* Le *fiscal* ou *griffon vert* étoit le secrétaire de cette compagnie. Le costume des membres étoit aux couleurs vertes, jaunes et rouges, taillé et chamarré ridiculement ; tous les discours, tous les actes s'y faisoient en rimes bourguignonnes ou françaises. Lorsque la Mère folle marchoit par la ville, c'étoit dans de grands chariots peints, traînés par six chevaux caparaçonnés aux trois couleurs, conduits par des cochers et postillons chamarrés de livrées, et sur les chars étoient masqués et bigarrés ceux qui récitoient des vers bourguignons, lorsqu'on arrêtoit le char au-devant des hôtels des principaux personnages de la ville. Une troupe de musiciens remplissoit les intermèdes. Tels étoient les spectacles du temps.

S'il arrivoit dans la ville quelque événement singulier, comme meurtre, mariage bizarre, séduction du sexe, rapt, etc., le chariot et l'infanterie dijonnaise étoient sur pied, l'on habilloit une personne de la troupe de même que ceux auxquels la chose étoit arrivée, l'on s'étudioit à les représenter au naturel, et souvent la crainte des huées de la *Mère folle* retenoit de commettre de mauvaises actions. *Castigat ridendo mores.*

Cependant les désordres, les débauchés de cette société de *mère folie*, la firent supprimer par édit donné à Lyon le 21 juin 1630. Elle ne se rassembla plus qu'avec l'autorité et permission du gouverneur, et dès-lors peu à peu elle s'éteignit. M. du Tilliot en a publié l'histoire. Dijon, 1741, in-4.° et in-12.

Dans le XV.ᵉ siècle, la rue des Champs étoit affectée aux filles publiques; on s'étonnera de voir ces lieux de débauches, non-seulement tolérés, mais autorisés par une ordonnance de Saint Louis; au reste il faut connoître les circonstances qui y donnèrent lieu.

Rue des Champs.

Un capitulaire de Charlemagne de

l'an 800, portoit contre les filles publiques la peine du fouet, et contre ceux qui leur donneroient asyle, l'obligation de les porter sur leurs épaules depuis leur domicile jusqu'au lieu du marché public; cette ordonnance ne fut presque jamais observée, le libertinage reprit le dessus, il devint si scandaleux, que Saint Louis rendit contre les *filles amoureuses et folles de leur corps,* en 1254, une ordonnance portant qu'elles seroient chassées des villes et villages, dépouillées de leurs atours, et que leurs biens appartiendroient au premier occupant; il prononça jusqu'à la confiscation des maisons où elles auroient été reçues.

Cette ordonnance ne produisit d'autre effet que de faire rechercher les moyens de l'éluder; les filles publiques prirent le costume et les manières extérieures des femmes de bien et de qualité, et sous ce voile se livroient impunément à leur honteux commerce; les libertins se méprenoient souvent, et les femmes honnêtes se trouvoient exposées à des insultes; ce fut alors et pour ce motif qu'on changea pour la première fois de plan de conduite à leur égard, et pour que les femmes vertueuses fussent du moins respectées, non-seulement on toléra les femmes publiques, mais on régularisa leur métier, en les plaçant sous la main de la police; des rues, dans chaque ville, leur furent assignées, on leur donna un costume particulier, on fixa des heures, passé lesquelles elles devoient être rentrées. Cette nouvelle ordonnance date de la même année 1254. A Paris, les rues de l'Abreuvoir, Fromenteau, Glatigny, Cour-Robert, Champ-Fleury, etc., etc., leur furent abandonnées pour y établir leurs *bordeaux* ou *clapiers;* à Dijon, ce fut d'abord à la rue du *Châtel* ou *St.-Fiacre,* qu'étoit le *logis des fillettes communes;* mais, en 1425, une ordonnance de police les en fit déloger, parce qu'étant voisines des classes publiques, les *écoliers s'y affoloient;* elles furent transférées dans la rue des Champs.

Cet ordre de choses dura jusqu'en 1560, que les Etats-généraux d'Orléans proscrivirent ces lieux publics de prostitution, et la maison qu'elles occupoient à Dijon, fut concédée à l'exécuteur des jugemens criminels.

Les sires de *Champlitte* et de *Pontailler* avoient leur hôtel dans cette rue; Guillaume de CHAMPLITTE, vicomte de Dijon, prince de la Morée, dont il avoit fait la conquête, l'habitoit dans le XI.e siècle.

Le prolongement de la rue des *Champs* prend le nom de rue des GODRAN, qui y avoient leur hôtel.

Rue des Godran.

Odinet GODRAN, président au parlement de Bourgogne, fut un des bienfaiteurs de la ville de Dijon; par son testament du 9 février 1581, il institua pour ses héritiers la ville de Dijon et le couvent des Jésuites, à la charge de fonder un collége, où seroient enseignées gratuitement les langues grecque et latine, les belles-lettres italiennes et françaises, la philosophie morale d'Aristote, l'arithmétique et même l'écriture et l'agriculture ; et en cas de non acceptation, leur substitua le chapitre et la commune d'Autun, aux mêmes charges et conditions. Il mourut peu après cet acte d'une libéralité éclairée.

La ville de Dijon ne laissa point aller à celle d'Autun l'avantage que devoient lui procurer les fondations des Godran ; elle augmenta même la dotation. Le président Odebert fonda deux autres chaires ; Pierre Fevret, Pasquelin et Bernard Martin y léguèrent leurs bibliothèques ; ce dernier et Jean de Berbisey firent les fonds de la distribution annuelle des prix, et le collége de Dijon se trouva être l'un des plus richement dotés de la France.

La famille *Godran* avoit fait encore plusieurs autres fondations pieuses ; elle étoit distinguée à Dijon par l'amour des lettres et de la vertu ; Philibert *Godran* fut l'un des otages donnés aux Suisses en 1513.

Jean GODRAN, avocat, né à Dijon le 17 avril 1606, mort en cette ville le 10 février 1683, fut auteur d'une histoire abrégée des chevaliers de la Toison d'Or, et des quatre derniers ducs de Bourgogne.

Coin du Miroir. A la suite de cette rue est le quartier appelé le COIN DU MIROIR, du nom de l'ancienne abbaye du *Miroir*, près de Cuiseau, dont les abbés avoient en ce lieu un hôtel, ou plutôt une ancienne tour quarrée, crénelée, entourée de fossés, qui depuis plusieurs siècles avoit passé aux Chartreux de Champ-Mol, qui la démolirent, et y édifièrent le grand corps de logis que l'on voit aujourd'hui.

Cette abbaye, de l'ordre de Cîteaux, fondée en 1131, de laquelle Robert fut le premier abbé, députoit aux anciens états du comté d'Auxonne, dans le ressort duquel elle étoit située. D. de *Vienne* en étoit élu en 1507; sur la fin du siècle dernier, elle n'étoit plus composée que de trois religieux, et la suppression des ordres monastiques n'a fait que prévenir l'extinction de ce monastère, presque déjà abandonné.

C'étoit ordinairement devant cet hôtel du *Miroir* que se représentoient les mystères. A l'entrée solennelle du duc Charles à Dijon, en 1473, on y avoit représenté un lion colossal, portant le collier de la toison d'or avec les armes du duc, tenant de sa patte droite une épée, que lui donnoit Jérémie; ce prophète tenoit de l'autre main un rouleau, sur lequel étoit écrit: *Respice statim gladium munus à Deo, in quo dejicies adversarios populi mei.*

Huit autres prophètes, quatre de chaque côté du lion, tenoient aussi des rouleaux, sur chacun desquels étoient écrites des devises tirées de l'écriture sainte, et analogues au lion, principal emblême de ce mystère. Cette allégorie étoit loin de présager au duc Charles les revers qui l'attendoient chez les Suisses.

Dans les autres rues par où le prince

devoit passer, on avoit établi des représentations emblématiques du même genre. Telle est l'origine de nos spectacles français, aujourd'hui si brillans, si épurés, si perfectionnés.

Rue du Chapeau-Rouge. En remontant la rue *Guillaume*, on trouve à gauche la rue du CHAPEAU-ROUGE: dans cette rue demeura l'avocat Claude PERRET, né à Verdun-sur-Doubs, en 1720, mort à Dijon le 9 août 1788, jurisconsulte distingué du barreau de cette ville, ancien secrétaire perpétuel de son Académie pour la partie des belles-lettres, auteur des *usages de Bresse*, 1773, in-4.°, 2 vol.; des éloges de *Bullier, Piron, Fontette*, etc., etc., homme aussi versé dans les matières de jurisprudence que dans la carrière des lettres et dans l'histoire littéraire.

Rue Mably. A droite est la rue MABLY, autrefois rue *Carlot*, qui prit le nom de rue *Fleury* de celui de J. F. Joly de FLEURY, intendant de Bourgogne en 1749. Pendant la révolution, l'on effaça ce nom, qui étoit en rapport avec la province, et un monument de gratitude, pour y substituer celui d'un Dauphinois, qui ne vint peut-être jamais à Dijon.

Gabriël BONNOT DE MABLY, né à Grenoble le 14 mars 1709, mort le 23 avril 1785, après avoir reçu avec piété les derniers sacremens, étoit surtout un politique profond. Les Hollandais, les Polonais, les Américains eurent recours à ses lumières ; ses ouvrages de politique et d'histoire respirent une grande connoissance des hommes et des peuples, des mœurs et des lois ; il avoit annoncé la révolution de France, et fut le premier et le seul auquel une société littéraire accorda un prix sur une question qu'elle n'avoit pas proposée. Cet honneur fut déféré aux *Entretiens de Phocion*.

Vous voilà revenu, Monsieur, au point d'où vous étiez parti ; rentrez pour prendre un peu de repos, vous devez en avoir besoin ; puisque vous voulez que nous ne nous séparions pas, nous dînerons ensemble ; je pourrai peut-être répondre à quelques réflexions que vous aurez faites sur ce que je vous ai raconté dans notre seconde course ; je m'estimerois trop heureux, si je pouvois ne vous rien laisser à desirer sur une ville qui a déjà su vous inspirer tant d'intérêt.

TROISIÈME PARTIE.

La tournée qui nous reste à faire, va se trouver précisément sur la première enceinte de Dijon, dont la gravure existe sur le plan de *Lepautre ;* mais avant de nous mettre en route, je dois vous dire un mot de ces murs primitifs.

César ayant fait quitter à ses légions le Mont-Afrique, pour leur faire prendre des quartiers d'hiver dans une atmosphère plus tempérée, leur traça un camp comme tous ceux des Romains, de forme quarrée avec quatre portes, à l'aspect des quatre points cardinaux ; celle prétorienne, au levant, conduisoit à la tente du général : telle fut dans son origine le *castrum Divionense.*

Ce camp, dans le principe, ne fut défendu que par de larges fossés garnis de palissades et de pieux enlacés

Anciens murs de Dijon.

les uns dans les autres par des fascines; ces retranchemens subsistèrent jusqu'aux guerres que l'empire romain eut à soutenir contre les Quades et les Marcomans, qui firent, à différentes fois, des irruptions dans cette partie des Gaules ; alors Marc-Aurèle fit élever quelques tours dans le camp des légions de César, environ l'an 169 ; un siècle après, Aurélien voulant opposer une barrière à ces hordes dont il venoit de triompher dans les plaines de Champagne, en 273, fit élever les murs de Dijon, de Beaune et de Langres, afin qu'ils fussent un obstacle capable d'arrêter, quelque temps au moins, ces barbares, si jamais ils osoient reparoître dans ces contrées.

Les fragmens de monumens antiques qui se trouvent sous ces murs, et les 33 tours dont ils étoient renforcés, ont fait douter que ces fortifications aient été l'ouvrage d'Aurélien : il n'est pas naturel, dit-on, que des morceaux des idoles et des divinités des Romains, aient été ainsi enfouis par les ordres d'un prince qui professoit l'idolâtrie ; ce n'est qu'aux chrétiens seuls que l'on peut imputer d'avoir brisé les Dieux du paganisme, et d'en avoir caché les restes jusque dans les entrailles de la terre. D'après ce système, l'on est forcé de reporter jusqu'au temps d'Honorius la construction des murs de Dijon.

Mais des probabilités, des conjectures sont sans force contre un fait posé par le père de notre histoire de France, Grégoire de Tours, qui décrit si bien l'ancien Dijon, qu'il n'est pas possible de douter qu'il n'ait connu par lui-même parfaitement cette ville ; Grégoire de Tours, arrière petit-fils de Saint Grégoire, XVI.ᵉ évêque de Langres, lequel habitoit Dijon, où il fut inhumé. Or, très certainement lorsque cet historien dit *veteres ferunt*, il ne peut avoir entendu parler d'autres personnes que de ses ancêtres qui avoient vécu dans cette ville deux siècles après la construction des murs de Dijon. Quelle tradition pourroit être plus respectable que celle qui dérive de cette série d'évêques, *signis et virtutibus clari*, comme les appelle leur descendant. — Oserions-nous révoquer en doute dans 50 ans les fortifications qu'a fait élever le célèbre Vauban.

L'objection qu'on voudroit tirer des fragmens d'antiquités enfouis dans les fondations des murailles, n'est donc pas un titre suffisant pour en faire retarder la construction, et si ce qu'on oppose doit céder au raisonnement, il ne se soutiendra pas davantage au narré des faits.

Nous lisons qu'à l'époque où trente tyrans se disputoient l'empire des Césars, Crocus et ses Vandales ravageoient sur-tout la partie orientale des Gaules ; qu'ils saccagèrent Metz, Besançon, Langres, marquant leur route en traits de sang, signalant leurs triomphes par le renversement des plus beaux édifices. Lorsque *Aurelius-Victor*, *Paul-Orose*, *Eutrope* nous attestent les cruautés et la bar-

barie de ces peuples qui, par leurs excès et leur rage de tout renverser, ont bien mérité que leur nom devînt le synonyme et le superlatif de destructeurs ; lorsque nous les voyons se rendre exprès en Auvergne pour y détruire le fameux temple de Mercure, et pour y briser cette superbe statue de bronze qui avoit coûté dix ans de travail au statuaire Zénodore ; qu'est-il besoin d'aller chercher ailleurs des causes de destruction ?

Vous savez que la Gaule ne fut délivrée de ces barbares que par la victoire que remporta sur eux Aurélien, l'an 273 ; et ce fut très probablement pour leur opposer un boulevard, que, dans l'année qui suivit sa victoire, cet empereur fit élever les fortifications de Dijon.

Il y fit employer, comme matériaux, tant sous le rapport de les utiliser que pour les soustraire aux regards, les mutilations et débris, tristes restes du passage des Vandales, et les fit jeter dans les fondations.

C'est ainsi que d'après des causes pareilles, et sur des motifs semblables, les murs d'Athènes furent construits de débris de temples et de tombeaux, *qui fit ut muri Atheniensium ex sacellis sepulchrisque constarent.* Grosley, dans ses éphém. parle de la conformité des murs d'Auxerre et de Langres avec ceux de Dijon, dans les fondations desquels l'on rencontre aussi des débris d'édifices et de monumens; il combat l'abbé Lebeuf, qui, fondé sur ces vestiges, vouloit en reporter la construction au temps où le christianisme devint dominant ; Grosley la fixe au contraire après l'expulsion des Vandales : *tempus destruendi, tempus aedificandi,* maxime d'une grande vérité ; aussi voyons-nous Lyon se reconstruire après avoir été renversé; Saragosse et Moscou auront le même sort, etc., etc.

Mais on objecte encore que Saint Benigne fut martyrisé sous le règne de Marc-Aurèle ; l'on montroit il y a peu d'années, la tour où il fut mis en chartre ; donc les fortifications de Dijon sont antérieures à Marc-Aurèle, à plus forte raison à Aurélien ; par conséquent l'on ne peut attribuer aux dégâts causés par les Vandales, les mutilations d'idoles et de monumens qui sont enfouis dans les fondations de ces murailles.

Cette objection, en sens inverse de la précédente, est la plus forte, mais cependant elle n'est pas sans réplique.

Marc-Aurèle ne fit point élever toutes les tours de Dijon, mais quelques-unes seulement, de distance en distance, sur les retranchemens tracés par César, et cela pour protéger la contrée contre le retour des Marcomans qu'il venoit de repousser jusque dans leurs demeures ; et parmi ces tours étoit celle où St. Benigne fut renfermé ; mais peut-on croire que les Vandales qui détruisoient les temples, les édifices, les monumens qui ne pouvoient leur nuire, auront respecté des fortifications coupables de leur avoir peut-être résisté, qui tout au moins pouvoient leur devenir funestes, s'ils venoient à être repoussés ? N'étoit-il pas au contraire de leur intérêt de ne pas laisser aux peuples qu'ils avoient subjugués, des moyens de résistance, et aux Romains des retraites assurées ? Ils ne devoient laisser derrière eux aucunes fortifications qui pussent les fermer ni les arrêter dans une retraite. Ainsi non-seulement les Vandales ont pu, mais même ils ont dû renverser les tours élevées par Marc-Aurèle, et Aurélien au contraire a dû les relever.

Enfin, l'on oppose qu'en 1809 la tour St.-Benigne fut démolie, et qu'on y trouva comme dans toutes les autres des débris antiques dans les fondations ; on a même remarqué que les sculptures et les inscriptions étoient tournées du côté de l'intérieur, de manière qu'au dehors il n'en apparoissoit aucun vestige ; mais cette démolition ne fut point poussée jusqu'aux dernières assises, par conséquent l'on n'a pas pu voir ce que ces fondations recéloient dans leur plus basse profondeur, et il ne seroit pas étonnant qu'en relevant ces tours sur les débris de celles renversées par les Vandales, l'on eût été obligé d'en reprendre la maçonnerie un peu au-dessous du sol, et qu'on eût employé dans la partie inférieure les fragmens mutilés qu'Aurélien vouloit soustraire à la vue des peuples pour lesquels ces ruines ne pouvoient qu'être des objets pénibles et désagréables.

Il faut donc tenir pour constant que la primitive enceinte de Dijon, que nous allons parcourir, est entièrement l'ouvrage d'Aurélien.

Si vous le voulez, Monsieur, nous allons commencer notre troisième et dernière tournée ; ce ne sera pas la plus fatigante, car notre cercle devient de plus en plus resserré ; si la seconde course que nous avons faite vous a plu davantage que la première, celle-ci vous sera plus agréable encore ; j'ai voulu soutenir votre attention par un intérêt toujours croissant ;

c'est en effet dans le centre de cette ville que vous trouverez les édifices les plus remarquables, les établissemens les plus importans, et où j'aurai à vous entretenir de Bourguignons non moins illustres.

Rue de la Liberté. La rue par laquelle nous allons débuter est la plus belle de Dijon, du moins c'est la seule dont les façades soient régulières ; elle fut élargie en 1725, pour y faire passer la statue équestre de Louis XIV, elle prit alors le nom de rue *Condé*, qu'elle conserva jusqu'à la révolution ; à cette époque on lui donna les noms de la *Fédération*, de la Liberté et très probablement ce ne sera pas le dernier qu'elle portera.

A droite est la rue Dauphine, aujourd'hui Traversière ; son premier nom sembleroit devoir annoncer une belle rue, c'est la plus laide de Dijon. A gauche est la rue Tonnellerie, digne de figurer vis-à-vis celle Traversière ; *Rue des Forges.* plus loin est la rue des Forges, du nom des ouvriers en fer qui l'habitoient autrefois. Dans cette rue existe encore l'hôtel des ambassadeurs d'Angleterre à la cour des ducs de Bourgogne, maintenant converti en plusieurs maisons de commerce.

L'influence des Anglais en France, sous les règnes de Charles VI et de Charles VII, nécessitoit la présence d'agens accrédités près de nos princes qui tenoient en Europe un rang distingué, marchoient les égaux des rois, et souvent l'emportoient sur eux en richesses et en puissance.

Dans cet hôtel, fut reçu Jean duc de BEDFORT, le 3.e des fils d'Henri IV, roi d'Angleterre, lorsqu'il épousa, en 1423, *Anne* de Bourgogne, sœur de Philippe-le-Bon, et lorsqu'il assista aux noces de *Margueritte*, sa belle-sœur, avec *Artur* III, duc de Bretagne, célébrées à la Ste.-Chapelle de Dijon, lesquelles furent suivies de tournois et de fêtes très brillantes. Ce duc de *Bedfort* est celui qui, nommé régent de France, en fit proclamer roi *Henri* de Lancastre son pupille, et jeta l'alarme dans tout le royaume. Il mourut à Rouen en 1435.

Rue du Bourg. Plus loin est la rue du BOURG, consacrée aux boucheries, en face de laquelle, au nord, est l'ancien auditoire du bailliage de Dijon, érigé en présidial en 1696.

Cette maison, la première de la rue au *Change*, fut primitivement l'hôtel de *Hugues Aubriot*, qui le fit construire pendant les sept années qu'il fut grand-bailli du Dijonnais. Sa façade est gravée dans le voyage pittoresque de France.

Hugues AUBRIOT, intendant des finances, prévôt de Paris sous Charles V, fit bâtir le pont St.-Michel, la porte St.-Antoine, le Petit-Châtelet et la Bastille, dont il posa la première pierre le 22 avril 1370, et de laquelle il fut le premier prisonnier. Ayant fait arrêter, contre les immunités de l'université de Paris, quelques écoliers turbulens, l'université lui fit faire son procès comme coupable d'hérésie, et l'immense crédit dont jouissoit cette fille aînée des rois, devint funeste au prévôt de Paris, qui fut renfermé à la Bastille en 1381; il n'en sortit que parce que les *Maillotins* l'en tirèrent pour le mettre à leur tête; mais Aubriot les quitta dès le même soir, et se réfugia en Bourgogne, où il mourut dans l'année suivante.

Les BAILLIAGES de Bourgogne étoient la juridiction des baillis des ducs, qui réunissoient dans leurs mains les pouvoirs civils et militaires, ainsi que les avoient cumulés les comtes et les vicomtes auxquels ils succédèrent; les baillis avoient la répartition et la levée des impôts, le commandement des milices, le gouvernement des places de guerre, et l'administration de la justice. Cette masse de pouvoirs donna de l'ombrage aux souverains, qui leur enlevèrent les unes après les autres ces attributions, dont il ne leur resta que l'honneur de voir la justice rendue en leur nom dans les tribunaux inférieurs, et le droit d'y siéger en armes.

Africain de MAILLY, seigneur de Villers-les-Pots, fut reçu grand bailli de Dijon, par lettres-patentes du 27 février 1536; François I.er qui connoissoit ses talens en diplomatie, l'avoit député avec le cardinal du Bellay et françois Olivier, qui devint chancelier de France, à la diète de Spire, convoquée par Charles-Quint en 1544; l'empereur ayant refusé un sauf-conduit à cette députation, les commissaires Français se retirèrent à Nancy, où Mailly écrivit plusieurs pièces contre cet empereur, et les fit imprimer en français et en latin chez Robert-Etienne. Jean Girard (1) qui lui adresse l'une de ses épigrammes, l'appelle *Assoniensem Praetorem,*

---

(1) Jean GERARD, né à Dijon, long-temps lieutenant-général du bailliage, et Maire de la ville d'Auxonne, fut, au dire de *Théodore de Beze, un homme de bonnes lettres et d'un gentil esprit;* il excelloit dans la poésie latine; Papillon mentionne treize de ses ouvrages qui furent imprimés; son portrait fut gravé en 1558 par *Fradin;* il mourut en 1586, âgé de soixante et douze ans.

parce que le bailliage d'Auxonne, où Girard étoit lieutenant, n'étoit, ainsi que Nuits, Saint-Jean-de-Laône et Beaune, qu'un des sièges du bailliage-présidial de Dijon.

Benigne *Legouz-Gerland*, dont je vous ai parlé, étoit grand-bailli du Dijonnais.

L'éditeur de Bannelier, Fr. *Petitot*, étoit conseiller en ce bailliage.

Un peu plus loin à gauche est la rue PORTE AUX LIONS, parce que là étoit l'une des portes de la première enceinte de Dijon, probablement ornée de lions ; à droite est la rue des *Etaux* ou des *Etioux*, sur laquelle donnent les bâtimens de l'hôtel appartenant aux évêques de Langres, et qu'ils habitoient lorsqu'ils venoient à Dijon ; cet hôtel devint le couvent des JACOBINES, fondées en 1612, supprimées en 1768, et dont l'église et l'entrée principale donnoient sur la Place Impériale.

Cette place en hémicycle est la plus belle et la principale place de Dijon ; Place impériale.

elle portoit autrefois le nom de *Saint Barthelemi*, mais en 1686, lorsqu'elle fut bâtie uniformément en arcades ouvertes, surmontées d'une balustrade, elle prit le nom de Place *Royale*, de la statue équestre qui la décoroit ; sous la révolution ce fut la Place *d'Armes* ; c'est aujourd'hui la Place IMPÉRIALE que vous trouverez gravée dans le voyage pittoresque de France, ainsi que la statue de Louis XIV.

Cette statue étoit en bronze ; le cheval fut fondu en 1690 par *le Hongre*, et pesoit 18,000 kilogrammes, la statue en pesoit 8000. Ce monument érigé dès 1725, ne fut achevé qu'en 1747 ; il avoit coûté plus de 150,000 liv., y compris le piédestal en marbre, et les grilles en fer dont il étoit entouré ; il fut renversé le 15 août 1792, en exécution du décret qui ordonnoit le brisement de toutes les statues des Rois.

Le palais en face est le LOGIS DU ROI, qui a succédé à l'ancien château des ducs, dont il subsiste encore la haute tour quarrée, dite *la Terrasse*, commencée sous Philippe-le-Hardi, achevée sous le règne de Philippe-le-Bon, élevée pour découvrir le pays, et parer à toute surprise; aujourd'hui c'est un observatoire. Les cuisines, la salle des gardes, la tour de Bar sont aussi des restes du château de nos ducs, dont la majeure partie devint la proie des flammes, le 17 février 1502.

Ce bâtiment reçoit aujourd'hui plusieurs destinations.

La plus grande partie est occupée par la Cour impériale dont le ressort s'étend sur tous les tribunaux des départemens de la Haute-Marne, de la Côte-d'Or et de Saône et Loire, composée de quatre présidens, vingt conseillers, six auditeurs, sept officiers du parquet; la Cour d'assises et la Cour spéciale y tiennent aussi leurs audiences.

C'est encore le palais de la 6.e *cohorte de la* Légion d'honneur qui comprend les départemens du Doubs, du Jura, de la Haute-Saône, de la Côte-d'Or, de Saône et Loire, de la Nièvre et du Léman, commandée par un Bourguignon, S. Ex. le maréchal *Davoust*, duc d'*Averstaëdt*, prince d'Eckmuhl, ayant pour chancelier un Dijonnais, M. le sénateur comte Léjéas, ancien maire de Dijon.

Enfin, ce bâtiment renferme les archives du département, qui comprennent celles de l'ancien parlement, de la chambre des comptes, du bureau des finances, des élus, de l'intendance, des chapitres et communautés religieuses, et de tous les établissemens supprimés à la révolution.

L'aile droite qui étoit le Palais des Etats de Bourgogne, élevée en 1775, d'après les dessins de M. Gauthey, est aujourd'hui le Palais sénatorial, occupé par M. le sénateur comte de l'Espinasse, titulaire de la sénatorerie de Dijon, dont le ressort est le même que celui de la Cour impériale.

La Cour d'*Assises* y a aussi son

auditoire dans la belle salle d'ouverture des séances des États à laquelle on arrive par un escalier de la plus grande coupe, majestueux dans toutes ses proportions, et richement décoré; il fut construit en 1733, par Gabriel, célèbre élève de Mansard, mort inspecteur-général des ponts et chaussées, en 1742.

Un des plus beaux priviléges qu'avoit la province de Bourgogne, étoit d'être administrée par ses états ; leur origine remonte aux premiers ducs de Bourgogne ; du moins l'acte le plus ancien qu'on en connoisse, est l'accord qu'ils firent avec le roi Robert, qui confirma solennellement leurs droits, en prenant possession du duché de Bourgogne l'an 1015.

Ils avoient l'administration de la province, le droit de voter et de répartir les impôts, dont ils usèrent amplement sous le dernier duc, qui *mesurant toutes choses à l'aune de ses volontés,* dit Saint Julien de Baleurre, fit proposer aux états tant de nouveaux subsides, que les chambres assemblées firent cette réponse aux commissaires du prince : « *Dites à Monseigneur le « Duc que nous lui sommes très « humbles et obéissans serviteurs et « sujets ; mais que quant à ce que « vous nous avez proposé de sa part, « il ne se fit jamais, il ne peut se « faire, il ne se fera pas. Petits com- « pagnons*, ajoute l'historien, *n'eus- « sent osé tenir ce langage.*

Les élus ne se sont pas moins montrés jaloux de soutenir les priviléges de la province; je ne vous en rapporterai qu'un seul trait.

Henri IV ayant adressé un édit qui augmentoit les droits sur le sel, les états députèrent en Cour, pour solliciter sa révocation, l'abbé de Cîteaux élu du clergé, et Henri de Beaufremont-Sennecey élu général de la noblesse.

L'abbé porta la parole, son discours fit peu d'impression; mais le Roi retint dans son cabinet le baron de Sennecey, et lui demanda comment alloient ses amours avec Mlle de *Rendan*, qu'il épousa dans la suite ? Sire, répond le baron, *j'en augure un bon succès, puisque V. M. veut bien s'en occuper.* — *Mais,* lui dit le Roi, *n'avez-vous pas plus à cœur votre mariage que l'intérêt de la province ?* — *Faites-moi la justice de croire,* Sire, *que l'intérêt de ma patrie m'est plus sensible que le mien propre; et si V. M. me permettoit d'ajouter une raison à toutes celles de M. de Cîteaux, je pourrois l'assurer avec vérité, que si l'édit avoit lieu, il arriveroit infailliblement que la moitié des habitans de votre duché, limitrophes de la Franche-Comté, s'y retireroient pour y trouver le sel à meilleur marché; déjà,* Sire, *l'on a reconnu une diminution notable dans la vente des greniers à sel de cette frontière.* Ventre saint gris, reprit ce bon Roi, les larmes aux yeux, je ne veux pas qu'il soit dit que mes sujets quittent mes états pour aller vivre sous un prince meilleur que moi. Il appelle Sully, et l'édit est révoqué.

Les états de Bourgogne conservèrent intact le droit de voter et de répartir les impôts jusqu'à leur suppression, arrivée en 1790 ; ils s'assembloient tous les trois ans à Dijon, sous la présidence du gouverneur de la province ; Louis XIV les présida en personne en 1650.

La chambre du clergé ayant pour chef l'évêque d'Autun, étoit composée de cinq évêques, dix-neuf abbés commendataires, vingt-deux doyens ou députés des chapitres, et soixante-douze prieurs.

Les gentilshommes de la province et ceux y possédant fief, ayant fait preuve de quatre générations, composoient la chambre de la noblesse.

Les maires de la province présidés par celui de Dijon, formoient la chambre du tiers-état.

Chaque chambre nommoit son élu : celle du clergé alternativement parmi les évêques, abbés et doyens ; celle de la noblesse parmi les gentilshommes ayant rang et séance indistinctement ; celle du tiers-état parmi les maires des villes de la grande roue à tour de rôle ; le maire de Dijon étoit élu perpétuel.

Les états particuliers des comtés d'Auxonne, d'Auxerre, de Bar-sur-Seine et du Charolais furent successivement réunis aux états-généraux de Bourgogne, dont la dernière assemblée eut lieu en 1787.

Entre autres élus dont cette province ait à s'honorer, je vous ferai remarquer.

Dans le clergé : Charles de Lévy de Thubières de CAYLUS, évêque d'Auxerre, né en 1669, disciple du grand Bossuet, élu en 1706, mort en 1754, âgé de 85 ans. Ses œuvres ont été publiées en 4 vol. in-12, et sa vie en 1765, in-12, 2 vol. Son portrait a été gravé par *Gaucher*. Les larmes des pauvres, à son décès, publièrent l'abondance des secours qu'il distribuoit.

Claude de Thiard, comte de Bissi, gouverneur d'Auxonne, commandant en Lorraine, lieutenant-général des armées du Roi, fut élu de la noblesse en 1668. Il se distingua à la tête de la cavalerie française au passage du *Raab*, le 3 août 1664, et remporta sur les Turcs la bataille de Saint *Gothard* en Hongrie, qui lui mérita, de la part de Louis XIV, une lettre des plus honorables (1). Pour éterniser la mémoire de ses exploits, il fit inscrire ces deux vers sur le fronton de son château de Pierre :

Qui Lotharos rexit, cæsis Turcis, Iberisque,
Bissius hanc struxit, Marte silente, domum.

Il mourut à Metz en 1701, et fut inhumé en l'église de Pierre, où son

---

(1) Héliodore de Thiard, son aïeul, avoit commencé sa carrière militaire par le combat de la Gresille, où attaqué par huit soldats, il parvint à conserver l'enseigne qu'il portoit ; il enleva par escalade aux ligueurs la ville de Verdun-sur-Saône, et la remit sous l'obéissance de Henri III qui lui en confia le gouvernement.

fils Ponthus-Gabriël-Auxonne de Bissi, né en 1656, tué à la bataille d'Hochstedt en 1704, lui fit élever un monument funéraire en marbre, du ciseau de *Dubois*.

Dans le tiers-état fut élu, en 1581, Guillaume Royhier, maire de Dijon, né en cette ville en 1529, réélu maire en 1584, député aux états de Blois en 1576, mort en 1603, auteur d'une traduction d'Homère, imprimée à Lyon en 1554, in-4.°

L'aile gauche de ce grand bâtiment

Il vendit son patrimoine pour fournir à l'approvisionnement de cette place, et eut deux fois à la défendre contre les troupes de la ligue. Ayant entrepris de délivrer la ville de Beaune dont le duc de Mayenne s'étoit emparé, il reçut cinq blessures à cette attaque, et ne cessa de combattre que lorsqu'il eut perdu les forces et la vie, le 22 août 1593, âgé de trente-trois ans. Il méritoit d'avoir pour femme une héroïne. Margueritte de *Busseuil*, partageant la vaillance de son mari, défendit avec lui Verdun contre les troupes de la ligue, et mourut sur la brèche par l'explosion des poudres qu'elle distribuoit elle-même aux soldats.

est affectée au Muséum des peintures, sculptures et gravures; six salles immenses y sont décorées des chef-d'œuvres des beaux arts. On y admire les descentes de croix de *Lahire*, *Rubens* et *Jouvenet;* celle du Saint Esprit, par *Vandyck;* l'Ange gardien de *Lebeau;* la Cananée d'*Ann. Carrache;* la Présentation de *Voüet,* et celle de *Philip. de Champagne;* la Ste. Famille de *Rubens,* et celle de l'*Albane;* l'Assomption du *Tintoret;* le Sacrifice de Jephté, par *Coypel;* les SS. François de *Rubens* et d'*Aug. Carrache;* les Saint Jerôme de l'*Espagnolet* et du *Dominiquin;* Moyse sauvé des eaux, la Vierge et l'Enfant Jésus, par *Paul Veronèse;* Adam et Eve, par *le Guide;* le repos de l'Enfant Jésus, par *Carl. Maratte;* la condamnation de Saint Denis, par *Carl. Vanloo,* etc., etc., etc. On y remarque les têtes du Christ et des Evangélistes, par *Lebeau;* celles de Caton d'Utique, par *Corneille;* de la Madelaine, par *Rubens* et *Natoire;* d'une femme, par *Quen-*

tin ; d'un enfant, par l'*Albane*; d'un vieillard, par *Rembrant*; d'un paysan, par *Van-Ostade*; d'un buveur, par *Teniers* : les oiseaux de *Oudry*; les animaux des élèves de *Schneider*; les tabagies de *Teniers*; les chasses de *Wouvermans*; les batailles de *Vander-Meulen*; celle de Senef et le passage du Rhin, par *Gagneraux* : l'enlèvement des Sabines, par *Naigeon*; la vertu de Mica, par *Devosges*; l'école d'Athènes, copiée d'après Raphaël, par les élèves de l'école de Bourgogne, sous la direction du *Poussin*; le plafond de la salle des sculptures, par *Prudhon*; ces cinq derniers tableaux furent exécutés à Rome par les élèves entretenus aux frais de la province.

Dans le salon des sculptures on s'arrête devant l'Apollon du Belvédère, par *Renaud*; le Gladiateur de *Petitot*; l'Antinous de *Bornier*; la Vénus pudique de *Bertrand*, tous élèves de l'école de Dijon : les plâtres du Laocoon, du Méléagre, de Junon, d'Isis et du Silence, fixent l'attention des amateurs, qui remarquent encore les médaillons de Sully et de Jeannin, par *Dupré;* les têtes antiques de *Bertrand;* les bustes de Louis XIV, par *Girardon;* de Napoléon-le-Grand, par *Larmier;* du président de Berbisey, par *Marlet père,* premiers conservateurs de ce musée, et dont les ouvrages attestent les talens pour la sculpture.

Le milieu de la salle est garni de bronzes antiques, de soufres, de Florence, de médailles et autres objets d'arts et de curiosité.

Le cabinet des gravures n'est pas moins riche : on y admire les batailles d'Alexandre, gravées par *Edelinck* et *Audran*, les portraits de Louis XIV et de Bossuet, chef-d'œuvres de *Rigaud* et des *Drevet;* celui de Crébillon chef-d'œuvre de *Balechou;* celui de Charles I.er, de *Denis Marin* (1),

---

(1) Denis Marin, né à Auxonne le 26 janvier 1601, s'éleva par son propre mérite au

gravé par *Masson* ; du général Volff, par *Vollett*, et plusieurs porte-feuilles remplis de gravures des meilleurs dessins, exécutées par les plus habiles maîtres.

Ce muséum est sous la direction d'un conservateur, l'un des peintres distingués, natifs de cette ville ; il est ouvert tous les dimanches au public, qui se montre toujours empressé d'admirer les chef-d'œuvres que cet établissement renferme.

La façade de tous ces bâtimens réunis a été gravée en 1784, par M. *Lejolivet*, et la Place impériale a été dessinée et gravée par M. *Antoine*, doyen des ingénieurs des ponts et chaussées.

---

rang d'intendant des finances de France sous le règne de Louis XIV ; il avoit la confiance de ce monarque et du grand Colbert ; il fut membre de ce Conseil dont émanèrent les ordonnances de Louis XIV sur la réformation de la justice, fut le protecteur et le bienfaiteur de sa patrie, et mourut à Paris le 27 juin 1678. M. Amanton a publié son éloge, 1807, in-8.°

Les rues de la *Liberté*, *Vauban*, du *Palais*, des *Bons-Enfans* et *Rameau* viennent aboutir sur la Place impériale.

Rue Vauban.

La rue VAUBAN, autrefois du *Chatel*, parce qu'elle étoit en face du château des Ducs, fut appelée postérieurement rue *St.-Fiacre*, parce que l'hôpital St.-Fiacre y étoit situé.

Cet hôpital fondé en 1340 près de l'hôtel de Grancey, par les chanoines de la Ste.-Chapelle, pour y recevoir les pélerins dévots à St.-Fiacre, duquel on y conservoit les reliques, n'avoit plus, sur la fin du XVIII.e siécle, qu'une sœur et quelques vieilles filles qui y étoient reçues de l'agrément du chapitre. Les premières écoles publiques de Dijon transférées du cloître de la S.te-Chapelle dans cet hospice, y subsistèrent jusqu'au collége tenu par les frères Martin (voy. rue *Vieux-Collége*, pag. 207,) et St.-Fiacre ne fut plus qu'une maison d'institution pour les enfans de chœur de cette collégiale, qui y étoient logés, nourris et instruits dans le plain-chant, foible reste de l'ancienne destination.

Sébastien *le Prestre* de Vauban, duquel cette rue porte aujourd'hui le nom, naquit le 12 mai 1633, à St.-Léger-de-Foucheret, entre Avalon et Saulieu. Confiné dans la maison de son père, il passoit sa jeunesse à la chasse ou à suivre les travaux de la campagne. M. de Conighan (1), capitaine au régiment de Condé, cavalerie, étant allé rendre une visite de voisinage au père de Vauban,

---

(1) Cette maison, écossaise d'origine, subsiste depuis long-temps en Bourgogne. Le chevalier de Conighan, lieutenant-colonel au régiment Dauphin en 1734, défendit *Colorno* sous les ordres de M. de Contades, qui, après avoir eu la prudence de consulter ce vieux soldat, fut assez généreux pour lui faire honneur du succès de cette opération. Tous deux en furent récompensés ; M. de Conighan fut nommé colonel du régiment de Flandres, mais il ne voulut jamais quitter son ancien uniforme: *Je suis trop âgé*, disoit-il, *pour changer de livrée.* Cet officier, dit l'histoire, étoit un vieillard de tête et de main.

aperçoit ce jeune homme, dont les dehors étoient aussi négligés que l'éducation, s'informe de l'état auquel on le destine, propose la carrière des armes, offre une place de volontaire dans sa compagnie, elle est bien vîte acceptée.

Le jeune le Prestre est conduit peu de jours après à Arcenay, chez son nouveau capitaine; celui-ci étoit alors avec une dame, qui remarquant la timidité et l'air emprunté du jeune homme, dit à M. de Conighan, assez haut pour être entendue, *eh! Monsieur, de qui vous chargez-vous là? d'un songe creux que vous ne débourrerez jamais; ces eaux couvées-là ne sont nullement propres à l'état militaire.* Ce propos fit sur le jeune Vauban une impression profonde, il ne l'oublia jamais, et ce fut peut-être un des plus puissans aiguillons de sa gloire.

Après plusieurs années d'absence, Vauban ayant sa réputation faite, revint en jouir dans son pays natal, pour y effacer le propos qui lui pesoit encore sur le cœur, et dont il vouloit faire repentir Mad.ᵉ de ***.

Cette dame avoit alors deux fils, qu'elle destinoit au service ; elle ne se dissimuloit point ce que pouvoit être pour eux la protection de Vauban ; elle la desiroit, mais cependant craignoit de rencontrer le Maréchal ; la tendresse maternelle enfin l'emporte, elle se hasarde à essuyer des reproches qu'elle sent n'avoir que trop mérités, et vient elle-même présenter ses fils à Vauban.

L'un de ces enfans étoit beaucoup plus vif que l'autre ; cette différence de caractère fournit au Maréchal la petite vengeance qu'il cherchoit : *Pour celui-là*, dit-il à la mère, en lui désignant le plus étourdi de ses fils, *il se tirera bien d'affaire, je ne puis m'en charger ; mais quant à l'autre*, ajouta-t-il en souriant, *il pourroit avoir besoin de support, et je serai le sien, parce que ces songe-creux-là, quand ils sont débourrés, ne réussissent pas plus mal.* La mère pâlit et chancela, mais Vauban l'ayant relevée affectueusement, lui promit d'avoir soin de l'avancement de ses deux fils. Telle étoit la bonté du cœur de Vauban, et nous dirons à sa louange qu'il avoit toujours des moyens ingénieux et délicats pour venir au secours des militaires ruinés au service, ou maltraités de la fortune : *N'est-il pas juste,* disoit-il, *que je leur restitue ce que je reçois de trop de la bonté du Roi.*

Le duc de la Feuillade ayant été chargé du siége de Turin, Vauban offrit de servir comme volontaire dans son armée ; — *J'espère prendre Turin à la Cohorn,* dit le jeune général pour mortifier le grand homme qui offroit ses services. Cependant ce siége n'avançoit pas ; Louis XIV en conféra avec Vauban, qui s'offrit une seconde fois pour en aller conduire les travaux. — *Mais M. le Maréchal,* lui dit le Roi, *songez-vous que cet emploi est au-dessous de votre dignité?* — Sire, reprend Vauban, *ma dignité est de servir l'état, je laisserai le bâton de maréchal à la porte, et j'aiderai peut-être le duc de la Feuillade à prendre la ville.* On pourra, par le trait suivant, prendre une idée de ce que peuvent les talens militaires, et surtout ceux de Vauban. Au siége de Cambray, ce Maréchal ne fut pas d'avis qu'on attaquât la demi-lune de la citadelle; Dumetz, brave homme, mais haut et emporté, persuada au Roi de ne pas différer davantage; Vauban dit alors à Louis XIV: *Vous perdrez peut-être à cette attaque tel homme qui vaut mieux que la place.* Dumetz l'emporta, la demi-lune fut attaquée et prise, mais les ennemis étant revenus avec un feu épouvantable, la reprirent, et les Français y perdirent 400 hommes et 40 officiers. Vauban, deux jours après, l'attaqua dans les formes, et s'en rendit maître sans y perdre plus de trois hommes. Le Roi persuadé par cette expérience, promit à Vauban qu'une autre fois il le laisseroit faire.

Trois cents places de guerre réparées, trente-trois autres fortifiées entièrement, parmi lesquelles compte Auxonne, ville de ce département; la conduite de 53 siéges et cent quarante actions éternisent la gloire militaire de Vauban. Ses traités de fortifications, ses *oisivetés* même rendront ses talens immortels comme son génie.

Vauban décéda à Paris, le 31 mars 1707, et fut inhumé en sa terre de Bazoche, près Vezelai, où il avoit fait placer les canons qui lui furent donnés pour récompense, par le Grand-Dauphin, après la prise de Philisbourg, en 1688 (1). Ses cendres qui depuis 1793 avoient été transfé-

---

(1) En réponse à la lettre qui lui annonçoit la prise de cette ville, M. de Montausier écrivit au Dauphin qu'il n'en étoit pas étonné : *Vous aviez avec vous du canon, une armée, et* Vauban.

rées à Avalon, furent apportées, en 1806, à l'hôtel des invalides à Paris. Son portrait est gravé par *Bernard* et *Mariette*.

Courtépée assure avoir vu, en 1776, la maison qui fut le berceau de ce grand homme, occupée par un *sabotier*..... Quel sujet de réflexions ?

Dans cette rue est l'hôtel où demeuroit le président Bouhier ; aussi a-t-on donné le nom de ce magistrat à la rue qui, de cet hôtel, conduit à l'ancien parlement.

<small>Rue Bouhier.</small>

Jean Bouhier, né à Dijon le 17 mars 1673, de Benigne Bouhier et de Claire de la Toison, fit d'excellentes études au collége de Dijon, et la correspondance littéraire qu'il entretenoit en latin avec le P. Bordeu, pendant les vacances, contribua à lui rendre cette langue aussi familière que la française, et à lui donner un goût décidé pour les auteurs anciens qu'il possédoit presque par cœur, et citoit toujours à propos.

Il prit ses grades aux universités de

Paris et d'Orléans, fut reçu conseiller au parlement le 12 janvier 1693, et président à mortier en 1704. Dans ces fonctions, M. Bouhier développa une science profonde des lois, se livra tout entier à l'étude de ce que la jurisprudence a de plus épineux, et ses travaux en ce genre, ont formé ces recueils encore aujourd'hui la règle et les oracles du barreau, dont M. de Bévy avoit commencé de publier une nouvelle édition, que les changemens apportés à nos lois par la révolution, n'ont pas permis de continuer.

Pour se délasser de ses profondes recherches, M. Bouhier consacroit ses loisirs à la culture des belles-lettres. Sa traduction de *Pétrone* et des Tusculanes de *Cicéron*, celle des plus beaux morceaux de Virgile et d'Horace, ses dissertations sur l'*histoire d'Hérodote*, sur les *lettres grecques*, sur les *Thérapeutes* et divers autres sujets historiques, lui ouvrirent les portes de l'Académie française, où il fut reçu le 16 juin 1727, avec une unanimité de suffrages d'autant plus flatteuse, que le crédit n'y eut aucune part. M. *Bouhier,* dit Voltaire, *faisoit ressouvenir la France de ces temps où les plus austères magistrats, consommés comme lui dans l'étude des lois, se délassoient des fatigues d'un état pénible, dans les travaux aimables de la littérature.* Ce magistrat avoit rassemblé l'une des plus belles et des plus riches bibliothèques qui puissent exister chez un particulier. Son aïeul, Jean Bouhier, l'émule des Peiresc et des Spanheim, avoit acheté en 1642 celle de *Ponthus et Cyrus de Thyard* (1), dont il forma le noyau de cette

---

(1) Ponthus de THIARD, né à Bissy en 1521, a illustré le siège épiscopal de Châlon-sur-Saône. Ses poésies le firent surnommer, dans son temps, l'*Anacréon français;* il n'étoit pas moins profond dans les mathématiques, et la philosophie, *omnia pontus erat.* Il étoit lié avec les Ronsard, les Desportes, les Pasquier, et resta

précieuse collection, que les Bouhier se plurent à augmenter de génération en génération ; elle étoit composée de plus de 35,000 volumes et d'environ 2000 manuscrits. Elle fut vendue en 1781, par M. d'Avaux, l'un de ses héritiers, à l'abbaye de Clairvaux, 135,000 liv., d'où elle a passé pour la majeure partie à Troyes, où elle a formé le noyau de la bibliothèque publique.

---

constamment attaché au parti des six rois sous lesquels il vécut : il mourut le 3 septembre 1605, à Bragny où il fut inhumé. Cyrus de Thiard, son neveu, lui succéda au siège épiscopal de Châlon. Le portrait de Ponthus est gravé par *Deleu*.

Henri Pons de THIARD, autre prélat de la même famille, né à Pierre le 25 mai 1657, Évêque de Toul en 1687, de Meaux en 1704, Abbé de Saint-Germain-des-Prés, Cardinal en 1715, avoit assisté à trois conclaves. Il mourut à Paris le 26 juillet 1737. Il a écrit deux vol. in-4.° sur la Constitution *Unigenitus*, et c'est ce qu'il y a de mieux sur cette matière jadis très importante, aujourd'hui dans l'oubli. Son portrait peint par *Rigaud*, a été gravé par *Desrochers*.

Le président Bouhier mourut à Dijon le 17 mars 1746, entre les bras du P. Oudin, jésuite, son plus intime ami ; lequel l'assistant à sa dernière heure, et lui trouvant l'air de quelqu'un qui médite profondément, lui demanda ce qui l'occupoit. Le Président fit signe qu'on ne le troublât point, le jésuite insista, alors M. Bouhier fit un effort pour prononcer J'ÉPIE LA MORT, et ce furent ses dernières paroles ; elles montrent toute la pureté, la fermeté et la sérénité de l'ame de celui qui osoit envisager la mort d'aussi près, et méditer encore sur elle quoique déjà à moitié descendu au tombeau.

La nuit qui précéda sa mort, M. Bouhier s'est composé l'épitaphe suivante, non moins bonne que le distique de Lamonnoye au bas de son portrait, peint par *Largillière*, et gravé par *Daudet*.

Qui tristem coluit Themidem, mitesque Camœnas,
Conditur hoc Janus marmore Buherius.

Voltaire qui lui succéda à l'Académie française, et M. de *Morveau*, ont publié son éloge; il fut enterré en l'église Saint-Etienne. Dijon doit à ce magistrat la fondation de l'Aumône générale, en l'an 1712; il ne laissa que deux filles.

Rue du Palais. La rue du PALAIS conduit au principal portique de l'ancien parlement de Bourgogne, place du PRÉTOIRE.

Sous les anciens Ducs, ce parlement étoit ambulatoire; il siégeoit à certaines époques de l'année, à Dôle, pour le comté de Bourgogne, à Saint-Laurent-les-Châlon pour le comté d'Auxonne, à Beaune pour le duché; ceux qui devoient le composer étoient nommés à chaque séance par les Ducs; le Chancelier de Bourgogne y présidoit. C'est le sujet de la vignette en tête du X.e liv. de l'histoire générale de Bourgogne. Après la réunion du duché de Bourgogne à la couronne de France, ce parlement fut confirmé par Louis XI, le 18 mars 1476; mais quatre ans après, Charles VIII tenta de le réunir au parlement de Paris; sur les pressantes représentations des états de la province, cet édit fut révoqué en 1486, le parlement rendu sédentaire à Dijon par lettres-patentes du 24 août 1494, et depuis la Bourgogne n'a point été distraite de ses juges naturels.

Le bâtiment dans lequel l'ancien parlement donnoit ses audiences, étoit, dans le XI.e siècle, la demeure des premiers ducs de Bourgogne; Louis XII fit construire la salle des audiences publiques; l'édifice ne fut achevé que sous les règnes de Charles IX et de Henri III, qui, sur l'emplacement de l'ancien hôtel de *Talmay*, fit édifier le bâtiment consacré aux audiences des requêtes du palais. Le portique de ce parlement, et celui contigu, de la chambre des comptes, sont gravés dans le voyage pittoresque de France.

Ces vastes bâtimens sont presque inutiles aujourd'hui et sans destination, si ce n'est la conciergerie qui y est demeurée, et quelques salles occupées par les conseils de guerre et de révision de la 18.ᵉ division militaire.

Le parlement de Dijon a fourni dans tous les temps des magistrats distingués. Palliot et son continuateur en ont donné l'histoire en 2 vol. in-fol. Dijon, 1649 et 1733; mais outre ceux que je vous ai déjà cités, et ceux desquels j'aurai occasion de vous entretenir par la suite, l'on remarque les suivans :

Denis POILLOT, né à Autun, procureur-général à Dijon, en 1514, conseiller du grand-conseil en 1516, ambassadeur en Angleterre, et maître des requêtes en 1522, président au parlement de Paris en 1526, mort le 29 décembre 1534, fut utilement employé à diverses négociations importantes par les rois Louis XII et François I.ᵉʳ Député par les états de Bourgogne avec le premier président *Patarin*, à l'assemblée de Cognac, il s'opposa, au nom de la province, à l'exécution du traité de Madrid, et dit avec fermeté : *Si V. M. veut céder la Bourgogne à Charles-Quint, le pays en appelle aux états-généraux, et si les états-généraux l'abandonnent, il saura se défendre.* On conserve manuscrits à la bibliothèque impériale, les mémoires de ses négociations.

Jean de LA GUESLE, premier président depuis 1566 à 1570, qu'il fut nommé procureur-général au parlement de Paris, avoit un esprit juste et brillant, une probité intacte, et fut placé au rang des plus illustres magistrats du XVI.e siècle. Charles IX et Henri III lui confièrent plusieurs missions importantes, desquelles il se tira très bien. Henri III le nomma président au parlement de Paris ; mais la Guesle, profondément affligé des troubles qui désoloient le royaume, se retira à la campagne pour se dérober aux horreurs de ces funestes querelles de parti ; il y mourut en 1589. Son portrait est gravé.

Jacques de la Guesle, son fils et son successeur, introduisit Jacques Clément dans l'appartement de Henri III, lorsqu'il l'assassina; ce forfait indigna tellement la Guesle, qu'il poignarda sur-le-champ le moine parricide; il servit Henri IV avec zèle, et mourut trop tôt pour sa patrie, le 3 janvier 1612.

Benigne Milletot, natif de Semur, conseiller en 1585, doyen de sa compagnie en 1626, mort le 7 septembre 1640, avoit rendu au gouvernement plusieurs bons services, qui lui méritèrent un brevet de conseiller d'état. Il maintint Beaune en l'obéissance du Roi, après la défection du maréchal de Biron; il conserva le Revermont à la Bourgogne, contre les entreprises de la Franche-Comté; il fit exécuter l'édit de Nantes à Gex, et y rétablit le culte catholique que les protestans y avoient proscrit.

Milletot composa entre autres ouvrages, un *traité de la puissance des juges séculiers sur les ecclésiastiques*.

Dijon, 1611, in-8.º, traité qui essuya de grandes oppositions de la part du clergé, mais qui fut défendu par *Saumaise*, et Saint *François de Sales*, intime ami de Milletot; il fut réimprimé plusieurs fois.

Pierre LENET, Dijonnais, procureur-général en 1641, honoré de plusieurs missions importantes, conseiller d'état, résidant en Suisse, intendant de Paris, y mourut le 3 juillet 1671, et fut enterré à St.-Sulpice. Ses mémoires des guerres civiles de 1649, sont imprimés en 2 vol. in-12. Paris, 1729. *Lenet* étoit le confident et l'ami du GRAND CONDÉ; il étoit lié avec la marquise de Sévigné, qui disoit de lui *qu'il avoit de l'esprit comme douze, un peu grossier, mais vif et plaisant.* Son portrait au crayon, existoit à Dijon, dans le cabinet de M. de Fontette.

Pierre DUMAY, né à Dijon en 1627, conseiller en 1647, mort le 26 janvier 1711, étoit en correspondance avec les savans de son siècle; Lamonoye réputoit sa poésie latine digne des anciens ; sa traduction de l'Énéide en patois bourguignon (*Virgile virai,* Dijon 1718 in-12.) est fidelle, remplie de sel et de grâces, du badinage le plus fin et le plus spirituel, mais il n'appartient qu'à un Bourguignon d'en sentir toutes les beautés.

Rue des Bons-Enfans.

La rue des BONS-ENFANS est celle où demeuroient les LANTIN, qui ont donné aux tribunaux de savans magistrats, à l'histoire des érudits profonds, aux belles-lettres des littérateurs distingués.

Jean-Baptiste LANTIN, né à Châlon le 13 décembre 1572, conseiller au parlement en 1608, ami du savant *Peiresc,* avec lequel il avoit une grande ressemblance, écrivoit en vers latins avec beaucoup de facilité et d'agrément ; il mourut à Dijon le 15 décembre 1652, laissant trois fils héritiers du mérite de leur père, et de son goût pour les belles-lettres.

Benigne LANTIN, après avoir remporté le prix des *jeux floraux,* mourut très jeune, en 1640; il annonçoit les plus belles espérances.

Pierre LANTIN, mort très jeune aussi, vers 1650, laissa des commentaires estimés sur les instituts coutumiers de Bourgogne. Le célèbre Florent, professeur de droit, vouloit le retenir pour lui succéder.

Jean-Baptiste LANTIN, né à Dijon le 9 novembre 1620, conseiller en 1652, mort à Dijon le 14 mars 1695, fut inhumé à l'église St.-Etienne.

Il possédoit les langues hébraïque, grecque et latine, italienne, anglaise et française; également versé dans les matières de jurisprudence et de philosophie, dans les mathématiques et la botanique, il cultivoit encore avec succès la musique, la poésie et les belles-lettres; il étoit lié avec les *Scuderi*, les *Pélisson*, les *Huet* et autres savans de son siècle; *Saumaise* le prioit de mettre un commentaire de sa main à l'anthologie grecque; *Auzout* lui demandoit de revoir son cours de mathématiques; *Dodart* l'engageoit à entreprendre l'histoire naturelle de Bourgogne ; ce fut chez lui que se forma la première réunion littéraire qu'eut la ville de Dijon, à laquelle succéda celle qui tint ses séances dans la bibliothèque de l'illustre président Bouhier.

Les *Lamonnoye*, les *Mautour* lui composèrent des épitaphes ; les *Basnage*, les *Nicaise* écrivirent son éloge. M. Defontette conservoit son portrait.

Jean-Baptiste LANTIN de *Damerey*, doyen du parlement de Bourgogne, s'est montré digne de son aïeul par ses savans commentaires sur le *roman de la Rose*, par ses discours sur le *luxe*, la *tolérance*, par les éloges de *Rabelais* et de *Pouffier*. Il mourut le 21 décembre 1756 ; l'abbé Richard prononça son éloge.

Rue Rameau.

La rue qui est dans la direction de celle de la *Liberté*, porte le nom de rue RAMEAU ; c'étoit jadis celle de la *Ste.-Chapelle*.

Jean-Philippe RAMEAU est né à

Dijon, le 25 septembre 1683, de Jean *Rameau*, organiste, et de Claudine *Demartinécourt*.

La musique fut la première langue qu'il entendit et qu'il parla ; il pouvoit à peine remuer les doigts qu'il les promenoit sur le clavier d'une épinette ; de là ce goût d'harmonie qui le dirigea constamment dans l'art vers lequel un penchant irrésistible l'entraînoit.

Rameau voulut connoître la musique d'Italie, il en fut peu satisfait ; à son retour il s'arrêta à Montpellier, Lyon, Clermont ; il fut pendant quelque temps organiste de la cathédrale où siégeoit *Massillon,* place que son frère lui avoit cédée ; il voulut bientôt revenir à Paris, mais le chapitre s'y opposa. Le musicien qui soupiroit après sa liberté, mit tout en usage pour l'obtenir, dût-il même se faire renvoyer ; il s'étudia à tirer de son orgue, par le mélange des jeux, les sons les plus désagréables, à réunir les dissonances les plus disparates, et parvint à former une telle cacophonie, que le chapitre, tout en avouant que Rameau seul étoit capable de discordances aussi savantes, fut contraint de le rendre à lui-même et de lui délivrer son *exeat*.

Il se rendit à Paris en 1720, et fut nommé presque aussitôt à l'orgue de la paroisse de Ste.-Croix-de-la-Bretonnerie; cette église devint le rendez-vous des amateurs, qui y accouroient de tous les points de la capitale pour l'entendre; ses leçons de clavecin augmentèrent sa réputation, ses œuvres de musique l'agrandirent, ses opéra la portèrent au suprême degré de la gloire. Le succès de son opéra de *Castor et Pollux* fit un tel effet sur *Mouret* (cependant musicien de beaucoup de mérite), que la jalousie parvenue à son comble, lui fit perdre la tête. Enfermé à Charenton, Mouret, dans ses accès de folie, chantoit continuellement ce beau chœur du 4.ᵉ acte, *qu'au feu du tonnerre, le feu des enfers déclare la guerre*, etc., etc.

Rameau étoit appelé le *Newton* de l'harmonie; il fut nommé compositeur de la musique du roi, et reçut des lettres de noblesse; il étoit désigné pour la décoration du cordon de St.-Michel, lorsqu'il mourut à Paris le 12 septembre 1764, et fut inhumé à St.-Eustache. Il étoit modeste, mais cependant avoit la conviction de son mérite. Un anachronisme lui étant échappé en présence de gens de lettres qui en sourioient, Rameau, qui les remarqua, courut au clavier, y toucha d'idée, un morceau d'une mélodie admirable, et voyant l'effet qu'il produisoit sur l'assemblée, il se lève spontanément : *Convenez, Messieurs, qu'il est plus beau de trouver de tels accords, que de savoir précisément en quelle année est mort Mérovée ? vous savez, mais je crée, et le génie vaut bien l'érudition.* A la répétition de son opéra d'*Hippolytte* et d'*Aricie*, sa musique qui étoit d'un caractère neuf, effraya ceux qui l'exécutoient; l'auteur en témoigna son mécontentement à celui qui conduisoit l'orchestre ; mais il s'offensa de la semonce, et jeta sur le théâtre son bâton de mesure, qui vint frapper les jambes de Rameau ; celui-ci le renvoyant du pied vers le maître de musique, lui dit d'un ton d'autorité : *Apprenez*, Monsieur, *que je suis ici l'architecte, et que vous n'êtes que le maçon.*

Rameau avoit épousé Marie-Louise Mangot, qui lui survécut, et dont il eut un fils et deux filles. Le docteur *Maret* et *Chabanon* ont publié son éloge ; M. *Amanton*, son apothéose. *Cochin*, *Saint-Aubin* et *Benoît* ont gravé son portrait.

La SAINTE-CHAPELLE doit sa fondation au vœu que fit le duc Hugues III dans une tempête, d'élever, s'il en réchappoit, un temple en l'honneur de la Vierge Marie. En exécution de cette promesse, il fit édifier cette église dans l'année 1172 ; elle étoit la paroisse des Ducs, le chef-lieu de l'ordre de la Toison-d'Or (1), et relevoit immédiatement du Saint-Siége ; son vaisseau avoit 61 mètres de longueur, 19 $\frac{1}{2}$ de largeur, 20 $\frac{1}{2}$ d'élévation ; sa démolition fut adjugée le 5 fructidor an X, moyennant 38,000 liv.

La Sainte Hostie qu'on y conservoit, étoit un présent du Pape Eugène IV, en 1434 ; elle étoit renfermée dans un coffret d'or, présent du duc d'Épernon ; le vaisseau dans lequel on l'exposoit à la vénération des fidelles, avoit été donné en 1452, par la duchesse Isabelle ; il étoit d'or fin,

---

(1) Cet ordre fut institué par Philippe-le-Bon, le jour de ses noces avec Isabelle de Portugal ; le troisième chapitre général se tint à l'occasion de la naissance du Comte de Charolais, l'an 1433, à la Sainte-Chapelle : l'on y voyoit encore, dans ces derniers temps, les écussons des chevaliers au-dessus des stalles des chanoines. Plus haut étoient suspendus les drapeaux pris à la célèbre bataille de Rocroi, desquels le vainqueur fit hommage à cette église le 24 juin 1643.

du poids de 51 marcs, enrichi de pierreries, et surmonté de la couronne d'or de Louis XII, qui fut apportée solennellement dans cette église le 29 avril 1505, par deux hérauts d'armes. Ce Monarque vint, en 1510, adorer cette hostie, à laquelle il devoit sa guérison. Henri IV assista religieusement à la procession de la Sainte Hostie le 2 juillet 1595, avec toute sa cour et les chevaliers du Saint Esprit; Louis XIV y fit ses pâques le 16 mars 1650, et y offrit le pain béni (1); Marie-Thérèse accepta le bâton de la Sainte Hostie le 22 mai 1674; le chanoine Philibert *Boulier* en a publié l'histoire. Dijon 1643, in-8.°

En face de la chapelle de la Sainte Hostie, on voyoit le mausolée en marbre de Nicolas de Montholon, président au parlement, mort en 1603, âgé de 66 ans, *priscae severi-*

---

(1) Louis XIV vint encore à Dijon les 5 novembre 1658, 8 février 1668, 30 avril 1674, et le 6 juin 1683.

tatis, et inconcussae virtutis, Vir. Il étoit neveu de François de MONTHOLON, garde des sceaux de France en 1542, magistrat distingué par ses vertus, son érudition, son désintéressement. François I.ᵉʳ lui ayant fait don d'une somme de 200,000 liv., imposée sur les habitans de la Rochelle, Montholon l'employa à fonder un hôpital dans la même ville. Il mourut à Villers-Cotteret, le 12 juin 1543 ; le fils de ce dernier aussi garde des sceaux de France, en 1588, fut surnommé *l'Aristide français.* Son portrait est gravé.

Les chanoines de cette collégiale étoient au nombre de vingt, non compris les dignitaires ; ils avoient le privilége singulier, lorsque les duchesses de Bourgogne faisoient leur première entrée dans leur église, *de Baisier (lisdiz doyen et chanoines) mesdittes dames en la joue, et après s'en alloient en leurs hostels dîner joyeusement.*

Plusieurs de ces chanoines ont mérité que leur nom passât à la postérité.

Hugues Morel, né à Auxonne vers le milieu du XIII.ᵉ siècle, l'un des secrétaires du duc Philippe-le-Hardi, auditeur des causes d'*appeaux* de son parlement, membre de son grand conseil, garde des chartres de son trésor, étoit en même temps chapelain d'Auxonne, doyen de Beaune, trésorier chanoine de la chapelle des Ducs, et doyen de ce chapitre; élu du clergé du bailliage de Dijon, en 1417, Hugues Morel étoit revêtu des dignités ecclésiastiques et civiles, également investi de la confiance de son prince, de l'église et des peuples; ambassadeur vers le Pape, il en obtint la main-levée de l'interdit lancé par l'archevêque de Besançon sur la ville d'Auxonne, par rapport aux monnoies que les ducs de Bourgogne faisoient frapper en cette ville; médiateur près le chapitre métropolitain de Besançon, il termina les différens qui existoient entre le doyen et les chanoines de cette église; élu de la province, la Duchesse lui confia le soin de répartir les sommes accordées au comté de Charolais. Dans toutes ces fonctions, Hugues Morel mérita les éloges et l'estime du prince et des sujets. Il mourut en 1421 ; sa tombe est à l'église d'Auxonne.

Charles GODRAN, dijonnais, mort en cette ville en février 1577, connu par des poésies et deux tragédies latines, imprimées en 1565 et 1572, dédiées à Charles IX et à la reine Isabelle, estimées dans leur temps.

Nicolas PEPIN, chanoine musical, dont on possède un manuscrit précieux de ce qui s'est passé à Dijon dans le temps de la ligue.

Simon FOUCHER, né à Dijon le 1.er mars 1644, quitta son canonicat pour aller demeurer à Paris, où il fut surnommé *le restaurateur de la philosophie académicienne.* Dix-huit ouvrages imprimés le placent au rang des savans les plus versés dans la connoissance des anciens philosophes. Il mourut à Paris le 27 avril 1696, et fut enterré à St.-Nicolas des-Champs.

Jacques Maltête, doyen, fils d'un maire de Dijon, mort le 3 avril 1706, âgé de 75 ans, fut un habile théologien, qui brilla dans les conférences ouvertes à Paris par l'archevêque de Rheims; c'étoit lui que le minime Sallier désigna sous le nom de *Caco-cephalus*.

Claude Nicaise, né à Dijon en 1623, après avoir fait d'excellentes études à Paris, fit deux fois le voyage d'Italie, y lia connoissance avec les savans et les personnages les plus distingués, et entretint avec eux une correspondance qui fit sa réputation ; elle forme 5 vol. in-4.°, et est déposée à la bibliothèque impériale.

Ce chanoine publia plusieurs ouvrages remplis d'érudition, entre autres son traité sur les *syrènes*, sa dissertation sur la *musique* et les *tombeaux des anciens*. Généreux, obligeant, constant dans ses goûts comme dans ses affections, l'abbé Nicaise mourut le 20 octobre 1701 ; Lamonnoye lui composa l'épitaphe suivante, qui peint au naturel et d'une manière plaisante, ce docte abbé, ses principales occupations, et la variété de ses connoissances :

>Ci-gît le docte abbé Nicaise
>Qui, la plume en main dans sa chaise,
>Mettoit lui seul en mouvement
>Toscan, Français, Belge, Allemand;
>De tous côtés, à son adresse,
>Avis, journaux, venoient sans cesse,
>Gazettes, livres frais éclos,
>Soit en paquets, soit en ballots.
>Falloit-il écrire au bureau,
>Sur un phénomène nouveau;
>Annoncer l'heureuse trouvaille
>D'un manuscrit, d'une médaille;
>S'ériger en solliciteur
>De louanges pour un auteur;
>D'Arnaud mort avertir la Trappe;
>Féliciter un nouveau Pape;
>L'habile et fécond écrivain
>N'avoit pas la goutte à la main,
>C'étoit le facteur du Parnasse.
>Or, gît-il, et cette disgrace
>Fait perdre aux *Huet*, aux *Noris*,
>Aux *Toinard*, *Cuper* et *Leibnitz*,
>A *Basnage* le journaliste,
>A *Bayle* le vocabuliste,
>Aux commentateurs *Grævius*,

Kuhnius, Perizonius,
Mainte curieuse riposte.
Mais nul n'y perd tant que la poste.

Sur l'emplacement de l'église de la Sainte-Chapelle et du cloître qui y étoit attenant, l'on élève actuellement un nouveau théâtre sur les dessins de M. Célérier. Cet édifice doit avoir 60 m. 86 de longueur, 23, 55 de largeur, 20 d'élévation, et contenir 2000 spectateurs. L'adjudication en a eu lieu, le 10 août 1810, moyennant 324,000 fr.

Le choix de ce local est précieux par sa centralité, et parce qu'il offrira une continuité de beaux édifices depuis la porte Guillaume au portail St.-Michel.

En creusant les fondations de cette salle de spectacles, au lieu où existoit une des anciennes tours du *castrum Divionense*, l'on a trouvé plusieurs fragmens d'antiquités qui ont été déposés dans le jardin de l'Académie des sciences, pour faire suite à celles que renferme le jardin de M. de Ruffey.

Au levant du nouveau théâtre est la rue LAMONNOYE, jadis du *cloître*.

Rue Lamonnoye.

Bernard de LAMONNOYE, né à Dijon le 15 juin 1641, fils de Nicolas de Lamonnoye et de Catherine Baron, qui demeuroient alors près de l'église St.-Jean, fut reçu avocat en 1662; mais la délicatesse de son tempérament ne lui permit pas de continuer l'exercice de cette profession où il eût brillé; reçu correcteur à la chambre des comptes le 11 mars 1672, il épousa Claudine Henryot, morte en 1726, de laquelle il eut plusieurs enfans; en 1706, il transféra son domicile à Paris, où il mourut le 15 octobre 1728, et fut inhumé en l'église de St.-Sulpice. Son portrait dessiné par *Devosges*, a été gravé par *Duhamel*.

Lamonnoye marqua parmi les poëtes du beau siècle de Louis XIV. Cinq prix de poésie qu'il remporta successivement à l'Académie française, lui en ouvrirent les portes le 23 décembre 1713. Les médailles que ses triomphes lui avoient méritées, furent sa seule ressource pour subsister après la chute des billets de banque. Entièrement ruiné par l'effet du systême de Law, Lamonnoye fut généreusement secouru par le duc de Villeroi, qui lui fit une pension de 600 liv. ; une société de libraires acheta ses notes sur les jugemens des savans, moyennant 600 liv. de rente viagère ; M. Glucq-de-St.-Port acheta sa bibliothèque 10,000 liv. comptant, avec la restriction généreuse que Lamonnoye la conserveroit jusqu'à sa mort.

Ces traits honorent également et l'homme riche qui vient au secours du savant tombé dans l'infortune, et l'homme de mérite qu'on vient chercher dans son réduit pour lui tendre une main secourable. Que d'hommes instruits se sont trouvés dans la position de Lamonnoye : *le Dante* et le *Camoens*, *Dryden* et *Octway*, *Machiavel* et *Domat*, *Marot* et *Vaugelas*, *Marmontel* et *Dubelloy*, *Malfilâtre*, *Gilbert* et tant d'autres ; mais combien peu de Villeroi, de Saint-Port et de Livri.

Lamonnoye étoit aussi savant critique que littérateur habile; il possédoit à fond les auteurs anciens et modernes, et passoit pour le meilleur bibliographe de son siècle; ses *Noëls* en patois bourguignon ne sont guères appréciés que dans sa province, parce que pour en bien sentir les beautés, il faut connoître toute la finesse et la naïveté de cet idiôme; mais ceux qui possèdent ce langage, réputent ces Noëls des chef-d'œuvres de poésie, et les placent pour la finesse et la grâce à côté des fables de *Lafontaine*.

Les qualités du cœur égaloient dans Lamonnoye les charmes de son esprit; il aimoit la joie et les bonnes plaisanteries, et savoit assez à propos aiguiser l'épigramme; aussi instruit dans son cabinet qu'aimable dans la société, Lamonnoye fut estimé et aimé de tous ceux qui eurent quelques relations avec lui.

Le poëte *Lainez*, aimable épicurien, entraîna un soir Lamonnoye dans un cabaret, où une conversation enjouée, échauffée par d'excellens vins, le retint jusqu'au jour. Mad.e de Lamonnoye, inquiète de son mari, fut le chercher partout, et le relança jusques dans ce cabaret ; Lainez l'apercevant de loin, dit à Lamonnoye, *voilà ta femme ;* Lamonnoye qui ne l'apercevoit point encore, parce qu'il avoit la vue basse, lui répondit : *Ah ! mon ami, voilà le premier bon office que m'ait rendu ma vue.*

A la suite de la rue de LAMONNOYE l'on trouve à gauche la rue DU SECRET, à droite celle DERRIÈRE L'HÔTEL-DE-VILLE, en face la PLACE DE LA COMMUNE.

Rue du Secret. A l'angle de la rue du SECRET étoit l'hôtel de Pierre BERBIS, maire de Dijon en 1435, membre du Grand-Conseil des Ducs dès 1431, gouverneur de la chancellerie de Bourgogne en la même année, qui reçut chez lui la Sainte Hostie envoyée par le

Pape, et la porta lui-même religieusement sur l'autel qui lui avoit été préparé.

Philippe Berbis, conseiller au parlement, vicaire-général de l'évêque de Langres, doyen de la Sainte-Chapelle par élection du chapitre en 1571, étoit surnommé le *bon doyen*. Il fut élu du clergé des états de Bourgogne, député de la province aux états tenus à Blois en 1576, et mourut le 22 janvier 1586, après avoir utilement servi l'église, son prince et son pays. On lisoit sur son épitaphe, *haeredibus pecuniae liquit parum, sed gloriae multum.*

La tour de Bar, reste de l'ancien palais des Ducs, a son aspect sur la rue du Secret; elle est un monument de la victoire remportée, en 1434, par les Bourguignons sur les Lorrains.

René *d'Anjou,* duc de Bar, né à Angers, en 1408, avoit disputé la Lorraine au comte de Vaudemont; celui-ci implora l'assistance du duc de Bourgogne, qui lui envoya le maréchal de Toulongeon avec 4000 hommes; les partis en vinrent aux mains à *Bullegneville* en Lorraine; une batterie masquée du côté des Bourguignons, foudroya les Barrois, et décida la victoire; cette manœuvre, jusques-là inusitée, fit perdre aux Lorrains 3000 hommes; leur général y fut tué, le duc de Bar blessé au visage, y fut fait prisonnier; on le conduisit d'abord à Châtillon, d'où il fut transféré à Talant, puis amené à Dijon; il y resta renfermé pendant trois années, dans la tour à laquelle il a laissé son nom.

Ce prince s'occupoit dans cette prison à peindre en miniature, genre dans lequel il excelloit pour son temps; le traité d'Arras, en lui rendant la liberté, le nomma roi de Naples; il s'y rendit en 1435, mais n'y étant pas plus heureux qu'en Lorraine, il se retira dans son comté de Provence, où il fut adoré de ses sujets. Il étoit occupé à peindre une perdrix, lorsqu'on lui apprit la perte du royaume de Naples, et il ne discontinua point son travail. Il est l'auteur de cette fameuse et grotesque procession d'Aix, où il mourut en 1480. Il aimoit les femmes à l'excès, mais ne buvoit point de vin, et cela, disoit-il, pour *faire mentir Tite-Live, qui avoit prétendu que les Gaulois n'avoient passé les Alpes que pour en boire*. Il institua, en 1438, à Angers l'ordre du *Croissant,* composa l'*Abusé en Cour,* 1484, in-fol., et les *cérémonies de la réception des chevaliers*. Les Marseillais conservent encore le souvenir de leur *bon roi RÉNÉ*, qui se promenoit au milieu d'eux, au soleil, sur le port, et conversoit familièrement avec le premier qu'il rencontroit : on rapporte que ce prince avoit beaucoup de ressemblance avec Henri IV. Son portrait est gravé par *Boudan*.

Les abbés de *Saint-Vivant-sous-Vergy* avoient, en 1220, leur hôtel dans la rue DERRIÈRE L'HÔTEL-DE-VILLE.

Rue derrière l'hôtel-de-ville.

Les moines de St.-Vivant en Poitou, fuyant, dans le IXe siècle, les ravages des Normands, quittèrent leur monastère appelé *Gravion*, et se réfugièrent à Clermont en Auvergne, où l'évêque *Agilmar* les reçut. Cet évêque, parent d'un des comtes de Bourgogne, obtint de lui un terrain dans le canton d'*Amaous*, entre le Mont-Roland et la Saône. Ces moines y établirent un monastère au lieu où est aujourd'hui *Saint-Vivant en Amour*, par corruption du mot Amaous, défrichèrent le pays jusqu'à la Saône, et par là donnèrent naissance à la ville d'Auxonne ; mais à peine jouissoient-ils du fruit de leurs travaux, que de nouvelles guerres les forcèrent à de nouvelles émigrations ; ils se réfugièrent, en 912, vers Manassès de *Vergy*, qui les reçut d'abord dans son château, et leur abandonna la montagne voisine pour y établir leur monastère ; mais ils conservèrent le patronage et la dîme des pays qu'ils possédoient sur la rive orientale de la Saône.

Ces moines qui avoient embrassé la réforme de Cluni, subsistèrent jusqu'en 1787 qu'ils furent supprimés, et leurs biens réunis aux économats.

Sur la PLACE DE LA COMMUNE, jadis place *Moussier*, du nom de l'un des maires de Dijon, est l'un des côtés de l'hôtel-de-ville qui fut précédemment celui de Nicolas ROLLIN, célèbre chancelier de Bourgogne.

Place de la Commune

On a beaucoup reproché à ce ministre les 40,000 liv. de rente qu'il avoit amassés sous le règne du duc Philippe le Bon, et l'on cite le propos de Louis XI (1) visitant le bel hôpital

---

(1) Étoit-ce à Louis XI à blâmer les libéralités de Philippe-le-Bon envers son chancelier? Louis XI dont on connoît les prodigalités vis-à-vis de Jacques *Coytier* son médecin, auquel il donna, en moins de huit mois, 98000 écus, indépendamment des domaines considérables dont il avoit déjà gratifié ce médecin, qui le maîtrisoit au point de le menacer de le laisser mourir, s'il ne déféroit à ses volontés.

de Beaune fondé par Rollin, qu'*il étoit bien juste qu'après avoir fait tant de pauvres pendant sa vie, il leur assurât un asyle après sa mort :* mais le duc de Bourgogne pensoit bien différemment sur le compte de son ministre.

Delamare raconte qu'un jour le chancelier Rollin se présenta devant le Duc, vêtu d'une soutane courte telle que la portoient alors les avocats : *D'où vient, mon compère*, lui dit le Prince, *que je vous vois avec un autre habit que celui de votre état ?* — *Monseigneur*, reprit Rollin, *je vous remets tous les biens dont vous m'avez comblé, et je vous prie de trouver bon que je retourne à ma première fortune d'avocat, en demeurant dans vos bonnes grâces;* et il lui présenta une feuille écrite à mi-marge, dans laquelle étoient portés tous les biens qu'il en avoit reçus. Le Duc la prit, et l'ayant examinée, lui dit : *je suis bien aise, mon compère, qu'il y ait de la marge pour écrire le bien que je veux encore vous faire, et je remplirai la feuille à la confusion de vos ennemis. Continuez à me bien servir.*

En effet, Rollin étoit sincèrement attaché aux intérêts de son Prince ; il en donna des preuves dans les conférences d'Auxerre en 1432, dans le congrès d'Arras en 1435 où il fut l'un des plénipotentiaires de Philippe le Bon ; ce Prince confia au chancelier Rollin l'administration de ses États pendant le voyage qu'il fit en Allemagne l'an 1454 ; et dans toutes ces fonctions, Rollin s'acquit la plus haute considération même de la part de ceux dont il avoit à combattre les prétentions. Sa mort, dit D. Merle, fut une véritable perte pour la Bourgogne ; elle le frappa le 16 janvier 1462, il fut inhumé à Autun sa patrie, au chœur de l'église collégiale dont il étoit le fondateur.

Ce ne fut qu'en 1499 que la ville acheta de Margueritte Rollin, seule héritière du chancelier de ce nom, cet hôtel qui fut rebâti sur les dessins de Gabriël au 18.ᵉ siècle ; jusqu'alors la commune s'assembloit en hiver dans le cloître des Jacobins, et en été, dans les jardins de Saint Bénigne, par suite de l'usage primitif des Comtes de tenir le *Malle* en plein air, sur une place, sur un cimetière, ou sous le porche d'une église ; usage que nous retrouvions encore dans les villages, lors de la tenue des *jours* de justices seigneuriales avant la révolution.

Au gouvernement des vicomtes, succéda l'affranchissement des communes, favorisé par la politique des Rois, afin d'avoir une milice bourgeoise toujours prête à marcher, et capable de résister aux entreprises et à la tyrannie des comtes et des vicomtes. L'abbé Boullemier a fixé à l'an 1183 l'affranchissement de la commune de Dijon ; il fut fait, moyennant 500 marcs d'argent que la ville s'obligeoit à payer par an, et stipulé dans la même forme que celui accordé à la ville de Soissons ; depuis cette époque, la commune fut régie par des maires électifs et temporaires, élus par les habitans jusqu'au XVIII.ᵉ siècle qu'ils furent créés perpétuels, et à la nomination du Roi sur la présentation des Elus de la province ; les villes ne conservoient plus qu'un simulacre d'élection.

Parmi les maires de Dijon, l'on doit distinguer :

Bénigne de Cirey, sous la mairie duquel les Suisses assiégèrent Dijon, et qui se trouva pour la douzième fois revêtu de cette magistrature lorsque François I.ᵉʳ fit son entrée solennelle en cette ville. Louis XII, pour récompense de ses services, lui avoit accordé des lettres de noblesse.

Etienne Bernard, né à Dijon le 5 mars 1553, avocat du plus grand mérite, l'ornement et l'honneur du barreau dijonnais. Député aux Etats de Blois en 1588, il y porta la parole avec tant de sagesse et d'éloquence, que le Roi ne craignit pas d'avouer publiquement que *Bernard lui avoit dit ses vérités sans l'offenser, et qu'il lui avoit parlé en homme de bien.* Sa harangue fut imprimée ainsi que sa relation de ce qui se passa aux Etats de Blois.

Elu maire de Dijon en 1592, et conseiller au parlement en 1594, Bernard tint, et même avec chaleur, le parti de la ligue, aux Etats de laquelle il avoit été député en 1593, ainsi qu'aux conférences de Surenne ; mais après la réduction de la Bourgogne, non moins fidelle à Henri IV, qu'il l'avoit été au duc de Mayenne, ce fut à Bernard que le roi donna le soin de ramener MARSEILLE en son obéissance. Muni de pouvoirs aussi honorables qu'étendus, Bernard réussit dans cette négociation, à la double satisfaction des Marseillais et du Monarque, qui lui donna pour récompense la charge de lieutenant-général du bailliage de Châlon-sur-Saône où il mourut subitement le 28 mars 1609. Son portrait est gravé par *Rousselet*.

Jean BERNARD, son fils, né à Dijon en janvier 1576, célébra cet événement dans une espèce de poëme intitulé : *Versus numerales restitutae Massiliensibus libertatis.* 1596. Il fit imprimer aussi diverses harangues adressées à Louis XIII et à la reine Anne d'Autriche, et mourut Cons. d'État.

Jacques LAVERNE, seigneur d'Athée, Maire pour la 3.ᵉ fois en 1593, ayant tenté de ramener Dijon en l'obéissance du Roi, porta sa tête sur un échafaud dressé par les ordres du duc de Mayenne le 29 octobre 1594. Ch. Fevret dit de ce magistrat : *Ingenii dotibus abundè ornatus, cœteros praestantiore facundiâ superabat.*

Marc-Antoine MILLOTET, né à Dijon le 1.ᵉʳ mai 1603, avocat général au parlement en 1635, deux fois maire en 1650 et 1652, sauva cette ville des troubles de la fronde, après avoir eu sans cesse à lutter contre les fauteurs de cette guerre civile, d'où la devise qu'il arbora sur les jetons frappés pendant sa mairie, *piratarum scopu-*

lus (1). Il mourut à Châlon-sur-Saône en 1687, et laissa sur l'histoire de la province des manuscrits précieux et estimés pour leur fidélité.

Marc-Antoine Millotet son père, aussi avocat général au parlement, étoit un bon poëte latin; il avoit surtout un merveilleux talent pour les inscriptions; ce fut lui qui fournit celles qui étoient au piédestal de la statue de Henri IV, sur le Pont-Neuf, et ce beau distique qu'on lisoit sur la principale porte de l'arsenal de Paris :

Etna hæc $^{arma\ Jovi}_{Henrico}$ vulcania tela ministrat
Tela giganteos debellatura furores.

Place Saint-Vincent.
Revenons par la rue de *Lamonnoye*, nous arriverons sur la PLACE où exista jadis l'église SAINT-VINCENT, dont la date remonte aux premiers temps du christianisme en Bourgogne.

---

(1) M. Amanton s'est occupé de l'histoire métallique des Maires de Dijon, qu'il doit publier incessamment. Ses recherches ne peuvent rester sans intérêt pour l'histoire de la ville de Dijon.

C'étoit la chapelle baptismale, *intra muros*, des premiers chrétiens, et la chapelle épiscopale des évêques de Langres, qui dans ces temps faisoient leur résidence presque habituelle à Dijon. L'abbé Fyot pense qu'elle ne prit le nom de Saint-Vincent qu'en 863, lorsque les reliques de ce martyr furent apportées en France. En 888, cette église fut cédée aux religieux de Saint-Bénigne pour s'y retirer, et mettre les reliques de leur patron à l'abri des incursions des Normands; mais le danger passé, ces moines l'abandonnèrent, et l'église Saint-Vincent fut cédée à l'abbaye de Saint-Etienne qui s'offrit de la réparer. Cette église, ainsi que l'hôtel des évêques de Langres qui la joignoit, ayant été brûlée dans l'incendie de 1137, l'on ne reconstruisit qu'une simple chapelle qui fut desservie par les religieux et les prêtres de Saint-Etienne jusqu'en 1757; alors elle fut démolie, et la rue où elle étoit située a conservé le nom de SAINT-VINCENT.

Dans la même rue étoit aussi l'église S.ᵗ-Médard, l'une des anciennes paroisses de Dijon. L'on raconte qu'Ismar, comte de Dijon, voyageant avec son escorte, fit rencontre d'une bande de fugitifs qui sauvoient de la fureur des Normands et du pillage de Soissons, le corps de Saint Médard que Clotaire I.ᵉʳ y avoit fait inhumer ; il retira de leurs mains cette chasse précieuse et l'apporta à l'église S.ᵗ-Etienne environ l'an 901.

La dévotion des peuples fut si grande pour les reliques de ce pieux évêque (1), le concours des fidelles devint si considérable, que l'on fit élever,

---

(1) Saint Médard, mort à Noyon le 8 juin 545, fonda, dix ans avant sa mort, à *Salency*, lieu de sa naissance, la cérémonie de cette rose déférée à la plus vertueuse, recherchée avec empressement, qui fit aimer la vertu, et conserva si long-temps cette pureté de mœurs, le bonheur et la gloire des habitans de *Salency*; institution morale qu'on s'est, avec raison, empressé d'adopter dans plusieurs communes rurales.

près de Saint-Etienne, une église en l'honneur de Saint-Médard l'an 921, et l'on y transféra les fonctions curiales. Cette paroisse fut desservie par les prêtres de Saint-Etienne jusqu'en 1571 qu'elle tomboit de vétusté ; alors le service paroissial fut reporté à S.ᵗ-Etienne. Les guerres civiles de la ligue et de la fronde ne permirent pas de songer à rebâtir la paroisse S.ᵗ-Médard, et en 1678, elle fut démolie pour découvrir le portail de S.ᵗ-Michel qu'elle masquoit entièrement ; alors on affecta la nef collatérale nord de S.ᵗ-Etienne au service de la paroisse, et l'un des chanoines de S.ᵗ-Etienne, sous le nom de trésorier, fut chargé des fonctions pastorales.

Le portail S.ᵗ-MICHEL termine la place S.ᵗ-Vincent. M. *Antoine* a donné la gravure de la belle perspective que forme ce portail depuis l'entrée de la rue *Rameau*.

L'église S.ᵗ-Michel date de 898 ; elle portoit le titre de Basilique, et étoit desservie par plusieurs religieux de S.ᵗ-

Etienne qui avoient leur couvent particulier dans la rue *Jeannin,* dite pour cela, *Chanoine,* dans l'antique édifice appelé le *vieux Couvent.* Cette église menaçant d'une ruine prochaine dans le commencement du XI.e siécle, Garnier de Mailly, abbé de S.t-Etienne, la fit rétablir; mais bientôt devenue insuffisante eu égard au grand nombre de paroissiens, ceux-ci se cotisèrent pour faire élever le vaisseau actuel dans les dernières années du XV.e siècle ; il a 61 mètres de longueur, 19$\frac{1}{2}$ de largeur, 20 de hauteur.

La tour *Portelle*, reste des anciens murs de Dijon, en obstruoit l'entrée ; elle fut démolie en 1571 d'après les ordres du gouverneur de la province. La partie méridionale du portail avoit été bâtie en même temps que l'église, mais l'arcade du milieu, et celle au nord, ne furent élevées que dans le XVII.e siècle, l'une aux frais des paroissiens, l'autre par les libéralités du président Fyot. Ce portail est composé de trois larges arcades gothiques sur lesquelles on a disposé les cinq ordres d'architecture, couronnés de chaque côté par deux petits dômes, et l'arcade du milieu, par une campanille. Dans le milieu de cette arcade étoit une colonne qui portoit la statue de Saint Michel, et le bas-relief du jugement dernier, enlevé en 1794, replacé en 1804, exécuté, ainsi que le portail qu'il décore, d'après les plans et les dessins de Sambin.

Hugues SAMBIN, né à Dijon en 1551, dit le *petit-Hugues* ou *Huguet*, à cause de la petitesse de sa taille, fut l'élève et l'ami du fameux *Michel-Ange*. Le plafond du grand bureau de la chambre des comptes, les stalles de Saint-Benigne étoient exécutés par Sambin et *Gaudrillet* son gendre; il fit imprimer à Lyon, 1572, in-fol., un œuvre, qu'il dédia à Léonor Chabot, intitulé, *de la diversité des termes usités en architecture.*

L'abbé RICHARD, mépartiste de l'église S.ᵗ-Michel, publia successivement, chaque année depuis 1753 à

1760, les *tablettes historiques de Bourgogne* où sont insérés de fort bons mémoires sur l'histoire et la vie des Ducs de cette province ; il fut reçu en 1750 à l'académie des sciences, arts et belles lettres de Dijon, dont les registres mentionnent plus de vingt discours qu'il y prononça sur divers sujets.

Dans l'église Saint-Michel étoit la sépulture de plusieurs familles distinguées, les *Le Compasseur* (1), les *Ga-*

---

(1) Gaspard LE COMPASSEUR-Créqui-Montfort, marquis de Courtivron, mestre de camp de cavalerie, pensionnaire de l'Académie des sciences, né en 1715, embrassa de bonne heure la profession des armes, dans laquelle il se distingua lors de la campagne de Bohême, en qualité de maréchal général de l'armée du Comte de Saxe, qu'il tira en Bavière d'un péril éminent où l'impétuosité de son courage l'avoit engagé ; gravement blessé à cette action, il fut obligé de renoncer à l'état militaire, et depuis se livra tout entier aux sciences. Différens mémoires sur des objets de mécanique, d'astronomie et d'optique, furent le fruit de ses loisirs : on lui doit encore plusieurs mémoires sur l'épizootie de Bourgogne ; et dans

gne, les *Vintimille* (1), Benigne *Milletot*, et Réné *Fleutelot*, maire de Dijon, qui contribua puissamment à la réduction de cette ville en l'obéissance d'Henri IV, et mourut dans la même année 1595.

Le conseiller Breunot rapporte que ce maire ayant été sur pied toute la nuit pour dispositions de service, le jour même de la bataille de Fontaine-Française, Henri IV, dès les cinq heu-

---

la grande description des arts et métiers, *l'art des forges et fourneaux à fer*, en société avec M. Bouchu; un traité d'optique, 1752, in-4.° Il mourut le 4 octobre 1785. Ce fut au marquis de Courtivron, pour lors commandant en Bohême, que fut adressé ce fameux billet du Comte de Saxe :

A hommes de cœur, courtes paroles; qu'on se batte, j'arrive. MAURICE DE SAXE.
M. de Courtivron répondit à l'idée que ce billet donnoit de lui.

(1) Jacques de Vintimille, descendant des Comtes souverains de *Vintimiglia*, alliés aux *Paléologue*, aux *Lascaris*, et autres grandes familles de l'empire d'Orient. Son père ayant été tué en 1522, à la prise de Rhodes par

res du matin, accompagné d'un seul valet de chambre, fut, à pied, de son logis, en celui du maire, et colloqua avec une chambrière pour avoir les clefs des portes de la ville. — *M. dort,* dit cette fille, *il a été sur pied toute la nuit, et je n'oserois, ni ne voudrois le réveiller.* Henri IV insiste pour qu'on aille au moins lui dire qu'il faut absolument les clefs des portes; nouveau refus, *quand ce seroit pour le Roi, je ne l'éveillerois pas.* Henri fut

---

Soliman, contraint d'abandonner en bas âge le lieu de sa naissance, le jeune Vintimille fut amené et élevé en France par les soins de Georges Vauzelles, chevalier de l'ordre de Malthe, qui le fit instruire dans les sciences des lois et des mathématiques, dans les belles-lettres et les beaux arts. Il fréquenta les universités d'Espagne et d'Italie, revint à Paris, y publia les Pandectes florentines, traduisit la cyropédie de *Xenophon,* l'histoire d'*Hérodian,* le Prince de *Machiavel,* ouvrages qui le firent accueillir à la Cour de France, et lui valurent une place de Conseiller dans le Parlement de Bourgogne, où il fut reçu en 1550, et mourut en 1582. Son portrait est gravé.

obligé de se nommer, *or, vas donc lui dire que c'est le Roi qui est ici, et qui te parle.* — Fleutelot, que ce colloque avoit éveillé, s'habille à la hâte, accourt avec les clefs, demande excuse de la conduite de sa domestique; le Roi sortit de la ville à la tête de ses troupes, suivant la route de Mirebeau, sur laquelle il devoit revenir couronné des lauriers de la victoire.

Sur la place, au nord de cette église, étoit, l'année dernière, le quartier-général de la 18.e division militaire, qui s'étend sur les départemens de l'Aube, de l'Yonne, de la Haute-Marne, de la Côte-d'Or et de Saône et Loire; l'état-major se compose d'un général de division, d'un général de brigade et leurs aides-de-camp, d'un commandant d'armes de la place, des inspecteurs et sous-inspecteurs aux revues, commissaires ordonnateur et des guerres, des chefs de services militaires, etc., etc., etc.

Place Saint-Michel.

Sur cette même place, demeuroit le père de l'auteur de *Médée*. Hilaire-Bernard de *Requeleyne* de Longepierre y naquit le 18 octobre 1659. A 14 ans il s'enfermoit pour se livrer à l'étude des auteurs grecs et latins ; à 18 ans il retiroit déjà les fruits de son assiduité au travail ; aussi Baillet l'a-t-il placé sur la liste de ses enfans célèbres. Précepteur du comte de Toulouse et du Régent, secrétaire des commandemens des ducs de Berri et d'Orléans, son séjour à la Cour ne lui fit point abandonner ses goûts pour l'étude ; il traduisit les vers aimables d'*Anacréon* et de *Sapho*, les idylles de *Théocrite* et de *Bion*, et quoi qu'en ait voulu dire J.-B. Rousseau dans sa cantate du *traducteur Dandinière*, ses tragédies, que Lamonnoye comparoit à celles d'*Euripide*, sont les œuvres qui lui ont assigné un rang parmi les tragiques français. Sa Médée est jugée supérieure à celle de *Corneille*, aussi est-elle restée au théâtre ; *Longepierre* a fait revivre dans cette pièce les mâles beautés des anciens ; la scène des enfans, au IV.ᵉ acte, est du plus grand effet. Ce poëte mourut à Paris le 30 mars 1721; son portrait est gravé.

Sur la place Saint-Michel demeuroit encore, Claude *Morin*, né à Charolles, avocat au parlement de Dijon, célèbre canoniste, et le meilleur écrivain du barreau de cette ville où il mourut en 179 . Ses consultations sont citées avec éloge dans les œuvres des plus savans canonistes; trois de ses mémoires, en faveur d'un neveu de Rameau, sont insérés au recueil des causes amusantes, comme des modèles d'agrément et de la plus fine plaisanterie.

A droite de l'église Saint-Michel étoit l'ancienne abbaye de S.ᵗ Etienne.

Place Saint-Étienne.

Les premiers chrétiens, qui avoient sur cette place une chapelle souterraine dans laquelle ils célébroient en secret les mystères de leur culte, élevèrent en 343, sur son emplacement, une Basilique sous le vocable de *St.-Etienne*, desservie par les clercs que les évêques de Langres y envoyoient, lesquels vivant en commun, donnèrent naissance, dans le XII.ᵉ siècle, à l'abbaye de Saint-Etienne, placée sous la règle de S.ᵗ Augustin, laquelle après avoir eu vingt-six abbés réguliers, fut mise en commende en 1510, sécularisée en 1613, érigée en Cathédrale en 1731 (1), supprimée en 1792, convertie en une halle au blé sur la fin du XVIII.ᵉ siècle. (2).

---

(1) L'Évêché de Dijon ne fut érigé qu'en 1731 ; jusques-là Dijon avoit fait partie du diocèse de Langres, dont l'Évêque étoit duc et pair de France, parce que la Bourgogne étoit la première pairie du royaume. La mense épiscopale fut formée des abbayes de Saint-Benigne, de Bèze et de Saint-Étienne : Jean Bouhier fut le premier prélat qui occupa ce siège ; Claude Bouhier l'occupa en 1744 ; Marc-Antoine d'Apchon, en 1757 ; Jacq.-Jos.-Fr. de Vogüé, en 1776 ; René Desmonstiers, en 1787 ; J. B. Volfius, en 1791 ; H. Reymond, en 1800.

(2) Ce fut dans cette église que, le 6 mars 1773, fut faite, par M. GUYTON de *Morveau*, la première épreuve de son procédé de désinfection de l'air ; découverte qui fait le plus grand honneur au savant qui l'a inventée, comme au siècle qui l'a vu naître. M. Guyton-Morveau est un de ceux qui a fait faire les

Le portail d'architecture ionique et corinthienne, gravé en tête du premier breviaire de ce diocèse, fut élevé en 1721 sur les dessins de *Noinville*, on admiroit dans le fronton le bas-relief du martyre de Saint Etienne, ouvrage de la jeunesse de *Bouchardon*, qui vient d'être replacé au-dessus de la principale porte de la Cathédrale actuelle.

Plusieurs personnages distingués, ont eu leur sépulture dans cette église : les évêques de Langres *Josserand* et *Charles* de Poitiers, les deux premiers évêques de Dijon Jean et Claude *Bouhier*, les présidens *Odebert* et *Bouhier*, les *Lantin*, les *Taisand* y furent inhumés. On y voyoit aussi les mausolées du président *Bégat* et de l'archevêque *Frémyot*; François *Fyot*, J.-B. *Menétrier*, et *Santeuil* y reçurent la sépulture.

Jean BÉGAT, né à Dijon en 1523,

---

plus grands pas aux sciences physiques et naturelles.

président au parlement de Dijon, mourut en cette ville le 19 juin 1572. Ce magistrat, qui avoit également la confiance de la province et de sa compagnie, fut chargé de plusieurs missions en Cour pour y solliciter la révocation de l'Edit de Nantes, ce qui lui donna occasion de publier plusieurs mémoires en faveur de son opinion qui alors ne prévalut pas (1). Ce qui fit

---

(1) Ce fut la révocation de cet édit, sous le règne de Louis XIV, en 1685, qui fit quitter la Bourgogne à Georges-Louis LESAGE, né à Couches le 9 janvier 1676, descendant par les femmes de Théodore Agrippa d'Aubigné, aïeul de Mad.ᵉ de Maintenon. Savant professeur de mathématiques et de philosophie à Genève, M. Lesage s'y fixa, et y publia sur ces sciences, plusieurs ouvrages très estimés, dont les principaux sont : *Le mécanisme de l'esprit*, 1699, in-12 ; *La Religion du philosophe*, 1702, in-12 ; *Aphorismes de philosophie*, 1718, in-12 ; *Abrégé de physique*, 1730 ; et autres, mentionnés dans la Bibliothèque de Bourgogne. Il mourut à Genève en 1759. Son fils G. L. Lesage n'a pas eu moins de réputation et de talens ; sa vie a été publiée par Pierre Prévost d'Irai. Genève 1805, in-8.°, 600 pages.

beaucoup d'honneur au président Bégat, ce fut les cahiers qu'il dressa pour la réformation de la Coutume du duché de Bourgogne, et ses dissertations sur plusieurs points de jurisprudence, desquelles M. Bouhier faisoit le plus grand cas, et qu'il a fait imprimer à la suite de son édition de la Coutume, qui parut en 1717.

André FRÉMYOT, fils du président Bénigne *Frémyot* et de Margueritte de *Berbisey*, est né à Dijon le 26 août 1573 ; il fut abbé de Saint-Etienne en 1595, conseiller au parlement, en 1599, élu du clergé en 1602, archevêque de Bourges en 1603, conseiller d'Etat, ambassadeur de Henri IV et Louis XIII à la Cour de Rome et près des treize Cantons suisses. Dans les diverses fonctions qu'il eut à remplir, ce Prélat développa de grands talens et sut se concilier l'estime générale.

Il mourut à Paris le 13 mai 1641 ; son cœur fut apporté à l'abbaye de Saint-Etienne dont il fut le dernier abbé commendataire. Son portrait fut gravé par *Montcornet*. Le curé Nardot publia son éloge. Dijon, 1641, in-4.°

François Fyot de *Vaugimois*, né à Dijon en 1560, conseiller au parlement en 1593, conseiller d'Etat en 1625, mourut doyen du parlement de Dijon en 1636, après avoir bien servi son prince et sa patrie, par sa fidélité et son courage au milieu des guerres civiles, par son intégrité et ses lumières dans l'administration de la justice, par son humanité et sa bienfaisance envers les infortunés. (1)

Jean-Baptiste Menétrier, contrôleur provincial de l'artillerie, né à Dijon en 1564, y mourut en 1634. On lisoit sur un des anciens vitraux de l'église, cette épitaphe :

---

(1) François Fyot de Montpont, né à Dijon le 1.er décembre 1669, conseiller au Parlement de Paris en 1690, y mourut le 4 juillet 1716. Il avoit publié, *Qualités nécessaires au Juge*, in-12, 1700 ; *Tableau du sénat romain*, 1715, in-12 ; *Éloge et devoirs de l'avocat*, in-12, 1713, etc. etc.

Ci-gît Jean le Menetrier ;
L'an de sa vie soixante et dix ;
Il mit le pied à l'étrier
Pour s'en aller en paradis.

Menétrier étoit l'un des savans antiquaires de son temps ; il fit imprimer en 1625, 1627, 1642, plusieurs dissertations sur des médailles romaines.

Un autre antiquaire du même nom et de la même ville, Cl. *Menétrier*, mort à Dijon en 1657, a publié en latin l'explication des symboles de la statue de Diane à Ephèse, in-4.°

Jean-Baptiste SANTEUIL, chanoine régulier de S.ᵗ-Victor de Paris, très protégé par la Maison de Condé, ayant été amené, par le Duc de Bourbon, aux Etats tenus à Dijon en 1697, y trouva la mort et fut d'abord inhumé à Saint-Etienne.

Le Prince avoit pris plaisir à mettre aux prises le Victorin avec les beaux esprits dijonnais ; aussi sa présence donna-t-elle lieu à plusieurs pièces de vers, chansons, satyres, épigrammes, parmi lesquelles nous n'en rapporterons qu'une.

L'on sait que Santeuil étoit un homme de plaisir (1), un mélange d'esprit et de folie; l'avocat-général Moreau lui ayant adressé une pièce de vers qui commençoit par ces mots :

Santeuil est un fou, ce dit-on,
On le dit à Paris (2), on le dit à Dijon (3),
etc. etc.

---

(1) On lit dans les mélanges de Michault, cette anecdote sur Santeuil et Bossuet.

L'Évêque, après avoir donné quelques avis à Santeuil, finit par lui dire : *Votre vie est peu édifiante, et si j'étois votre supérieur, je vous enverrois dans une petite cure dire votre bréviaire.* Et moi, repart vivement Santeuil, *si j'étois Roi de France, je vous ferois sortir de votre Germigny, et vous enverrois dans l'île de Pathmos, faire un nouvel Apocalypse.*

(2) Le père Rapin lui montrant une pièce de vers latins où le mot *quoniam* se trouvoit souvent répété, Santeuil lui récita le pseaume *Confitemini Domino* QUONIAM *bonus,* QUONIAM, etc. Rapin lui laisse réciter en entier le pseaume, et lui tournant le dos, lui riposte par ce demi-vers de Virgile : *Insanire libet quoniam tibi.*

(3) Dans son voyage de Bourgogne, Santeuil

Le Victorin ne s'en fâcha point, et dédaigna d'y répondre; mais quelqu'un riposta à Moreau par l'épigramme suivante, qui mit le poëte de S^t.-Victor dans une fureur épouvantable.

> Santeuil est un fou, ce dit-on;
> Il ne l'est pas sur ma parole :
> La Bourgogne à genoux, le traitant d'Apollon,
> Pour chaque demi-vers, lui compte une pistole;
> Non, Santeuil n'est pas fou, non,
> Mais la Province est une folle.

On alla plus loin; pour exciter encore plus la verve de Santeuil, on résolut de l'enivrer, et afin d'y réussir plus surement, on glissa furtivement dans son verre une dose de tabac d'Espagne; à peine Santeuil eut-il bu, qu'il fut saisi d'une colique violente à laquelle il succomba le 5 août 1697

étant allé à Cîteaux, demanda à l'un des moines qui lui montroit la maison, de lui faire voir l'appartement de la Molesse dont il est parlé dans le Lutrin. *Vous y êtes,* lui répondit le Bernardin, *mais actuellement la Molesse n'y est plus, c'est la Folie qui a pris sa place.*

à 2 heures du matin, malgré qu'Aimé Piron son ami ne l'eût pas quitté, et lui eût prodigué tous les secours de son art. (1)

Pendant la nuit où ce poëte mourut, *Lamonnoye* s'étoit amusé à lui faire son épitaphe dont il comptoit se divertir avec lui le lendemain : quelle fut sa surprise d'apprendre en s'éveillant l'accident qui avoit mis le Victorin au tombeau !

Enterré d'abord à St-Etienne, Santeuil en fut exhumé pour être transporté à Saint-Victor qui réclama les restes de ce moderne poëte latin, et, pour éviter les frais de translation, son corps fut emballé dans une caisse sur laquelle on écrivit, *marchandises mêlées* : ainsi, par l'effet du hasard, l'épigramme poursuivit Santeuil

---

(1) A ses derniers momens, un page se présente jusques dans sa chambre pour savoir de ses nouvelles de la part de Son Altesse; Santeuil lève les yeux au ciel, et dit : *Tu solus altissimus.* Ce furent les dernières paroles qu'il prononça.

jusques sur son cercueil; ce poëte étoit en effet un mélange du sacré avec le profane, de sagesse et de folie, de gaieté et de raison. Son portrait est gravé par *Edelinck* et *Desrochers*.

Parmi les Ecclésiastiques qui ont été attachés à l'église Saint-Etienne, l'on doit remarquer en premier ordre son historiographe Claude FYOT, né à Dijon le 9 octobre 1630, mort le 17 avril 1721, député du Clergé en 1665, conseiller d'Etat en 1669, deux fois élu des Etats de Bourgogne, ecclésiastique aussi pieux que savant éclairé. Sa dissertation sur l'ancienneté de Dijon, est encore ce que l'on peut lire de plus satisfaisant sur l'origine de cette ville. Son portrait gravé par *Humbelot*, est à la tête de son histoire de l'abbaye de Saint-Etienne, imprimée à Dijon, 1696, in-fol.

Benigne JOLY, né à Dijon le 22 août 1644, mort en la même ville le 9 septembre 1694, en odeur de sainteté, fondateur des Missionnaires de Saint-Lazare, des Sœurs de l'hôpital, et du on-Pasteu r, surnommé le père des pauvres. Emilien *Soyrot*, chanoine de la Ste-Chapelle, Denis-Antoine *Beaugendre*, dom Hubert *Maillard*, bénédictin, ont publié l'abrégé de sa vie en 1695 et 1707. *Bazin* et *Desrochers* ont gravé son portrait.

Jean VALLOT, trésorier de St-Médard, né à Dijon, y mourut le 3 septembre 1668. Il est auteur d'un traité sur *l'admiration*, et de plusieurs oraisons funèbres qui furent applaudies dans leur temps.

Pierre-François LÉAUTÉ, né à Dijon le 1.er janvier 1674, curé de St-Médard, étoit très versé dans la connoissance des langues orientales ; il avoit traduit la bible d'après le texte hébreu ; sa modestie l'empêcha de publier ce travail qui étoit accompagné de notes très savantes.

Plusieurs musiciens distingués ont fait honneur à cette Cathédrale.

Pierre-Richard MENAULT, natif de Beaune, en étoit maître de musique ;

il a fait graver six messes de sa composition. Il mourut en 1694.

Jean-Bapt. *Drouard* du Bousset, né à Asnières en 1662, devint maître de musique de la Chapelle du Louvre, gendre de *Ballart*, et compositeur de l'Académie française ; il publia 7 vol. in-4.º d'airs qui firent pendant 34 ans les délices de la Cour de France, et mourut à Paris le 3 octobre 1725.

Claude Balbatre, né à Dijon en 1723, fut dès ses premières années confié à son oncle qui étoit organiste de la Cathédrale, et il lui succéda. Une mesquinerie de la part du Chapitre lui fit abandonner cette église, et il alla à Paris où ses talens l'eurent bientôt placé à Saint-Roch où étoit le meilleur orgue de la capitale, puis à Notre-Dame. Balbâtre avoit dans son jeu beaucoup d'harmonie, d'expression et de chaleur ; c'est à lui que l'on doit la substitution du piano au clavecin ; il mourut à Paris au mois de mai 1799.

Dans une épître adressée à Balbâtre, sur la fin de 1775, par M. Picardet aîné, l'on remarque ces vers qui ont le mérite de peindre les talens de ce musicien.

> Quelle touche aimable et facile !
> Traits rapides, chants soutenus,
> Tantôt légers, vifs et rompus,
> Sous ta main doucement mobile ;
> Tantôt mollement étendus,
> Foibles, plus sourds, au loin perdus,
> Dans l'espace vague et tranquille.
> C'est à la fois le flageolet,
> Le luth galant, la clarinette,
> J'entends Tircis, j'entends Lisette
> Allant danser dans ce bosquet,
> Unir le son de la musette
> Aux gais refrains du galoubet.

Nicolas GAUTHEROT, né à Is-sur-Tille en 1753, prit à la Cathédrale de Dijon où il avoit été enfant de chœur, les premières leçons de musique ; il devint l'un des plus savans démonstrateurs pour le clavecin et pour la harpe. Musicien profond, Gautherot n'exécutoit point, mais il savoit, par des principes surs, enseigner les combinaisons infinies qu'offre la musique, et publia sa *théorie des sons*. Il s'occupa aussi des sciences physiques et des mystères de l'électricité et du galvanisme, découvertes dont il cherchoit à pénétrer les causes, et sur lesquelles il lut plusieurs mémoires à la classe physique de l'Institut. Il mourut à Paris au mois de novembre 1803.

Les bâtimens de l'ancienne abbaye de Saint-Etienne, devinrent ceux de l'Evêché; ils sont occupés aujourd'hui par la *Sous-préfecture* de Dijon, établie en 1811, et qui comprend 125,564 habitans, 280 communes, 12 cantons, 2951 kilomètres quarrés, administrée par un Auditeur au Conseil d'Etat, comme chef-lieu de département.

A droite, commence la rue du PRÉTOIRE, en face de laquelle est le portail de l'ancienne CHAMBRE DES COMPTES de Bourgogne et Bresse, gravé dans le voyage pittoresque de France et sur un jeton de cette Cour frappé en 1648; son architecture est d'ordre corinthien, il fut élevé en 1645 d'après les dessins de Dubois.

Rue et place du Prétoire.

L'existence de cette Cour remonte aux Ducs de Bourgogne de la première race, c'est-à-dire au XI.e siècle ; leurs chanceliers la présidoient à leur défaut, elle étoit formée à l'instar de celle de Paris ; aussi lors de la réunion de la Bourgogne à la France, cette chambre devint-elle la seconde du royaume ; ses archives étoient au nombre des plus riches et des plus intéressantes de la France par rapport au rang que tinrent en Europe les derniers Ducs de Bourgogne, leurs alliances, leurs traités de paix et de commerce avec les puissances du continent.

Le palais de la chambre des comptes date de la fin du XIV.e siècle ; l'intérieur existe encore tel qu'il étoit sous les Ducs.

Cette compagnie a compté parmi ses membres des magistrats distingués.

Prosper BAUYN, né à Dijon en 1510, mort en cette ville le 26 décembre 1587, a laissé des recueils manuscrits pleins de recherches intéressantes sur l'histoire de la province, et des mémoires sur la vie de nos quatre derniers Ducs ; il avoit écrit la relation du voyage du Duc Jean en Hongrie et de la bataille de Nicopolis, les négociations du traité d'Arras, etc., etc. ; tous ces ouvrages sont appuyés de preuves justificatives inédites, infiniment précieuses.

Hector JOLY, né à Dijon en 1585, et qui y décéda le 22 septembre 1660, est l'historiographe de cette chambre des comptes, de sa juridiction, de ses prérogatives, des fonctions et des devoirs de ses principaux officiers. Dijon, Palliot, 1653, in-fol.

Etienne PERARD, doyen de cette compagnie, né à Dijon le 5 mai 1590, mort le 5 mai 1663, honoré d'un brevet de Conseiller d'Etat, joignoit à beaucoup d'instruction et de mérite une grande patience à déchiffrer les chartres ; il avoit recueilli et copié de sa main toutes celles qui se trouvent en rapport avec l'histoire de Bourgogne, cartulaire qui fut imprimé par son fils, Dijon, 1664, in-fol. et sert de preuves aux histoires de la province.

Etienne MOREAU, avocat-général, né à Dijon, le 1.er septembre 1639, de Jacques Moreau, auditeur des comptes, et de Catherine Roserot, mourut à Dijon le 27 avril 1699. Homme de beaucoup d'esprit, orateur distingué, poëte agréable, il réussissoit également dans les genres héroïque et lyrique, dans la musique et les devises; mais, trop enclin à la raillerie, ses épigrammes lui firent beaucoup d'ennemis. *Lamonnoye* l'appeloit *le grand maître des bons mots*, le réputoit excellent *connoisseur en vers et en prose*. Ses poésies furent imprimées à Lyon en 1667, sous le titre de *Nouvelles fleurs du Parnasse*.

Son frère, Philibert-Bernard Moreau de MAUTOUR, né le 21 décembre 1654, auditeur à la chambre des comptes de Paris en 1682, membre de l'académie des inscriptions et belles-lettres en 1701, mort à Paris le 7 septembre 1737, s'est distingué parmi les membres de cette compagnie savante, comme un antiquaire laborieux, un critique plein de sagacité, un historien érudit, et par un grand nombre de dissertations savantes insérées dans les mémoires de cette académie.

N. Bouillet *d'Aizerey*, procureur gén. de cette Cour, chancelier de l'Académie de Dijon, est auteur de discours sur l'*ancienne chevalerie*, les *abus de l'esprit*, les *dangers de l'amour propre*, la *politesse*, l'*esclavage*; on a de lui des dissertations sur les causes de *la réunion de la Bourgogne à la France*, sur *l'héroïsme des femmes*, sur *la grotte de la Balme*; quelques-unes ont été imprimées; il mourut à Dijon le 16 novembre 1775.

Jean Nadault, né à Montbard en 1701, mort en 1779, avocat général, membre de l'Académie de Dijon, correspondant de celle des sciences de Paris, eut la plus grande part à la *Collection académique* où plusieurs de ses mémoires sur la physique et l'histoire naturelle se trouvent insérés.

Je terminerai la nécrologie de cette

Cour par le fils d'un maître des comptes de Dôle, Cl. Barthel. Morisot, né à Dijon le 12 avril 1592, mort le 22 octobre 1661. 17 ouvrages imprimés, sur différens sujets, attestent la variété de ses connoissances, mais on doit distinguer surtout sa géographie maritime. Dijon, 1643, in-fol., ouvrage estimé dans son temps, dont Louis *Spirinx*, artiste dijonnais, a gravé les planches. Sous le titre de *Peruviana*, Dijon, 1645, in-4.°, Morisot avoit écrit l'histoire des démêlés du cardinal de *Richelieu* avec Marie de *Médicis* et Gaston d'*Orléans*; ce livre est rempli de traits curieux, ainsi que sa satyre contre les Jésuites, *Veritatis lacrymae*. Genève, 1625, in-12. Jean *Morelet*, son compatriote, auteur du *bellum sequanicum secundum*, lequel mourut le 7 mai 1679, âgé de 90 ans, a publié l'éloge de *Morisot*; M. de Fontette conservoit son portrait.

Rue Saint-Étienne. Descendons la rue Saint-Etienne, nous passerons devant les maisons de plusieurs Dijonnais ou Bourguignons célèbres.

Cl. VARENNE, surnommé *le grand*, avocat du premier mérite, né à Semur le 4 octobre 1659, mourut à Dijon le 12 juillet 1734. Cet avocat étoit placé, par le président Bouhier, au rang des premiers jurisconsultes de France : ses *Factums* sont encore aujourd'hui recherchés comme des modèles pour le classement des faits, l'ordre des moyens, la solidité des preuves, la force du raisonnement, la chaleur de la discussion, les grâces et les ornemens du style. (1)

Son fils Jacques VARENNE, secrétaire en chef des Etats de Bourgogne, ayant pris une part trop active aux démêlés qui existoient de son temps entre le Parlement et les Elus de la province, en éprouva les plus grands désagré-

---

(1) Les gastronomes connoissent encore un Pierre VARENNE mort à Dijon en 1678, auteur du *Cuisinier français*, qui a été plus souvent réimprimé que le plus savant ouvrage ; c'est celui-là que les gourmands appellent aussi par dérision, *le grand Varenne*.

mens ; condamné par la Cour des aides de Paris, au sujet des mémoires qu'il avoit écrits en 1762 dans cette affaire, il fut obligé de recourir à des lettres de grâce, et les obtint par le crédit du Prince de Condé ; mais elles furent entérinées le 29 août 1763 dans les termes les plus sévères ; le premier président, *Malsherbes*, adressa à M. de Varenne ces paroles foudroyantes : *le Roi vous accorde des lettres de grâce, la Cour les entérine : retirez-vous; la peine vous est remise, mais le crime vous reste.* Louis XV, pour témoigner son mécontentement d'un pareil arrêt, décora Varenne du cordon de Saint-Michel. Il est auteur d'une traduction des ruines de Pæstum. Paris, Jombert, 1769. in-4.°

Pierre Hoin, né à Saint-Nicolas-les-Cîteaux, habile chirurgien à Dijon, est auteur d'un traité de la peste, Dijon, 1721, in-4.°, et de plusieurs autres ouvrages de son art.

Son fils et son petit-fils suivirent avec succès la même carrière ; la science de la chirurgie semble héréditaire dans cette famille.

Jean-Jacques-Louis Hoin, né à Dijon le 10 avril 1722, chirurgien de mérite dont les biographes n'ont pas parlé, mais malgré cela, très connu de ceux qui pratiquent l'art de guérir. Depuis 1752 jusqu'à sa mort, ce chirurgien publia chaque année divers mémoires sur l'art qu'il exerçoit ; on fait mention de plus de vingt-cinq dans une nomenclature de ses ouvrages dressée par l'Académie de Dijon, de laquelle il étoit un membre distingué ; ses écrits sur les *hernies*, la *taille*, la *cataracte*, la *vitalité des enfans*, sont les ouvrages qui font le plus d'honneur à ce célèbre praticien. Il mourut le 4 octobre 1772 ; le docteur Maret prononça son éloge. (1)

---

(1) Claude Jean-Bapt. Hoin, son second fils, né à Dijon le 5 juin 1750, premier peintre de Monsieur, frère de Louis XVI, doyen de l'Académie des sciences, arts et belles-lettres de Dijon, est aujourd'hui Conservateur des Musées de peinture, sculpture et gravure de cette ville.

François-Jacques Hoin, né à Dijon le 27 octobre 1748, fils du précédent, professeur d'accouchemens, étoit membre de l'Académie de Dijon, qui conserve plusieurs de ses mémoires sur *la position de l'enfant*, le *forceps*, la *taille* ; il marcha sur les traces de son père, et mourut le 16 février 1806.

La maison de *Vienne* avoit dans cette rue un très bel hôtel qui devint celui de *Biron* ; il donne sur les rues de Saint-Etienne, du Trésor et du Collége.

Charles de Gontaut Duc de Biron, amiral et maréchal de France, gouverneur de Bourgogne, fut l'ami et le confident de Henri IV ; c'étoit lui que ce Prince présenta aux prévôt et échevins de Paris, en ces termes obligeans et qui n'appartenoient qu'à ce Roi : *Messieurs, voilà le maréchal de Biron que je présente volontiers à mes amis et à mes ennemis.* Ce maréchal se distingua aux batailles d'Ivry et d'Aumale, mais surtout au combat de Fontaine-Française, où Henri IV le dégagea lui-même des mains des ennemis, trait que Voltaire a consigné dans sa Henriade :

Ton Roi, jeune Biron, t'arrache à ces soldats,
Dont les coups redoublés achevoient ton trépas ;
Tu vis.... songe du moins à lui rester fidèle.

C'est ce que Biron ne fit pas. Comblé qu'il étoit des bienfaits du Roi, il se ligua avec l'Espagne et la Savoye qui flattoient son ambition de la Souveraineté des deux Bourgognes ; son dessein fut découvert, et il eut la tête tranchée le 31 juillet 1602 dans la cour de la Bastille. Son portrait est gravé par *Leclerc* et *Daret*.

Le maréchal de Biron laissa de Gillette *Sebillotte*, dijonnaise, un fils naturel, légitimé, qui mourut au siège de Dôle en 1636.

Dans le prolongement de la rue St-Etienne est la rue des SINGES. Cette dénomination se rattache à la profession de ceux qui habitoient autrefois dans ce quartier, de même que les rues *Vannerie*, *Tonnellerie*, *Chau*-

Rue des Singes.

dronnerie; le nom de *singe* est donné populairement, à Dijon, mais sans intention d'offenser, au maître couvreur, comme au plus habile pour grimper au faîte des maisons, ainsi que l'animal agile et leste dont on a emprunté le nom pour le caractériser.

François BAUDOT, né à Dijon le 8 janvier 1638, maître des comptes, maire de Dijon en 1694, mort en cette ville le 4 avril 1711, habitoit à l'angle de cette rue et de celle du Collége.

On a de lui la traduction de quelques hymnes, et celle des fastes d'Ovide en vers français ; mais, ce qui fait le plus d'honneur à M. Baudot, ce sont ses lettres à M. Taisand, sur l'antiquité de la ville d'Autun, et l'origine de celle de Dijon, où elles furent imprimées en 1710, in-12, dans lesquelles il est démontré jusqu'à l'évidence, contre Hugues de Salins, médecin de Beaune, que l'ancienne *Bibracte* doit être placée à Autun.

Dans cet opuscule, M. Baudot prouve qu'il étoit très versé dans la science de l'antiquité ; la maison qu'il habitoit, renferme plusieurs fragmens d'antiques, incrustés dans le mur de la cour d'entrée, trouvés dans ce lieu même où étoit l'une des tours de la première enceinte de Dijon.

Non loin de cette maison, au couchant, fut jadis le TEMPLE DE LA FORTUNE où *Carantillus* vint accomplir son vœu en faveur de *Flavius-Tiberius* : les fragmens en ont été recueillis, reconnus, gravés, publiés et expliqués par Jean Richard, dans sa lettre à J. Patouillet, Paris, 1685, in-12 ; d'après lesquels il conclut *et quo hi lapides effossi loco, existimo olim templum fortunae extructum fuisse.* (1)

Sur les débris de ce temple furent élevées les premières fortifications de

Rue du Collége.

---

(1) Cet avocat J. RICHARD, natif de Dijon, étoit un érudit, *vir multae lectionis*, et un agréable poëte latin : ses vers, dit Ch. Févret, respiroient la gravité de Virgile, la finesse de Martial, la douceur de Catulle ; il est l'annotateur de Pétrone, et laissa des fragmens historiques sur l'ancienne origine des Francs.

Dijon, et sur l'emplacement de ces murs furent édifiés les anciens hôtels des *la Tremouille* et des *Brulart*, remplacés en 1581 par l'ancien collége des Jésuites, uquel a succédé l'école de droit et celle des beaux-arts.

La fondation de ce collége est due à Odinet *Godran* qui, par son testament, institua la ville de Dijon et les Jésuites ses héritiers, à la charge d'élever un collége. Pierre *Odebert*, Bernard *Martin*, le président de *Berbisey*, le duc de *Bellegarde* (1) augmentèrent ces fondations ; la ville de Dijon, les Etats de Bourgogne aidèrent à son établissement, et ce collége de-

―――――――――――

(1) Roger de Saint-Larry, duc de Bellegarde, Pair et grand Écuyer de France, Gouverneur de Bourgogne, comblé de biens et d'honneurs par les Rois Henri III, Henri IV et Louis XIII, après avoir été le *torrent de la faveur*, fut abreuvé de disgraces pour l'attachement qu'il conserva à Gaston d'Orléans ; ainsi *de Thou* et *Chabot-Brion* furent victimes des sentimens qu'ils conservèrent à leurs amis tombés dans l'infortune.

vint bientôt l'un des plus riches de la Société de Jésus. En 1618, il acheta le fief de *Marsannay*; en 1628, le domaine de *Lichey*; en 1640, une portion de l'*éminage* de Dijon ; en 1650, la baronie de *Pourlans*. Il fut dirigé par les Jésuites depuis le 29 juillet 1587 jusqu'au 11 juillet 1763, époque de leur suppression à Dijon.

Dans tous les temps l'enseignement y fut remis en des mains habiles, aussi ce collége s'honoroit-il d'avoir eu pour élèves les *Longepierre*, les *Lamonnoye*, les *Bouhier*, les *Debrosses*, les *Bossuet*, les *Buffon*, les *Crébillon*, les *Piron*, et tant d'autres qui feront

---

Le Duc de Bellegarde avoit été l'amant de *Gabrielle* d'Estrées qu'il vanta si fort à Henri IV, que ce prince la lui enleva et exila l'amant récédé. Ce seigneur réunissoit la franchise gauloise à l'urbanité française, étoit d'un excellent conseil. Il mourut à Paris le 13 juillet 1646, âgé de quatre-vingt-trois ans; son corps fut transporté à Dijon et inhumé dans l'église des Jésuites, ainsi qu'il l'avoit désiré. Son portrait est gravé par *de Pas* et *Montcornet*.

à jamais l'honneur de Dijon, de la Bourgogne et de la France. *Diis Divio diva viris.*

La Compagnie de Jésus est l'un des ordres monastiques qui a fourni le plus de gens instruits ; la liste de ceux de la maison de Dijon est ample, cependant je ne vous parlerai que des plus marquans.

François REMOND, né à Dijon en 1558, fils de Guillaume Remond conseiller au parlement, reçu Jésuite en 1580, professa avec distinction la théologie à Bordeaux, Parme et Padoue, fut directeur de l'Académie de Mantoue où il mourut le 14 novembre 1631, en confessant des malades attaqués de la peste. Les poésies latines de ce Jésuite, *l'alexiade,* entre autres, plusieurs fois réimprimées dans des recueils de pièces fugitives, sont justement appréciées des amateurs de la littérature latine.

Etienne BINET, né à Dijon en 1568, Jésuite en 1590, recteur de plusieurs maisons de son ordre et de celle de

Paris, mourut le 4 juillet 1639 après 49 ans d'utiles travaux. L'abbé Papillon donne les titres de 37 ouvrages par lui composés sur différens sujets de morale et de piété. Ses *essais sur les merveilles de la nature*, 1621, in-8.°, ont eu jusqu'à douze éditions dont la dernière est de 1646. Son portrait peint par *Lebrun*, a été gravé par *Lasne* et *Charpignon*.

Barthelemi JACQUINOT, né à Dijon en 1569, entra dès l'âge de 18 ans chez les Jésuites, et tenoit un rang distingué dans leur société. Recteur à Lyon, supérieur à Paris, provincial assistant du général, confesseur de la Reine d'Angleterre, il finit par revenir dans sa patrie en qualité de recteur l'an 1644. Envoyé à Rome pour concourir à la nomination d'un général, il en fut nommé assistant, et y mourut le 1.er août 1647. On a de lui plusieurs ouvrages de piété.

Guillaume PASQUELIN, né à Beaune le 25 novembre 1575, professa la théologie à Rome, y prêcha devant le

Pape dont il se concilia le suffrage et l'estime. La surdité l'ayant forcé de quitter la chaire, il fut envoyé au couvent de Lyon; le P. *Michaelis*, qui en étoit recteur, l'ayant injustement et traîtreusement desservi près du général, Pasquelin indigné, quitta la Société, et fut nommé théologal à Beaune. Là, conservant profondément le souvenir des injustices qu'on lui avoit fait éprouver dans son ordre, Pasquelin composa deux ouvrages contre les Jésuites, et les fit imprimer; mais ces diatribes furent supprimées, et leur distribution prohibée par des ordres supérieurs. Cependant à sa mort, arrivée le 29 mars 1632, Pasquelin se réconcilia avec son ordre, et légua sa bibliothéque au couvent des Jésuites de Dijon.

Andoche Morel, Claude Vallon, natifs de Dijon, Etienne Thiroux, qui y mourut le 26 avril 1727, sont auteurs de plusieurs ouvrages de dévotion.

Guillaume Daubenton, né à Auxerre le 21 octobre 1648, admis chez les

Jésuites en 1665, étoit né avec de grands talens pour l'éloquence de la chaire. Choisi par Louis XIV pour être recteur à Strasbourg, ce Prince le donna pour confesseur à Philippe V son petit-fils, qu'il suivit à Madrid où il mourut le 7 août 1723, également regretté des peuples, des grands et du Prince. On a de lui plusieurs oraisons funèbres et la vie de Saint François Régis.

Marcel LEBLANC, né à Dijon le 12 août 1653, professeur de rhétorique au collége de cette ville, fut l'un des mathématiciens que Louis XIV envoya au Roi de Siam; il y arriva le 27 mars 1687. Une révolution, de laquelle Leblanc écrivit la relation, ayant détrôné le Roi de Siam, les Français quittèrent ce pays; mais le vaisseau sur lequel Leblanc étoit embarqué, ayant été pris, ce Jésuite fut fait prisonnier et envoyé à Midelbourg où il resta jusqu'en 1690. A cette époque, Leblanc ayant recouvré sa liberté, s'en revint à Dijon où il fut nommé préfet des classes et professeur de mathématiques ; mais son goût dominant pour les voyages, lui fit entreprendre celui de la Chine, et il se rembarqua ; blessé à la tête dans une tourmente qu'essuya le vaisseau qu'il montoit, Marcel Leblanc mourut à Mozambique en mai 1693.

Un autre Jésuite, savant dans les mathématiques, est Cl. RICHARD, né en Bourgogne, mort à Madrid le 20 octobre 1664. Il corrigea l'édition des œuvres d'*Archimède*, composa de savans commentaires sur *Euclide* et *Perge* de Pamphylie ; il fut auteur d'une table des sinus, ouvrages qui prouvent combien ce Jésuite étoit instruit dans les sciences exactes.

Jean-François BALTUS, né à Metz en 1667, fut très long-temps de maison à Dijon, et mourut bibliothécaire à Rheims le 9 mars 1743. On a de lui les ouvrages suivans :

Réponse à l'histoire des Oracles. Strasbourg, 1707, in-8.° 2 vol. critique à laquelle Fontenelle ne répondit point, et qui lui fit dire que *pour cette fois le diable avoit gagné son procès.*

Défense des SS. Pères accusés de Platonisme. Paris, 1711, in-4.º Ouvrage très savant.

La religion chrétienne prouvée par les prophéties. 1728, in-4.º

Défense des prophéties de la Religion chrétienne. 1737, in-12, 3 vol.

Jean-Baptiste *Phlipotot* DUCHESNE, né en Champagne en 1682, long-temps professeur à Dijon, mourut en 1755. Il est l'auteur des abrégés de l'*histoire ancienne,* de l'*histoire d'Espagne,* de la *science de la jeune noblesse,* 1730, in-12, 3 vol., et de quelques écrits de controverse.

François OUDIN, né à Vignori le 1.ᵉʳ novembre 1673, profès le 13 octobre 1691, vint à Dijon en 1694, et y professa la rhétorique jusqu'à sa mort arrivée le 28 avril 1752. Ce Jésuite possédoit six langues, citoit avec une justesse admirable les passages des anciens poëtes latins, avoit lui-même un goût et une facilité extraordinaires pour versifier dans cette langue ; versé dans la science des antiquités littéraires, il joignoit à une érudition très étendue les grâces de la belle littérature ; il étoit d'une ardeur infatigable pour le travail, et plein de zèle pour tout ce qui pouvoit concourir à l'avantage de la science ; il consacroit sa modique pension pour subvenir aux frais d'instruction des écoliers indigens.

Le P. Oudin étoit de mœurs simples et d'un extérieur négligé, qui rendoit encore plus piquantes la finesse de ses réponses et le sel de ses réparties. Il est peint au naturel dans ces vers que le président Bouhier avoit coutume de lui adresser :

Rusticiùs tonso toga defluit, et malè laxus
In pede calceus hæret. At est bonus, at melior vir
Non alius quisquam, at mihi amicus, at ingenium ingens
Inculto sub corpore. (Horat. lib. 3, sat. 3.)

Ce religieux étoit l'ami le plus intime du célèbre président *Bouhier*, qui expira entre ses bras, et de l'abbé *d'Olivet*, qui fut son disciple. Ses poésies latines sont insérées au recueil intitulé, *poemata didascalia*, 1749, in-12, 3 vol. Ses éloges sont consignés dans les mémoires du P. *Nicéron*; ses recherches sur *Hérodote* furent imprimées à Dijon, 1749, in-4.°; ses étymologies celtiques se trouvent aux œuvres diverses de l'abbé *Gedoyn*. Michault a consacré le second volume de ses mélanges philologiques à l'éloge du P. Oudin et à la nomenclature de ses ouvrages.

Louis Patouillet, né à Dijon le 31 mars 1699, élève du P. Oudin, embrassa le même ordre. Après s'être distingué dans l'art de la chaire à la Cour de Nancy, il se retira à Paris, et y publia plusieurs pièces de poésies latines, et divers écrits sur le jansénisme. Il donna les tomes 27 et 28 des *Lettres édifiantes des missions étrangères*; les *Entretiens d'Anselme et d'Isidore*, 1756 in-12; la *Vie de Pelage*; des *Lettres critiques sur les œuvres d'Arnaud*, 1759, in-12; et sur l'*Art de vérifier les dates*, 1750, in-12. Il mourut à Avignon en 1783.

Après la suppression des Jésuites en France, le collége de Dijon continua sa réputation sous des professeurs habiles, au choix desquels le bureau d'administration apportoit le plus grand soin, jusqu'à l'époque où il fut remplacé par l'école centrale à laquelle a succédé le lycée.

Parmi les professeurs qui ont remplacé les Jésuites, nous devons mentionner honorablement MM. *Courtépée*, *Bailly* et *Mailly*.

Claude Courtépée, prêtre, préfet des classes, né à Saulieu en 1721, fit d'excellentes études au collége de cette ville. Cet ecclésiastique joignoit à des mœurs pures, un caractère affable, et beaucoup de zèle pour l'instruction de la jeunesse; toutes ses études se tournèrent sur l'histoire de la province; infatigable dans ses recherches comme dans les voyages qu'il faisoit sur les lieux mêmes, il n'épargna ni veilles, ni fatigues, ni dépenses pour mettre à fin les travaux qu'il avoit entrepris; il ne les avoit pas entièrement achevés lorsqu'il mourut à Dijon le 11 avril 1781. On a de lui plusieurs ouvrages:

Description historique et topographique du Duché de Bourgogne, Dijon, Causse, 1775 et suiv., in-8.°, 7 vol.; les deux premiers en société avec M. Béguillet. (1)

_____

(1) Edme BÉGUILLET, notaire à Dijon, est né dans cette ville et mourut à Paris en mai 1786; il s'étoit occupé d'une *grande Histoire* de la ville de Dijon, de laquelle il parle dans la dissertation qu'il fit insérer au Journal encyclopédique d'août 1776, sur la *Mairie et la Commune* de Dijon; il publia en 1772, in-12, 2 vol. une *Histoire abrégée des guerres des deux Bourgogne* sous les règnes de Louis XIII et Louis XIV. Béguillet est encore connu par une quantité d'écrits économiques, tels que les *Principes de la végétation*, l'*Œnologie*, la *Mouture économique*, le *Manuel du meûnier et du charpentier de moulins*, sur le *blé cornu*, sur *la connoissance des grains*, les *subsistances*, etc. Il fut de société avec *Poncelin* dans l'*Histoire de Paris et de ses monumens*, 1780, in-8°., 3 vol.

Histoire abrégée du Duché de Bourgogne, depuis les Eduens jusqu'à Louis XI. Dijon, Causse, 1777. in-12. un volume.

Relation du prix de Beaune, en août 1778. Dijon, 1779. in-8.°

Louis BAILLY, savant professeur de théologie, né au hameau de *Monbis*, paroisse de Bligny-sous-Beaune, en 1730, mort en ladite ville le 21 avril 1808, est auteur des traités théologiques, *de verâ Religione*, Dijon, 1771, in-12, 2 vol.; *de Ecclesiâ*, Dijon, 1776, 2 vol.; *Theologia dogmatica et moralis*, 1789, in-12, 8 vol.; ouvrages qui ont eu dans l'année même de leur publication une seconde édition à Louvain, et depuis réimprimés plusieurs fois. Rien ne prouve mieux le mérite de ce professeur, que l'empressement qui fut mis à adopter ses ouvrages pour l'enseignement dans les séminaires.

Jean-Baptiste MAILLY, libraire à Dijon où il naquit le 16 juillet 1744, professeur d'histoire au Collége-Godran, fit imprimer ses cours sous le titre de *Fastes juifs, romains et français*, 1782, in-8.º, 2 vol., abrégés dans le genre de l'histoire du président *Henaut*, et dans lesquels il n'a rien omis de ce qui pouvoit piquer la curiosité des jeunes-gens et captiver leur attention. Mailly publia *l'Esprit de la fronde*, Paris, 1772, in-12, 5 vol.; *l'Esprit des croisades*, Dijon, Frantin, 1780, in-12, 4 vol.; ouvrages faits pour honorer leur auteur; *Poésies diverses de deux amis*, en société avec M. le Sénateur François de Neufchâteau, 1768, in-8.º Il étoit membre de l'Académie des sciences, arts et belles-lettres de Dijon; il mourut dans cette ville le 26 mars 1794.

Jean-Marie-Bernard CLÉMENT, né à Dijon le 25 décembre 1742, d'abord professeur au collége de cette ville, le quitta bientôt, et vint en 1768 s'établir à Paris; là il se livra à la critique, et ne craignit pas d'attaquer de front les écrivains les plus en crédit. Delille, Voltaire, essuyèrent les critiques de ce moderne Aristarque ; Voltaire s'en vengea par l'épithète d'*inclément* qui lui demeura ; mais S.ᵗ Lambert eut le crédit de le faire renfermer au fort l'Evêque ; J.-J. Rousseau s'éleva fortement contre cet acte d'autorité, et employa son crédit pour faire mettre en liberté l'*inclément* détracteur du poëme des saisons. 15 vol. de critiques, les traductions des harangues de Cicéron, des amours de Leucippe, de la Jérusalem délivrée, ont assigné à M. Clément un rang honorable dans la république des lettres. Il mourut à Paris le 3 février 1812. (1)

Je pourrois vous nommer encore

---

(1) Laurent Bourceret, natif de Dijon, professeur au collége de Bourgogne, recteur de l'Université en 1584, mort principal du collége de la Marche, le 25 septembre 1629, dans un âge très avancé, est auteur de plusieurs harangues imprimées, 1584 et 1627, in-8°, parmi lesquelles on distingue celle qui a pour sujet : *Haereticos non expellendos, non cogendos, sed nobiscum retinendos et conservandos esse.*

d'autres professeurs émérites de ce collége, non moins distingués, mais je me suis promis de ne pas vous parler des vivans.

Depuis que le lycée a été installé à l'ancien hospice Sainte-Anne, les bâtimens de l'ancien collége des Jésuites ont été affectés à la bibliothéque publique, au cabinet d'histoire naturelle et de physique, à la faculté de droit, et à l'école spéciale des beaux arts.

La BIBLIOTHÉQUE des Jésuites est devenue celle de la ville de Dijon. Le P. *Pasquelin* la commença en lui léguant ses livres ; *P. Fevret* l'augmenta par le don de sa bibliothéque ; B. *Martin* y ajouta la sienne. Le catalogue qui en fut imprimé en 1708, ne porte

---

Benigne GRENAN, né à Noyers en Bourgogne en 1681, professeur de rhétorique au collége d'Harcourt, y mourut le 13 mai 1723 ; il a laissé des harangues et des poésies en langue latine, estimées pour l'élégance du style et la noblesse des pensées ; les unes et les autres sont insérées en partie dans les recueils des œuvres des professeurs de l'Université de Paris.

qu'à 6000 le nombre des volumes qui la composoient; mais, chaque année elle recevoit quelque accroissement par les soins du bureau d'administration; elle s'augmenta beaucoup par le zèle et les soins de Charles *Boullemier* qui fut pendant 40 années chargé de la conservation de ce dépôt littéraire. Mais ce fut surtout après la suppression des ordres monastiques et des corporations, qu'elle s'accrut notablement par la réunion de tous les livres, (à part les doubles exemplaires), qui provenoient des monastères et des établissemens publics supprimés. Le vaisseau de cette bibliothéque est formé de trois salles immenses qui règnent sur les trois côtés de la cour des classes; il renferme plus de 40,000 volumes imprimés et environ 600 manuscrits, rangés méthodiquement et avec beaucoup d'ordre et de goût par les soins du Conservateur actuel. Elle est ouverte au public les lundi, mercredi, vendredi.

On a déposé à l'angle de deux de ces

salles un globe terrestre de 2 ^{m} 27 ^{c} de diamètre, travaillé avec la plus grande exactitude par le P. LEGRAND, religieux capucin de maison à Dijon.

Charles BOULLEMIER, né à Dijon le 12 novembre 1725, étoit un antiquaire savant, un critique profond, un bibliographe érudit; il fut le principal collaborateur de la seconde édition de la *Bibliothèque historique de France*, publiée par M. de *Fontette;* il composa plusieurs dissertations savantes sur différens points d'histoire; quelques-unes se trouvent insérées dans les mémoires de l'Académie de Dijon dont il étoit l'un des membres distingués. Conservateur de la bibliothéque publique depuis 1764, ce dépôt s'enrichit considérablement par ses soins; garde des médailles de l'Académie, il en dressa le catalogue, et dans l'arrangement de ce médailler, il déploya des connoissances profondes en numismatique. M. Boullemier étoit attaché depuis 1754 à l'église de la Madeleine en qualité de Chapelain; lorsqu'il perdit en

1790 la ressource de cette prébende, ce savant se trouva très gêné et fut obligé de vendre une partie de sa bibliothéque dont il ne se réserva que l'usage. Ses manuscrits ont passé entre les mains de M. Baudot ; il mourut le 11 avril 1803.

Le Cabinet d'histoire naturelle, qui occupe le premier étage de l'aîle orientale de la cour d'entrée, provient de M. le président *Jehannin de Chamblanc*, magistrat très versé dans les sciences de la nature ; il se compose de plus de 2000 articles, et renferme surtout une riche et nombreuse collection de minéraux, de madrepores, de coquillages, etc. etc. On y remarque encore des anciennes armes, des arcs, flêches et ustensiles dont se servent les Sauvages, et autres objets d'arts et de curiosité que M. de Chamblanc se plaisoit à recueillir. Il seroit à désirer qu'on pût procurer à cette riche collection un local où elle pût se déployer avec tout l'avantage dont elle est susceptible.

Sur la demande des Etats de la province, une Université avoit été accordée à la ville de Dijon ; mais d'après les observations de celles de Paris et de Besançon, elle fut restreinte à la seule faculté de droit, érigée par lettres-patentes du 6 juillet 1722 ; elle donnoit ses leçons dans les salles du cloître des Jacobins ; MM. *Davot* et *Bannelier, Fromageot, Arnoult aîné* et *Bernard*, se sont distingués parmi les professeurs qui ont occupé les chaires de cette faculté.

Jean-Baptiste Fromageot, né à Dijon le 10 septembre 1724, avocat distingué, auteur des *Lois ecclésiastiques tirées des seuls livres saints*, et de plusieurs mémoires couronnés par différentes Académies, mourut à Besançon le 14 août 1753, très regretté au barreau et par les sociétés littéraires dont il étoit membre ; celle de Dijon l'avoit associé à ses travaux dès l'âge de 15 ans, lors de sa première formation.

On doit encore mentionner Jean-Louis *Delusseux*, auteur d'un excellent abrégé des Instituts de Justinien, et François *Jacquinot*, auteur du *Comes juridicus*, espèce de dictionnaire des principales maximes de droit, très utile à ceux qui l'enseignent, comme à ceux qui en font l'application.

Mais parmi les savans professeurs de droit qu'a fourni la Bourgogne, je ne dois pas omettre de vous signaler,

Hugues Doneau, né à Châlon-sur-Saône le 23 décembre 1527. Étant tombé sous un maître extrêmement sévère, il prit l'étude en aversion; son père l'y ramena en feignant de vouloir le donner pour valet à un porcher qui passoit devant sa porte, et Doneau se remit à l'étude avec une nouvelle ardeur, prit ses grades aux universités de Toulouse et de Bourges, embrassa la réforme de Calvin et professoit le droit dans cette dernière ville à l'époque de la Saint-Barthelemi. Ses élèves le sauvèrent du massacre de cette journée en l'habillant à l'allemande et l'escortant assez loin hors de la ville, résolus de le défendre contre qui que ce fût. Doneau, rival de *Cujas* dont il parloit assez mal, se retira d'abord à Genève, puis à Heidelberg et Leyde, et y professa le droit, enfin, à Altorf où il mourut le 4 mai 1591. Papillon mentionne 32 de ses traités sur diverses matières de jurisprudence qui furent recueillis en 5 vol. in-fol., réimprimés à Lucques, 1770, en 12 vol. in-fol. On estimoit surtout ce qu'il a écrit sur les testamens. Son portrait est gravé par C. *de Pas* et Th. *de Bry*.

François FLORENT, natif d'Arnay-le-Duc, reçu avocat à Dijon en 1622, en exerça les fonctions avec une telle réputation, que quoique très jeune, Ch. Fevret le choisit pour un des interlocuteurs de son dialogue *de claris fori burgundici oratoribus*. S'étant rendu à Paris, Florent y fut lié avec les *Grotius*, les *Sirmond*, les *Dupuy*, les *Rigaut*, les *Ménage* et autres. Le garde des sceaux *Molé*, l'honora de son estime, et lui procura une chaire de droit canon à l'université de Paris, avec une pension de 2000 liv,; il mourut le 29 octobre 1650. Doujat fut l'éditeur de ses œuvres, 1679, in-4.°, 2 vol., et publia son éloge.

Depuis 1806, une Ecole de Droit a été établie à Dijon dans une partie des bâtimens de l'ancien Collége. M. *Proudhon*, dont les ouvrages sont justement appréciés en France et chez l'étranger, en fut le premier directeur, et en est aujourd'hui le doyen.

L'Ecole de Dessin qui, dès son origine, étoit placée dans les salles qui touchoient au Musée, est actuellement dans l'ancienne église des Jésuites ; cet établissement est dû, en partie, au zèle patriotique de M. Legouz-Gerland qui décida M. Devosges père à se fixer à Dijon, médita avec lui les moyens de fonder en cette ville une école publique de dessin, donna tous ses soins pour mettre ce projet à exécution, et réussit enfin à faire adopter son plan par les Elus de la province.

L'Ecole de Bourgogne fut donc ouverte à Dijon en 1765 dans une maison de la rue Jeannin ; dès cette époque, l'on y vit accourir une foule d'élèves, et parmi eux se trouvèrent des sujets de la plus grande espérance et qui justifièrent la devise qu'elle avoit adoptée, ORIENDO JAM NITESCIT. Les tableaux des *Gagneraux*, des *Prudhon*, des *Naigeon*, des *Devosges*, décorent le Musée ; les sculptures des *Bertrand*, des *Petitot*, des *Renaud*, que ses émules à Rome ont surnommé le *Michel-Ange français*, attesteront dans tous les temps que l'école de Bourgogne fut célèbre dès sa naissance.

François DEVOSGES, fondateur de l'école de Bourgogne, né à Gray le 25 janvier 1732, élève de Coustou, mort à Dijon le 22 décembre 1811, fut long-temps le seul professeur de cette école ; quoique privé de la vue pendant plusieurs années, il n'en acquit pas moins les plus grands talens dans son art ; ses tableaux de *Saint Marcel*, de *l'Assomption*, de *Saint Pierre pleurant son péché*, de *Cléobis et Biton* traînant aux autels de Junon le char de leur mère, ses esquisses de *la mort frappant nos premiers parens*, de la *peste de David*, seront à jamais la preuve de ses talens dans l'exécution, comme ses élèves attesteront sans cesse l'excellence de ses principes, et la bonté de ses leçons. M. *Fremiet* a donné son éloge. M. *Corot* a gravé son portrait.

A des mœurs infiniment douces, à une candeur admirable, M. Devosges joignoit une rare modestie, et le précieux talent de se faire écouter et aimer de ses élèves. Dans un voyage qu'il fit à Paris en 1801, ceux de ses disciples qui habitoient la capitale, saisirent cette occasion pour lui donner une fête qui fut celle de la reconnoissance. Ce vieillard respectable, attendri jusqu'aux larmes, des sentimens que lui exprimoient ses élèves devenus des maîtres, regardoit ce jour comme le plus beau de sa vie, et n'en parloit jamais que ses yeux ne décelassent l'émotion de son cœur.

Bénigne Gagneraux, né à Dijon en 1756, mort à Florence le 18 août 1795, des suites de la persécution suscitée à Rome contre les artistes français, est un des élèves qui font le plus d'honneur à la Bourgogne.

Pendant qu'il étoit à Rome, étant entré dans le couvent des Chartreux, jadis les bains de Dioclétien, pour y dessiner quelques monumens antiques, il aperçut une vaste salle dont les murs venoient d'être enduits de plâtre; il fit remarquer à un des religieux combien elle étoit susceptible d'une belle décoration à la fresque; il lui fut répondu que le couvent n'avoit rien à donner pour dessiner que du charbon; aussi, fut-ce avec ce seul secours qu'il jeta l'esquisse d'une Bacchanale dont la belle ordonnance et la composition savante attirèrent au couvent tous les amateurs et les artistes de cette capitale du monde chrétien, et l'on fut obligé de mettre des gardes au couvent. Sa Sainteté vint elle-même visiter ce chef-d'œuvre, accompagnée du Roi de Suède qui nomma Gagneraux, son premier peintre, et le chargea du tableau de son entrevue avec le Pape. Dans ce tableau, le jeune peintre justifia l'opinion qu'avoient conçue de lui ces deux Souverains.

Obligé de sortir de Rome après la mort du ministre français Basseville, Gagneraux ne trouva d'asyle que dans une cabane de berger ; ce fut là où son frère le découvrit ; il se retira dans les Etats du Grand-Duc de Toscane, qui utilisa ses talens, mais Gagneraux ne fit qu'y languir des suites des maux qu'il avoit éprouvés en fuyant de Rome, et il mourut un mois après son établissement à Florence. Ce peintre est auteur des tableaux de *Servilie accusée par Sabinus*, de *Curius refusant les présens des Samnites*, du *passage du Rhin* à Tolhuis, et de *la bataille de Senef*, ouvrages qui suffisent pour établir sa réputation.

Les autres élèves marquans de cette école sont en grand nombre, mais vous savez que je ne puis vous occuper que des personnes dont la mort a terminé les travaux.

C'est le cas de vous parler ici des

autres peintres marquans qu'a fournis la Bourgogne.

Jacques-Philippe FERRAND, né à Joigny en Bourgogne en 1653, mort à Paris en 1732, fut valet de chambre de Louis XIV, et membre de l'académie de peinture; il excelloit dans la peinture en émail, et en a publié un traité curieux. Paris, 1723. in-12.

Le peintre LEBEAU naquit en cette province; plusieurs de ses tableaux décorent le Musée : les têtes du Christ, des Evangélistes, le tableau des *disciples d'Émaüs*, mais surtout celui de *Saint Luc peignant la Sainte Vierge*, sont des chef-d'œuvres dont on ne se lasse pas d'admirer la belle ordonnance, la correction du dessin, la vérité du coloris, le jet des draperies, et la touche ferme et gracieuse.

Jean-Baptiste LALLEMAND, né à Dijon vers 1710, n'avoit d'autres moyens d'existence que de travailler dans la boutique de son père qui étoit tailleur d'habits ; mais le peu de loisir qu'on lui laissoit, étoit bien vîte employé à resaisir ses pinceaux.

Naturam expellas furcâ, tamen usque recurret.

Il obtint cependant l'agrément de son père pour aller travailler à Paris comme garçon tailleur. Un jour qu'il étoit l'aiguille à la main sur l'établi, une personne dit en causant avec le maître, qu'elle auroit besoin de quelques tableaux pour décorer sa maison de campagne ; *je me charge de vous les faire*, interrompt Lallemand ; l'étranger se retourne, laisse tomber un regard de dédain sur le garçon tailleur, et sourit de pitié ; Lallemand se lève, jette son aiguille avec dépit, et s'écrie, comme le Corrège, et *moi aussi je suis peintre*. On le regarde avec un étonnement auquel succéda bientôt la confiance, on l'accepte pour peintre, il met la main à l'œuvre, et ses tableaux des saisons sont le signal des succès qui l'attendoient. Lallemand voulant connoître les chef-d'œuvres de l'Italie, fit le voyage de Rome ; les Cardinaux se disputèrent l'avantage d'occuper ses pinceaux ; il passa en Angleterre, et revint se fixer à Paris où il fut reçu membre de l'Académie de Saint-Luc ; il a dessiné toutes les vues de Bourgogne et de Dijon, qui sont gravées dans le voyage pittoresque de France ; Lallemand excelloit surtout dans les paysages ; ses tableaux de marine balancent ceux de Vernet ; la plupart de ses œuvres sont gravées. Il mourut à Paris le . . . .

Jean-Baptiste GREUZE, né à Tournus en 1725, encore adolescent, n'ayant jamais eu de maître, s'étoit amusé à jeter un croquis sur un mur nouvellement blanchi. Un peintre passe, regarde, admire, se fait amener le jeune homme, lui propose de le suivre à Rome ; Greuze accepte, et revient en France avec un talent qu'il avoit porté jusqu'à la perfection, et qui lui faisoit autant d'admirateurs que d'envieux. La fraîcheur du coloris, la vérité de l'expression, sont les caractères distinctifs de ce peintre célèbre ; la moralité des sujets qu'il travailloit, l'a fait surnommer le Peintre des Moeurs ; la *Lecture de famille*, le *Paralytique*, l'*Accordée de village*, le *Retour de la chasse*, sont des sujets qui font autant d'honneur à son pinceau qu'à son cœur ; son tableau de *Sainte Marie Egyptienne* est son chef-d'œuvre. Greuze mourut à Paris en 1805. Son portrait, peint par lui-même, est gravé par *Flipart*.

Nicolas Venevaut, natif de Dijon, membre de l'Académie royale de peinture et de celle des sciences, arts et belles-lettres de Dijon où il fut reçu en 1763, excelloit surtout dans le paysage. Il mourut sur la fin de 1775.

A côté des peintres doivent se placer ceux qui nous reproduisent et multiplient leurs ouvrages. Je vous ai déjà parlé du graveur *Monnier ;* il en est encore deux autres qui se sont fait une réputation.

François Perrier, né à Saint-Jean-de-Laône, mort professeur de l'Académie de Saint-Luc en 1650 ; passionné pour les arts, mais maltraité de la fortune, pour faire le voyage de Rome, Perrier se rendit le conducteur d'un aveugle mendiant ; arrivé dans cette capitale des beaux arts, il fut obligé de se mettre au service de *Lanfranc*, peintre habile, à l'école duquel il se forma dans la peinture et la gravure. De retour de son voyage d'Italie en 1630, Perrier s'arrêta à Lyon, y grava à l'eau-forte les dessins et bas-reliefs qu'il avoit tirés à Rome d'après les antiques, et peignit le cloître des Chartreux ; il vint à Paris où *Vouët* le mit en réputation, il décora de ses peintures à la fresque les galeries de l'hôtel de la Vrillière et du château de Raincy, la chapelle des Visitandines, et celle du château de Chilly. Les compositions de Perrier étoient belles, savantes et pleines de feu, son pinceau étoit délicat; ses recueils furent gravés par lui, in-fol. obl. Lyon, 1638. Paris, 1645.

Pierre PALLIOT, né à Paris, mourut à Dijon le 5 avril 1698, âgé de près de 90 ans; il étoit dans cette ville libraire, imprimeur et graveur ; il est auteur d'une nouvelle édition de l'*Indice armorial* de Gelyot (mort à Dijon , sa patrie, le 3 mai 1641), qu'il augmenta de plus de moitié; de la *Science des armoiries, du parlement de Bourgogne,* que Petitot a continué; et de plus de 14 vol. in-4.° manuscrits sur l'histoire de la province. Lamonnoye en parle comme d'un puits de science, et de l'écrivain le plus laborieux de son temps; il lui adressa l'épigramme suivante :

Vrai registre vivant, oracle plein de foi,
 Trésor en recherches fertile,
 Fameux Palliot, explique-moi
 Cette énigme si difficile :
Comment à toujours lire occupant ton esprit,
 Tu sus trouver le temps d'écrire?
 Et comment ayant tant écrit,
 Tu sus trouver le temps de lire?

Son portrait fut gravé par *Drevet*.

Je vous ai parlé des sculpteurs *Dubois, Larmier* et *Marlet,* et de ceux qu'a produits l'école de Bourgogne ; il en est un que *Dijon* ne doit pas oublier , et dont le ciseau a conservé les traits des hommes célèbres que cette ville est fière d'avoir produits.

François ATTIRET, né à Dôle le 13 décembre 1728, après avoir remporté les prix de sculpture à Rome et à Paris où il fut nommé professeur de l'Académie de Saint-Luc, vint fixer à Dijon sa principale résidence. *Les quatre Saisons, Melpomène* et *Thalie*, sont des ouvrages d'une exécution savante; il sut donner un grand caractère aux statues de *Saint André* et de *Saint Jean* l'Evangeliste, que vous avez admirées à la Cathédrale; il exécuta à Paris la statue en marbre de *Voltaire*, qui étoit placée au foyer de la comédie française. La Bourgogne doit à M. Attiret les bustes des *Vauban* et *Chamilly, Bouhier* et *Bossuet, Jeannin* et *Févret, Maret* et *Durande, Legouz-Gerland* et *Devosges, Enaux* et *Leroux*, et dans leurs traits, l'artiste habile a su rendre le feu de leur génie. On doit encore à M. Attiret la belle fontaine de Dôle; il termina ses jours dans cette ville le 14 juillet 1804.

Je vous ai entretenu long-temps de cette maison à laquelle se rattache le souvenir de tant d'hommes marquans dans les sciences, les lettres et les arts ; poursuivons notre course. La rue à droite est celle du TRÉSOR, ainsi appelée de la juridiction des trésoriers de France qui y avoit son auditoire, affecté aujourd'hui au Tribunal de première instance de l'arrondissement de Dijon, composé de deux présidens, cinq juges et quatre suppléans; un procureur impérial et deux substituts, un greffier et cinq commis, dix-sept avoués, quinze huissiers, sont employés près ce tribunal qui comprend le même arrondissement que la Sous-préfecture de Dijon.

{Rue du Trésor.}

Parmi les trésoriers de France, on a remarqué Nicolas HARBET, né à Auxonne en 1610, mort à Dijon en 1670, qui a traduit en latin les *quatrains de Pibrac*, ouvrage imprimé à Paris, 1666, in-4.°; il le dédia à *Denis Marin* son compatriote, auquel il adressa ce calembourg emphatique *Marinari id est sapere.*

Pierre Taisand, né à Dijon le 7 janvier 1644, commença sa carrière comme avocat, et fut l'un des plus distingués du barreau ; en 1680, il fut pourvu d'un office de trésorier de France, mais sans cesser de s'occuper des matières de jurisprudence. Il publia l'*Histoire du droit romain*, et un volume de *Commentaires sur la Coutume de Bourgogne,* Dijon, 1698 ; son fils fut l'éditeur des *Vies des plus célèbres jurisconsultes anciens et modernes.* Dijon, 1721. in-4.º Pierre Taisand mourut le 12 mars 1715, et fut inhumé à Saint-Etienne.

Claude Gelot, procureur du Roi près de cette juridiction, né à Pouilly près Seurre, le 1.er novembre 1717, étoit membre de l'Académie de Dijon, qui possède dans ses archives plus de vingt mémoires intéressans de cet homme de lettres, dont les plus marquans sont ceux sur des *anneaux d'or* trouvés près de Semur, sur les *préjugés,* sur *la culture de la soyeuse*, sur la critique du livre *des mœurs*, etc. etc. Il mourut à Dijon le 10 janvier 1779.

Rue Madeleine.

Après la rue du Collége, est dans la même direction la rue Madeleine.

La Commanderie des religieux hospitaliers de Saint-Jean de Jérusalem, fondée par le Duc Hugues III l'an 1170, par reconnoissance des services qu'ils lui avoient rendus dans la Terre sainte, fut d'abord établie au faubourg Saint-Pierre ; mais leur maison ayant été brûlée par les Suisses en 1513, ils furent transférés trois ans après dans cette rue sur un emplacement qui avoit dépendu des anciens vicomtes de Dijon.

Près de là étoit une maison de *Templiers*, appelée *le petit Temple* de Dijon, laquelle, après la suppression de cet ordre en 1309, avoit été réunie à la Commanderie de la Madeleine.

Dans cette église, élevée par François I.er, devenue aujourd'hui un magasin de charbon, étoient déposés les restes de M. *Legouz-Gerland*, transférés depuis au Jardin botanique ; l'abbé

Boullemier étoit l'un des chapelains attachés à sa desserte.

Jacques de JANT, né à Dijon en 1626, chevalier servant de Malthe, conseiller d'Etat, capitaine et garde général des frontières du royaume, surintendant de la navigation de France, fut chargé de diverses négociations à la Cour de Lisbonne, desquelles il a rédigé les mémoires ; il est encore auteur de l'histoire d'*Osman* et autres ouvrages. Il mourut en septembre 1676.

Vis-à-vis la porte principale de l'église de la Madeleine est la rue de la CONCIERGERIE, parce qu'elle touche aux prisons des tribunaux ; jadis elle portoit le nom de la *Vicomté*. {Rue de la Conciergerie.}

A la seule exception des causes des ecclésiastiques et de celles des nobles, les COMTES étoient les juges naturels du territoire ; ils condamnoient avec leurs assesseurs, au bannissement et même à la mort ; ils siégeoient en pleine campagne sous un arbre, ou sous le porche des églises ; ce ne fut que sous

Charlemagne qu'il leur fut assigné un auditoire; ils connoissoient de la guerre et des finances dans toute l'étendue de leur ressort; la garde des places fortes leur étoit confiée; ils conduisoient à l'armée les milices dont ils prenoient le commandement; ils avoient inspection sur les fabrications des monnoies, les deniers royaux et leur recouvrement; etc. etc.

Dans leurs attributions étoit le maintien de la police, le soin de veiller à ce que les ordonnances du Prince fussent exactement observées; ils étoient les défenseurs nés des pupilles, les protecteurs des veuves. L'importance de leurs fonctions étoit telle que Charlemagne crut devoir leur créer des surveillans appelés *Missi dominici,* qui avoient chacun un arrondissement étendu, qu'ils étoient tenus de parcourir et de visiter chaque année.

Les Vicomtes étoient les suppléans des Comtes, et finirent par les remplacer. Ceux de Dijon avoient leur hôtel dans ce quartier; ils jouissoient dans la banliene de leur domicile, d'exemptions qui rendoient ce quartier très populeux ; ils avoient des droits si étendus qu'ils firent ombrage au Duc Robert qui les acquit du vicomte Guillaume de *Pontailler*, en 1276, par échange contre la terre de Magny-sur-Tille. Mais la commune de Dijon effrayée de cette cumulation de pouvoirs entre les mains des Ducs, recourut à l'entremise du Roi de France Philippe III, et obtint du Duc Robert, que ces droits lui seroient remis ; l'acte en fut passé en 1284, de là le titre de *Vicomtes-Maïeurs* que portoient autrefois les Maires de Dijon.

Avant cette aliénation, la Vicomté de Dijon fut possédée par les *Leriche*, les sires de *Châtillon*, les seigneurs de *Champlitte*, et ceux de *Pontailler*, qui tenoient un rang honorable à la Cour des Ducs de Bourgogne ; la maison et le jardin qu'ils possédoient dans cette rue, furent acquis, en 1586, par Henri III, pour y élever le bâtiment des requêtes du Palais.

Non loin des bâtimens de la Commanderie de la Madeleine, au couchant, on voyoit avant la révolution, un hôtel appelé LE PETIT S.ᵗ-BÉNIGNE, où étoit la chapelle de la *Vicomté*. Sur la porte extérieure l'on remarquoit les statues agenouillées du vicomte Jean *Bonnot* et de son épouse; et ce portail conduisoit à une ancienne tour, que l'on assure avoir été la prison de St. Benigne, et où il souffrit les tourmens dont son martyre fut précédé, ce que semble prouver l'acte de 1429, par lequel Guillaume de *Pontailler* vendant cet emplacement à Jean *Bonnot*, le charge de faire célébrer tous les jours une messe dans la chapelle de la tour *où Saint-Bénigne fut mis en chartre* et reçut la couronne du martyre. Les chapelains de la Madeleine furent chargés de ce service qui s'acquittoit régulièrement encore au commencement du XVIII.ᵉ siècle. Cette tour fut démolie en 1809, je vous en ai parlé avant de commencer notre dernière tournée.

Rue Portelle.

La rue PORTELLE qui suit, tire sa dénomination de l'une des portes de la première enceinte de Dijon; on l'appeloit aussi rue *des Orfévres*, du nom de ceux qui l'habitoient; elle aboutit à la place *Saint-Georges*, aujourd'hui du Mont-Blanc.

La maison ayant sa principale façade sur cette place entre les rues *Portelle* et *Charrue*, sur laquelle on voyoit encore en 1811 un grand bas-relief représentant un S.ᵗ-Georges à cheval, armé de pied en cap, et la lance à la main, a donné à cette place le nom du saint sous lequel elle étoit connue. Cet hôtel étoit celui d'une des branches de l'illustre maison de Vienne dont le cri de guerre étoit *Saint Georges au puissant Duc*; il fut construit en 1430 par Guillaume de Vienne, surnommé *le Sage*, sire de Saint-Georges et de S.ᵗᵉ-Croix, restaurateur de l'illustre et célèbre Confrérie de Saint-Georges dont le chapitre général se tenoit à Seurre; il fut nommé le premier chevalier de la Toison d'or; son portrait est gravé.

Place Saint-Georges.

La maison de Vienne étoit l'une des plus anciennes des deux Bourgogne; parmi les personnages illustres qu'elle a fournis, nous nous contenterons de vous parler d'un seul.

Jean de Vienne, amiral de France et gouverneur de Calais, défendit cette place pendant plus d'un an contre le Roi d'Angleterre; et le siège qu'elle soutint, est immortalisé par le dévouement généreux qui a fourni au théâtre français l'une de ses meilleures tragédies nationales.

Ce gouverneur ayant été fait prisonnier des Anglais, ne respiroit contre eux que la vengeance. En 1377, il opéra une descente en Angleterre, prit et brûla *Rye*, saccagea l'île de *Wigth*, et dévasta plus de dix lieues de pays; en 1380, ligué avec le Roi d'Ecosse, il pénétra dans la mer d'Irlande, prit et brûla la ville de *Penreth*, et seroit allé plus loin, si, par l'effet d'une intrigue, il n'eût été rappelé en France. Ce fut entre ses mains, comme le plus vaillant et le plus expérimenté des chevaliers, que la noblesse de France remit la bannière de Notre-Dame à la bataille de *Nicopolis* en 1396 ; Jean de Vienne montra qu'il étoit digne d'un tel honneur en déployant à cette action une bravoure héroïque, et périssant les armes à la main à la tête de 2000 chevaliers français. Son corps fut apporté en Bourgogne, et inhumé à l'abbaye de Bellevaux près de Besançon.

Guillaume de *Vienne* son père, lui avoit survécu ; fier d'avoir donné le jour à ce brave chevalier, il ne voulut avoir sur sa tombe que le souvenir de son fils, et l'on y inscrivit, ainsi qu'il l'avoit désiré, *ci gît le père de Jean de Vienne*.

A votre gauche se retrouve la rue *Charrue*, dont je vous ai parlé ce matin, et celle VOLTAIRE, autrefois de la *Chapelotte*, plus anciennement rue de la *Parcheminerie*.

{Rue Voltaire.}

L'usage exclusif du parchemin pour tous les actes susceptibles d'être scellés, pour tous ceux émanés de la chancellerie des Ducs, des tribunaux, des communes, des couvens et des notaires, nécessitoit un grand nombre d'ouvriers pour préparer et confectionner le parchemin ; ils adoptèrent cette rue de préférence, par rapport au cours de Suzon qui passe sous les maisons du côté occidental de cette rue, et ils lui donnèrent le nom de leur profession.

Depuis, cette rue a pris le nom de *Chapelotte*, de celui de la petite collégiale que je vous ai signalée ; lors de la révolution, on lui a donné le nom de VOLTAIRE, qui n'a d'autre rapport avec Dijon que d'avoir été membre de l'Académie de cette ville, et d'avoir habité long-temps le château de *Ferney* dans le ressort du parlement, de l'intendance et de l'administration des Elus de Bourgogne ; mais un grand homme appartient à tous les pays, et c'est un hommage rendu par Dijon à l'auteur de la *Henriade*, de *Mahomet* et d'*Alzire*.

Au commencement de cette rue, au levant, étoit l'hôtel de PLAINES, famille en crédit sous les derniers Ducs de Bourgogne, dont le dernier rejeton, fidelle à ses princes, abandonna son pays pour rester attaché à l'héritière de Bourgogne. Cet hôtel, rebâti par M. le président de Sassenay, est l'un des plus beaux de Dijon.

Dans cette rue, demeuroit Philibert DE LA MARE, né à Dijon le 13 décembre 1615, reçu au parlement en 1637, mort à Dijon le 16 mai 1687, décoré du cordon de Saint Michel.

Antiquaire savant, scholiaste érudit, critique judicieux, homme de lettres et de goût, M. de la Mare étoit en relation avec tous les savans de son siècle; il avoit formé son style sur celui de M. de Thou, et possédoit principalement, au dire de Lamonnoye, l'art d'écrire l'histoire et les éloges des savans. Son Commentaire *de bello burgundico,* son *Conspectus historicorum Burgundiae,* fournissent la preuve de ce qu'avance son compatriote, et sont les plus marquans de trente écrits sur différens sujets, sortis de la plume savante de ce laborieux magistrat. Sa bibliothéque étoit nombreuse et surtout riche en manuscrits, la plupart provenant du grand Saumaise; ils furent achetés 2500 liv. pour la bibliothéque du Roi, aujourd'hui la bibliothéque impériale.

<small>Rue du Bourg.</small> La rue à droite est celle du *Bourg*. Poursuivre exactement la première enceinte de Dijon, il faudroit remonter le long des boucheries jusqu'à la *porte aux lions*; mais nous agrandirons le cercle d'une seule rue pour vous faire connoître l'un des quartiers les plus beaux de cette ville.

A l'angle sud ouest de la rue du *Bourg* et de celle *Poulaillerie*, étoit la boutique d'apothicairerie du père de l'auteur de la *Métromanie*; ce qui a fait donner à cette rue, qui conservoit la dénomination des volailles qui s'y débitoient jadis, le nom de rue PIRON.

<small>Rue Piron.</small> Aimé PIRON, né à Dijon le 1.er octobre 1640, cultivoit avec beaucoup d'agrémens la poésie bourguignonne;

il publia pendant plus de trente années de suite les *Noëls* qu'on s'arrachoit pour les aller chanter, le soir, aux portes des maisons, pendant *l'avent*, et célébra en vers patois tous les événemens de son temps. Ses poésies étoient remplies de sel attique et de cette finesse à laquelle se prête si bien le langage bourguignon ; elles furent toutes imprimées séparément chaque année, mais il seroit presque impossible aujourd'hui d'en réunir une collection complette.

Lamonnoye étoit lié avec Aimé *Piron*; il lui reprochoit de ne point encore tirer assez de parti de la naïveté et de la grâce de l'idiôme du pays, et *Piron* se retranchoit sur l'importunité du libraire, et l'impatience de ces *bonnes-gens* qui croyoient n'avoir jamais assez tôt ses *Noëls* pour les vendre ; mais il pressa Lamonnoye de l'aider et d'en composer aussi quelques-uns *por l'aimor des fran Barozai*. Lamonnoye y consentit et composa ses noëls charmans qui laissèrent bien loin derrière eux les *Avents* de l'apothicaire.

Aimé *Piron* avoit épousé en secondes noces Anne *Dubois*, fille du célèbre sculpteur de ce nom, de laquelle il eut le fils qui rendit le nom de *Piron* immortel ; il mourut le 9 décembre 1727.

Alexis PIRON naquit à Dijon le 9 juillet 1689 ; à peine eut-il achevé ses classes au collége des Jésuites, qu'il se livra exclusivement à faire des vers ; son père n'approuvoit point une passion aussi dominante, mais remontrances, menaces, persécutions même, ne purent prévaloir sur un penchant naturel, *nascimur poetae*. Ce fut cette opposition de ses parens qu'il mit sur la scène dans sa *métromanie* ; *Crébillon* avoit éprouvé de la part de son père une pareille contrariété ; *Longepierre*, au contraire, devint poëte par complaisance pour le sien.

Le jeune *Piron* étoit dominé par des passions vives, et toujours il étoit entraîné par l'amour du plaisir et de sa liberté. Très foiblement aidé de sa famille dont l'aisance avoit été enlevée par des événemens qu'on n'avoit pu prévoir, il fut réduit aux fonctions de simple copiste dans un bureau à Paris; encore ne dut-il cette place qu'à sa belle écriture presque aussi nette que le burin. A part quelques poésies fugitives qui déceloient du talent, Piron resta depuis 1719 à 1722 à Paris dans une espèce d'obscurité; mais les pièces qu'il donna successivement au théâtre, l'en firent sortir et lui procurèrent des prôneurs et des appuis parmi lesquels compte M. de Livry, qui fut un des protecteurs de Piron les plus délicats et les plus généreux; et ce ne fut que très long-temps après que Piron le découvrit pour être celui qui, depuis plusieurs années, lui faisoit toucher une pension, dont il n'avoit pu jusques là connoître la source.

Ce poëte disoit, en parlant des maîtres de la scène, *je voudrois être Racine, et avoir été Corneille;* cependant il avoit la conviction de son mérite, s'il faut en juger par deux anecdotes assez connues.

Les comédiens ayant désiré quelques changemens à sa tragédie de *Fernand-Cortez*, l'acteur *Legrand* fut député près de l'auteur pour lui demander *quelques corrections*. A ce mot de *correction*, le poëte se gendarme, l'acteur insiste, et cite l'exemple de *Voltaire* qui corrigeoit ses pièces au gré du public : *cela est très différent*, réplique Piron, *Voltaire travaille en marqueterie, et je jette en bronze*.

Se présentant un jour pour entrer dans l'appartement d'un homme de lettres, au moment où un grand seigneur ouvroit la porte pour en sortir : débats de civilités à qui passera le premier ; le maître du logis dit alors à celui qu'il reconduisoit, *passez, Monsieur, passez, c'est un poëte*. Alors Piron enfonce son chapeau, passe le premier, en disant : *puisque les qualités sont connues, je prends mon rang*.

Ce poëte avoit le ton gai et malin,

les saillies vives et brillantes, les plaisanteries fines et adroites, la riposte heureuse et prompte; la justesse et l'énergie de ses bons mots n'ont peut-être pas moins contribué à étendre sa réputation que ses poésies et ses œuvres dramatiques; ils sont imprimés séparément, copiés dans tous les recueils; nous n'en rapporterons que les moins connus, mais avérés, et qui paroissent les plus singuliers.

Piron avoit fait hommage à la reine de Suède, d'un exemplaire de sa tragédie de GUSTAVE-VASA. Cette princesse chargea son ambassadeur de témoigner à l'auteur le plaisir qu'elle avoit eu à entendre la lecture de sa pièce, et de lui faire un cadeau qui pût lui être agréable.

L'ambassadeur, après avoir donné lecture à Piron de la lettre de sa Souveraine, lui permit de s'expliquer sur le cadeau qu'il désiroit. La Cour de France étoit alors en négociation avec celle de Suède pour en obtenir une armée en faveur du Roi de Pologne;

Piron répondit gaiement qu'*il ne demandoit à la Reine rien autre chose que d'envoyer dix mille hommes au Roi Stanislas.* Cette plaisanterie fut très applaudie à la Cour de Louis XV ; mais Piron écrivoit à sa mère, le 27 septembre 1737, *tout en resta là, et j'en fus pour mon désintéressement romain.*

Je ne puis résister au plaisir de vous rapporter encore deux de ses bons mots.

Un poëte lui lisoit une pièce dans laquelle il y avoit une infinité de vers pillés ; à tout instant Piron ôtoit son bonnet et le remettoit ; l'auteur, que ce geste fatiguoit, en demanda la raison, *n'y prenez pas garde,* répondit Piron, *ce sont des gens de ma connoissance que je salue.*

Il avoit prédit la chute d'une pièce de théâtre ; après la représentation, l'auteur vint en triomphe lui annoncer que cependant sa pièce n'avoit pas été sifflée ; *je le crois bien,* répondit Piron, *on ne sauroit siffler quand on baille.*

Une ode licencieuse que ce poëte avoit composée dans sa jeunesse (1), lui ayant fermé les portes de l'Académie française, le poëte s'en vengea par cette épigramme si connue qu'il destinoit pour son épitaphe :

Ci-gît Piron qui ne fut rien,
Pas même académicien.

On inféra de là que Piron dédai-

---

(1) La tradition rapporte, au sujet de cette pièce de vers, des détails qu'il n'est pas hors de propos de consigner. Piron étoit à déjeûner avec plusieurs jeunes gens de son âge; le bon vin ayant un peu trop, et même outre mesure, égayé les propos, un défi fut porté à qui feroit la pièce de poésie la plus libertine pour être lue et jugée à leur prochaine réunion; chacun des convives donna la sienne; Piron montra son *Ode à Priape*, elle fut jugée celle qui l'emportoit sur les autres; elle est en effet le *nec plus ultrà* de la licence, mais en même temps un chef-d'œuvre de verve et de vraie poésie.

Plusieurs copies en furent prises et l'ode circula. Cependant le respect dû aux mœurs ne pouvoit tolérer qu'on répandît dans le public une pièce aussi licencieuse, et le Procureur général informa d'office contre le *quidam* au-

gnoit toutes les réunions littéraires ; l'Académie de Dijon peut fournir la preuve contraire : il y fut reçu académicien honoraire le 11 janvier 1762, et se montra même très sensible à cette marque d'estime, ainsi qu'à l'honneur que lui fit cette compagnie de placer son buste au salon des séances parmi ceux des grands hommes de la pro-

---

teur de ces vers libertins, pour le faire punir suivant la sévérité des lois. Le jeune Piron étoit connu pour l'avoir faite, il ne pouvoit manquer d'être dénoncé à l'autorité, et conséquemment alloit être flétri dès les premiers pas de sa carrière. Un magistrat de mœurs sévères, mais indulgent pour les fautes de jeunesse, découvrant dans cette ode, le germe de talens supérieurs, et ne voulant pas priver son siècle d'un poëte qui s'annonçoit, et comprimer dès son début l'essor du génie, fut trouver le Procureur général, et lui dit qu'il venoit lui désigner celui qui avoit fait l'ode contre laquelle il avoit donné son réquisitoire, et se nomma pour en être l'auteur. Le Procureur général interdit, comprit aussitôt que le Président Bouhier vouloit sauver le jeune poëte, et l'information resta assoupie au greffe de la Cour.

vince; l'auteur de la Métromanie le méritoit sans doute, mais il n'en fut pas moins très flatté de voir son nom accolé à ceux des *Bouhier*, des *Crébillon*, des *Debrosses* et des *Buffon*, et il donna constamment à cette Académie des preuves de son attachement, soit en lui faisant hommage de plusieurs pièces de vers, avant qu'elles ne parussent; soit en annonçant l'intention de la rendre dépositaire de ses manuscrits; soit enfin par une correspondance suivie avec les *Legouz-Gerland*, de *Ruffey*, *Maret*, *Debrosses* et *Dumai*. Piron adressa à l'Académie un très bel exemplaire de la première édition de ses œuvres, (Paris, Duchesne, 1758, in-12, 3 vol. mar. r. fil. B. et B.) sur lequel il fit imprimer par le relieur :

A Messieurs de l'Académie de Dijon, de la part de leur très humble et très respectueux serviteur et admirateur, Piron.

Ce poëte célèbre avoit épousé Marie-Thérèse Quenaudon, de laquelle il devint veuf en 1751, et qui ne lui donna pas d'enfans; il mourut à Paris le 21 janvier 1773. M. Perret a publié son éloge, M. de Juvigny fut l'éditeur de ses œuvres complettes. Son portrait est gravé plusieurs fois.

Son neveu, Bernard PIRON, né à Dijon le 16 décembre 1718, reçu avocat au parlement de cette ville, membre de l'Académie des sciences, arts et belles-lettres dès 1740, date de sa formation, n'étoit, pas moins que son oncle, habile à aiguiser l'épigramme; on en cite de lui beaucoup d'heureuses, et même un peu trop mordantes; elles n'ont jamais été imprimées; passionné pour la poésie, Bernard Piron s'occupa exclusivement à faire des vers, et, quoique peu riche, négligea tous les autres genres de travail. Il mourut à Dijon le 9 mai 1812; en lui s'éteignit et le nom, et les talens poétiques des *Piron*.

Nous sommes sur la place S.ᵗ-Jean: portez vos regards à gauche, le bâtiment qui termine votre point de vue, est l'hôtel de l'ACADÉMIE DES SCIENCES.

La patrie de tant d'hommes célèbres dans tous les genres, devoit leur offrir un point de contact, un centre de réunion. Les *Lantin*, les *Bouhier*, les avoient reçus dans leurs bibliothéques, mais M. *Pouffier* sentit qu'il leur falloit un local indépendant des circonstances, et même un revenu proportionné aux frais des séances, aux dépenses de rassemblement; il en fit les fonds par son testament du 1.er octobre 1725, et l'Académie des sciences, constituée en vertu de lettres-patentes du mois de juin 1740, tint sa première séance publique le 13 janvier 1741 dans l'une des salles de l'hôtel-de-ville.

Mais M. Pouffier, dans sa fondation, ayant eu principalement en vue le complément de l'université que la province n'avoit pu obtenir, ne s'étoit occupé que de la philosophie et de la médecine; une autre société, pour la partie des belles-lettres, s'étoit formée en 1752, et tenoit ses séances dans la bibliothéque du président de *Ruffey* :

elle se réunit, en 1759, à celle fondée par M. Pouffier ; alors l'Académie reçut son complément, elle embrassa les sciences, les arts et les belles-lettres, ce qui fut le motif de la devise qu'elle adopta, *certat tergeminis tollere honoribus*.

Le doyen du parlement avoit été chargé, par M. Pouffier, de fournir le local des séances publiques et particulières, soit dans l'hôtel qu'il avoit affecté au Décanat à cette condition, soit à ses frais, dans tout autre local convenable. L'Académie tint ses séances, d'abord dans l'une des salles de l'hôtel-de-ville, puis dans celle du cloître des Jacobins, depuis 1763 à 1774 ; alors elle acheta, des fonds provenant de la générosité de son fondateur, l'hôtel de Grammont, qui lui offroit pour les séances publiques un magnifique salon élevé sur les dessins de Mansard ; cet hôtel fut réparé, distribué, agrandi aux frais de l'Académie.

La bibliothéque est composée de livres que plusieurs académiciens lui ont donnés, de ceux dont on lui a fait l'hommage, et d'ouvrages publiés par ses membres et ses associés correspondans ; le médailler est un don de M. le président de *Ruffey* et de madame la Comtesse de *Rochechoüart*.

Le cabinet d'histoire naturelle est dû à M. de *Clugny* et à M. *Legouz-Gerland*. Il possède la collection de mines de fer formée par MM. Bouchu et de Courtivron ; on y voit de belles quilles de basalte provenant du volcan de *Drevin* près Couches, actuellement éteint, dont l'éruption fut reconnue devoir se rapporter à une époque infiniment reculée, mais aussi dont l'existence ne laisse pas la matière d'un doute. Le Marquis du *Terrail* et Mme de *Crussol* son épouse, fondèrent le prix que l'Académie distribue chaque année sur diverses questions de littérature ou d'utilité publique ; les mémoires de cette société ont été publiés en 1769 et 1774, grand in-8.° 2 vol. et de 1782 à 1785, pour la partie des sciences. in-8.° 4 vol.

Cette Académie s'enorgueillit, à juste titre, des hommes de mérite qu'elle a comptés parmi ses membres : les Bossuet, Crébillon, Rameau, Buffon, Piron, ont leurs bustes au salon des séances publiques, parmi ceux des grands hommes de la province ; les Hoin, Leroux, Enaux, Maret et Durande, Monnier et Devosges ont les leurs au salon des séances particulières, qui est encore décoré des portraits de Pouffier, de Legouz-Gerland, du marquis de Mimeures (1), et du Comte de Vergennes.

Presque tous les savans dijonnais

---

(1) Jacques-Louis *Vallon*, marquis de Mimeures, né à Dijon le 19 novembre 1659, Chevalier de Saint Louis, Lieutenant général des armées du Roi, Gouverneur d'Auxonne où il mourut le 3 mars 1719, fut admis en 1707 à l'Académie française. Poëte latin et français, ses vers pleins de finesse et de grâces, sont dignes de Tibulle et d'Anacréon ; sa seule traduction de la xixe ode, liv. 1.er d'Horace, suffit pour assigner au marquis de Mimeures un rang distingué parmi les poëtes français, au jugement de Dalembert et de Voltaire.

du XVIII.ᵉ siècle, dont je vous ai parlé, étoient membres de cette Académie ; les *Herschell, Saussure* et *Bomare,* les *Bertholon, Vicq-d'Azir, Rozier, Perronnet, Gaillard, Desormaux, Bullet, Boufflers, Caffieri, Vincent,* marquoient parmi ses correspondans ; les comtes *Lacépède, Chaptal, François de Neufchateau,* les *Carnot, Parmentier, Delandine,* etc. etc. honorent encore aujourd'hui la liste de ses associés ; cependant il est encore quelques dijonnais membres de cette Académie, que je ne dois pas omettre dans cette liste.

Jean-Bernard LEBLANC, né à Dijon le 3 décembre 1707, auteur de la tragédie d'*Abenzaïd,* représentée en 1735, dont les journaux du temps ont fait l'éloge, et qui eut d'abord au théâtre du succès, est encore connu par quelques poésies. *Son poëme sur l'histoire des gens de lettres de Bourgogne,* Dijon, 1726, in-8.°, *ses Dialogues sur les mœurs des Anglais,* sa traduction des *Discours politiques de Hume,* lui firent offrir par le roi de Prusse une place à l'Académie de Berlin, s'il vouloit venir demeurer dans ses états, mais Leblanc préféra de rester dans sa patrie ; il fut nommé historiographe des bâtimens du Roi, et mourut à Paris en 1781.

Antoine BRET, né à Dijon en 1717, mort à Paris le 25 février 1792, est connu par différens ouvrages en vers et en prose qu'il publia successivement. *Ses poésies légères* et ses *comédies* sont réunies en deux vol. in-8.° 1778. *Vie de Ninon de l'Enclos*, 1751, in-12. *Les quatre Saisons*, poëme, 1764, in-4.° Essais de *Contes moraux*, 1763, in-12. *Les Amans illustres*, 1769, in-12., 3 vol. *Fables orientales*, 1772, in-8.° *Mémoires de Bussi-Rabutin*, 1774, in-12., 2 vol. *Commentaire sur les œuvres de Molière*, 1791, in-8.°, 6 vol. On lui attribue encore les romans de *Cytheride*, 1743, les *Galanteries de Thérèse*, 1745, la *Courtisanne grecque*, 1746, 2 vol. *Histoire bavarde*, 1749, et beaucoup de pièces fugitives, insérées dans l'Almanach des muses, le Mercure de France et autres journaux.

Jean-Bernard MICHAULT, né à Dijon le 18 janvier 1707, mourut le 16 novembre 1770. Il fut le premier secrétaire perpétuel de l'Académie des sciences de cette ville, et eut des connoissances littéraires et bibliographiques très étendues ; il publia, en 1734, in-8.°, des *réflexions critiques sur l'élégie ;* en 1736, in-4.° *l'explication des dessins des tombeaux des ducs de Bourgogne ;* en 1738, des *lettres sur la botanique ;* en 1741, une *dissertation sur le vent de Galerne ;* en 1751, *les lettres choisies de la Rivière,* in-12, 2 vol. ; en 1754, *des mélanges philologiques,* in-12., 2 volumes ; en 1761, *des mémoires sur Lenglet-Dufresnoi ;* il est auteur de plusieurs éloges et notices insérés dans les hommes illustres du P. Niceron, de ceux de *Dalechamp, du chevalier de Merré, d'Anlezi, Crébillon* et autres. M. de Morveau publia le sien dans son recueil d'éloges historiques. Paris, 1775, 3 vol.

Henri-Claude Picardet, né à Dijon le 30 septembre 1728, commença sa carrière littéraire par plusieurs ouvrages sur l'éducation, Dijon, 1756 et 1763, in-12; son histoire des *deux Abdalonymes*, 1779, in-8.°, est un roman moral destiné à l'instruction de la jeunesse; il avoit entrepris la *grande apologétique*, ou réfutation de toutes les hérésies, mais sa mauvaise santé le força d'abandonner un aussi grand ouvrage. Le village de Neuilly, dont M. Picardet étoit prieur, se ressent encore des prix que ce vertueux ecclésiastique et le seigneur de ce village y avoient fondés en faveur du jeune homme qui, pendant l'année, se seroit montré le plus sage et le plus laborieux de sa paroisse; institution qui, pour un autre sexe, rivalisoit avec la cérémonie de la *Rosière* (1).

―――――――――――――

(1) En 1769, un jeune homme nommé *Philibeau* étant mort quelque temps avant la

Pierre-Isaac POISSONNIER, né à Dijon le 5 juillet 1720, fut reçu à 26 ans professeur de médecine à l'université de Paris; en 1758, il fut envoyé à l'impératrice de Russie, comme un des plus habiles médecins qu'eût à lui donner la Cour de France; à son retour, il fut couvert de titres honorables et de récompenses, nommé premier médecin des armées, inspecteur-général de la médecine dans les colonies, membre de l'Académie des sciences; il fut encore gratifié d'une pension de 12,000 f. et du cordon de Saint Michel.

M. Poissonnier fut le premier qui ouvrît un cours de chimie à Paris; il publia les tomes 5 et 6 du cours de chirurgie, un *traité sur les fractures*

---

distribution de la médaille, celui qui l'obtint, jugeant le défunt plus digne que lui de la recevoir, l'attacha à un rameau orné de deux couronnes, l'une d'épis, l'autre de roses, et fut planter le rameau sur la tombe de son ami, en disant, *tu la méritois mieux que moi.*

et luxations, 1749, in-12.; *formules des hôpitaux militaires,* 1758, in-8.°; *un essai sur les moyens de dessaler l'eau de la mer,* 1763; *un traité sur les fièvres de St.-Domingue,* 1763, in-8.°; *un traité sur les maladies et la nourriture des gens de mer,* 1780, in-8.° 2 v.; *abrégé d'anatomie,* in-12., 1783, 2 vol., etc., etc., etc.; il succomba à ses douloureuses infirmités le 22 août 1799, et fut inhumé à Paris; son portrait est gravé par *Benoist.*

Les Thiard ne se sont pas moins distingués dans les lettres que dans la carrière des armes, et dans les hautes dignités de l'église. (V. pag. 350, 365.)

Claude de Thiard, comte de Bissi, né en 1721, lieutenant-général dès 1762, a pris une part active à toutes les guerres qui ont eu lieu depuis 1741 à la paix de 1763; gouverneur d'Auxonne en 1750, lieutenant-général au gouvernement de Languedoc en 1771, il avoit été reçu à l'Académie française en 1750, et à celle de Dijon en 1765. On connoît de lui *des lettres sur le patriotisme*, 1750, in-8.°; *l'histoire d'Emma*, 1752, in-12. Rappelé en 1801 à la deuxième classe de l'institut, il mourut à Paris le 26 septembre 1810.

Gaspard-Ponthus, marquis de THYARD, né le 26 mars 1723, obligé par délicatesse de tempérament d'abandonner le parti des armes auquel il s'étoit d'abord consacré, s'adonna à la culture des belles-lettres. Plusieurs *mémoires sur la bonne chère des anciens* lui ouvrirent, en 1769, les portes de l'Académie de Dijon; il a donné une traduction des Nuits d'Young, et *l'histoire de Ponthus de Thyard suivie de la généalogie de sa maison*, 1784, in-8.° On a de lui plusieurs pièces de poésie insérées dans les journaux du temps. Il mourut à Semur le 28 avril 1786.

Deux antiquaires bourguignons appartenoient encore à cette société savante.

Jean-Baptiste *Lacurne de* SAINTE-PALAYE, né à Auxerre le 6 juin 1697, membre de l'Académie française, et de celle des inscriptions, étoit un antiquaire laborieux et un savant éclairé. Ses *mémoires sur l'ancienne chevalerie,* 1759, 2 vol., et 1781, 3 vol. in-12; ceux sur *Froissart* et autres chroniqueurs anciens; une foule de dissertations savantes dont il a enrichi les mémoires de l'Académie des inscriptions, lui donnent un rang distingué parmi les plus habiles antiquaires et les plus érudits; ce savant avoit un calme et une sérénité d'ame, qui étoit l'indice de ses vertus morales; il ne se consola jamais de la perte de son frère, avec lequel il avoit passé la plus grande partie de sa vie, et fut le rejoindre au tombeau le 1.er mai 1781, âgé de 84 ans.

François Pazumot, né à Beaune le 13 avril 1753, mort en la même ville le 10 octobre 1804, consacra toutes ses études à la science des antiquités; quarante-six dissertations ou mémoires historiques qu'il publia successivement, et dont le détail est donné dans toutes les biographies, attestent ses vastes connoissances, son érudition consommée, sa critique judicieuse; ses derniers travaux furent consacrés à la religion chrétienne; il fournit plusieurs articles aux éditeurs des *annales de la religion*, et composoit un traité des *preuves du christianisme,* lorsque la mort le surprit dans un voyage qu'il avoit fait dans sa patrie.

Pourrois-je ne pas vous nommer parmi les illustres de cette Académie, Jérôme-François de la Lande, né à Bourg le 11 juillet 1732, dans le ressort de l'ancien parlement et de l'ex-intendance de Bourgogne, l'un des célèbres astronomes du XVIII.e siècle, membre de tous les corps savans de l'Europe, dont il a enrichi les portefeuilles de ses découvertes profondes, de ses nombreux écrits en astronomie, au nombre de 160, collaborateur du grand ouvrage sur les arts et métiers, pensionnaire des cours de S^t.-Pétersbourg et Berlin; la Lande ternit la fin de ses jours en professant hautement l'athéisme, au point que par lettre du camp de Schoenbrunn, du 18 jan.^{er} 1806, S. M. lui fit enjoindre de ne plus rien donner au public sous son nom; cette lettre, lue dans une séance générale de l'institut, portoit en substance que M. de la Lande, dont le nom, jusqu'ici, étoit attaché à d'importans travaux dans les sciences, venoit de tomber dans un *état d'enfance* qui se manifestoit, soit par de petits articles indignes de son nom, soit par la profession publique qu'il faisoit de l'athéisme, *doctrine désolante qui, si elle ne démoralise pas quelques particuliers, démoralise le corps social*. Il mourut à Paris le 4 avril 1807. Son portrait est gravé par *Malœuvre*.

L'hôtel de l'Académie des sciences, arts et belles-lettres, est en ce moment le siége de l'ACADÉMIE IMPÉRIALE universitaire qui y fait la plus grande partie de ses cours ; elle est composée des facultés de droit, des sciences et des lettres; il ne manquoit que celles de théologie et de médecine, mais si l'on ne les a pas suppléées, quant aux grades, elles sont remplacées, quant à l'instruction, la première, par le séminaire; la seconde, par un établissement d'instruction médicale créé par décret du 28 août 1808, et composé de six professeurs, qui font les cours théoriques et pratiques de médecine, chirurgie, pharmacie, suffisans pour l'instruction des simples officiers de santé.

Ces facultés sont sous la direction d'un Recteur aussi respectable par son aménité que par la vaste étendue de ses connoissances.

Cet hôtel a sa principale porte sur une place appelée le PONT-ARNOT, parce qu'elle est sur le cours de Suzon, recouvert par des *Arnots* ou voûtes sous lesquelles coule cette petite rivière. — Pont-Arnot.

Un peu plus au nord est la place MORIMONT, ainsi dénommée, non de ce qu'elle est affectée aux supplices — Place Morimont.

des criminels (*mori-mons.*), mais de ce qu'à l'angle Nord-Est de cette place, étoit l'ancien hôtel des abbés de *Morimont*.

Cette abbaye, l'une des quatre filles de Cîteaux, étoit considérée comme chef d'ordre, tant parce qu'elle comptoit plus de sept cents monastères de sa filiation, que parce que les ordres militaires de *Calatrava*, d'*Alcantara*, du *Christ*, d'*Avis* et de *Monteza*, reconnoissoient l'abbé de Morimont pour leur supérieur immédiat.

Rue St.-Jean. Au nord de cette place est la grande rue Saint-Jean, dans laquelle demeuroit Antoine Leroux, né à Dijon en 1730, chirurgien d'un mérite distingué, membre de plusieurs sociétés savantes, auteur des méthodes curatives *de la rage, du venin de la vipère*, de la *pustule maligne*, dont l'efficacité est généralement reconnue; cet habile chirurgien joignoit à une savante théorie, l'adresse dans les opérations; il mourut à Dijon le 23 octobre 1792.

A l'angle Nord-Est de cette rue est le bel hôtel *Montaugé*, élevé sur les plans et les dessins du célèbre LE MUET.

Pierre LE MUET, né à Dijon le 7 octobre 1591, fils de Philippe *le Muet*, garde d'artillerie, et d'Anne *de Cirey*, fut l'un des plus célèbres architectes de son temps, et très instruit dans les mathématiques ; le cardinal de Richelieu l'employa à fortifier plusieurs villes de Picardie ; la reine Anne le choisit pour achever la construction du *Val-de-Grâce,* l'un des plus beaux monumens de la capitale ; il donna les plans du grand hôtel de Luynes, de ceux de l'Aigle et de Beauvilliers, admirés à Paris. Le Muet a composé plusieurs traités d'architecture estimés : *les cinq ordres d'architecture des anciens,* 1641, in-8.° ; *Règles des cinq ordres d'architecture de Vignoles*, 1632, in-8.° ; *la manière de bien bâtir* 1626, in-fol., ouvrages dont les gens de l'art font beaucoup de cas. Il mourut à Paris le 28 septembre 1669 ; mais ce n'est point le seul architecte distingué qu'ait fourni la Bourgogne.

Guillaume Philandrier, né à Châtillon en 1505, fut le restaurateur de la bonne architecture en France, l'annotateur *de Vitruve,* auquel il ajouta un cinquième ordre d'architecture, et fraya la route à *Vignole,* qui ne fit que suivre les règles tracées par Philandrier. La cathédrale de Rhodez, dont il devint archidiacre, est un de ses ouvrages, et atteste ses talens et son génie. Philandrier fut constamment attaché au cardinal *d'Armagnac,* son Mécène et son ami, près duquel il mourut à Toulouse, le 18 février 1565. Phil. de la Mare publia son éloge.

Louis Savot, né à Saulieu en 1579, fut à-la-fois naturaliste et médecin, antiquaire et architecte; il publia *l'art de guérir par la saignée, traduit de Galien.* Paris, 1603, in-12. *Discours sur les médailles.* Paris, 1627, in-4.º *L'architecture française.* Paris, 1624, in-8.º, qui est le plus estimé de ses ouvrages. Savot étoit aussi respectable par ses vertus que par ses talens; il mourut à Paris, médecin de Louis XIV, en 1640.

Léonard RACLE, né à Dijon le 30 novembre 1736, mort à Pont-de-Vaux le 8 janvier 1791, fut l'ami de *Voltaire*, édifia Ferney et le port de Versoix; ses ponts en fer, d'une seule arche, son mémoire sur la cycloïde, les moyens qu'il avoit imaginés pour abriter les vaisseaux en rade, prouvent les talens et l'étendue des connoissances de cet ingénieur, dont M. Amanton a publié l'éloge. Dijon, 1810, in-8.°

Jacques-Germain SOUFFLOT, né en 1713 à Irancy, près d'Auxerre, manifesta, dès sa plus grande jeunesse, un goût décidé pour l'architecture, étudia cet art avec passion, et y acquit des talens distingués; la bourse, le théâtre, le bel hôpital de Lyon, Ste.-Geneviève de Paris, porteront aux siècles futurs le mérite de cet artiste. Soufflot étoit intendant des bâtimens du roi, membre de l'Académie d'architecture, décoré du cordon de St.-Michel ; il mourut à Paris le 29 août 1780. Son portrait est gravé par Cars.

A côté du bel hôtel édifié sur les dessins de *Lemuet,* est la rue Brulart, qui portoit autrefois le nom de *petite rue St.-Jean.*

{Rue Brulart.}

Trois magistrats, du nom de *Brûlart,* ont présidé l'ancien parlement de Bourgogne ; le plus illustre est Nicolas Brulart, né à Dijon le 19 janvier 1627, et qui succéda en 1657 au président Laisné de la *Marguerie.*

Il n'avoit que trente ans lorsqu'il fut revêtu de cette haute magistrature ; mais son mérite personnel, sa pénétration, sa fermeté, l'eurent bientôt placé au rang des plus grands magistrats.

Très zélé pour les intérêts de la province, il s'opposa avec fermeté à l'enrégistrement de quelques édits préjudiciables à la Bourgogne ; cette résistance ayant déplu à la Cour, Brûlart fut exilé dans la citadelle de

Perpignan. A son rappel, le prince de Condé espéra plus de soumission, et reproduisit à l'enrégistrement les mêmes édits ; mais non moins ferme que le célèbre procureur-général dont il descendoit, Nicolas Brûlart, répondit avec fermeté : Prince, *je vois encore d'ici les tours de Perpignan,* et les édits furent retirés pour ne reparoître plus.

Il mourut le 30 août 1692, honoré des regrets de toutes les classes de citoyens, et fut inhumé près de ses pères, en l'église des cordeliers de Dijon. Son portrait est gravé par *Landri;* le P. *Cenami* publia son oraison funèbre. Dijon, 1692.

De l'autre côté de la rue *Brûlart* étoit l'hôtel de Sennecey.

La maison de Béaufremont, dont celle de Sennecey étoit une branche, étoit l'une des quatre plus anciennes familles de la province; les aînés prenoient le titre de *premier baron chrétien de Bourgogne;* cette race, disoit Henri IV, *étoit sage dès le ventre de la mère;* elle avoit contracté des alliances avec presque toutes les maisons souveraines de l'Europe.

Parmi les gentilshommes de cette maison, nous remarquerons :

Pierre de *Beaufremont*, qui publia le superbe tournois de 1443. V. p. 311.

Nicolas *de Beaufremont-Sennecey* qui fut deux fois de suite (chose alors sans exemple) élu de la noblesse des états de Bourgogne ; député de cet ordre aux états-généraux de 1560 et 1576, il présida la chambre de la noblesse, et y porta la parole avec la liberté d'un Gaulois, et la dignité d'un Romain ; il fut nommé grand-prévôt, et dans cette place il prit, il faut le dire, une part trop active aux massacres de la Saint Barthelemi, en livrant à la férocité du peuple le malheureux président de la place. il mourut le 20 février 1582.

Claude son fils, élu des états de Bourgogne, président de la noblesse aux états-généraux de 1588 et 1593, y porta la parole avec beaucoup de dignité, de force et d'agrémens ;

grand partisan de la ligue, il fut son ambassadeur à Rome, mais il l'abandonna en 1595, et mourut l'année suivante.

Henri, fils du précédent, élu de la province en 1605, président de la noblesse de France aux états-généraux de 1614, ambassadeur en Espagne, maréchal-de-camp, gouverneur d'Auxonne, mourut en 1622 des suites de ses blessures au siège de St.-Antonin.

Ces trois personnages eurent également la confiance de la province, de la noblesse et de leurs rois ; ils sont les seuls qui puissent se vanter d'avoir fourni de pères en fils, et de suite, cinq présidens à la noblesse de France assemblée en états-généraux.

L'hôtel des Beaufremont est devenu celui de M. Gabriël Courtois de Quincey, dernier évêque de Belley, né à Dijon en 1714, grand archidiacre du diocèse de Dijon, sacré évêque le 22 août 1751.

Il est assez curieux de connoître l'anecdote qui fit nommer M. de

Quincey à l'évêché de Belley ; le jeune Courtois avoit un beau physique et un extérieur soigné ; on le surnommoit à Paris *l'Abbé à la belle jambe* : c'en étoit assez pour que l'évêque de Mirepoix, alors chargé de la feuille des bénéfices, ne fût pas disposé en sa faveur.

Un jour ce jeune ecclésiastique voyageoit dans la diligence de Lyon à Paris ; plusieurs abbés s'y trouvèrent, qui ayant à se plaindre de l'évêque de Mirepoix, ne l'épargnèrent pas ; M. de Quincey le défendit avec tant d'esprit et d'adresse, qu'il réduisit ses adversaires au silence.

Parmi les voyageurs étoit un vieux prêtre qui n'avoit pris aucune part à la discussion ; lorsqu'on fut arrivé à Paris, il engagea l'abbé de Quincey d'aller le voir aux Théatins ; peut-être, ajouta-t-il, aurai-je le bonheur de vous être utile, et de vous prouver combien je suis sensible à l'intérêt que vous avez mis à défendre mon frère, l'évêque de Mirepoix.

L'abbé de Quincey ne manqua pas au rendez-vous ; et du plus loin que l'abbé Boyer l'aperçut, il lui tendit les bras, et lui dit, en l'embrassant, *allez remercier mon frère, qui vient de vous nommer à l'évêché de Belley ;* M. de Quincey s'y rend avec empressement, et l'évêque de Mirepoix n'est pas moins surpris de rencontrer dans celui qu'il venoit nommer, l'abbé qu'il avoit jugé si défavorablement sur l'apparence, mais qui par la suite sut si bien justifier son choix.

Un autre prélat, Bourguignon d'origine, avoit illustré le même siège ; Jean-Pierre Camus, dont l'aïeul étoit maire d'Auxonne, est né à Paris en 1582, fut sacré dans sa cathédrale le 30 août 1609, par Saint François de Sales, dont il étoit l'ami intime. Cet évêque de Belley est connu par ses perpétuelles déclamations contre l'inutile oisiveté des moines de son temps, seul défaut que lui reprochoit le cardinal de Richelieu, *sans cela,* lui disoit ce ministre, *je vous canoniserois. Plût à Dieu, Monseigneur,* repart l'évêque, *que cela pût arriver, nous aurions l'un et l'autre ce que nous desirons, vous seriez pape et je serois saint.*

La vie pieuse et exemplaire de l'évêque de Belley, ses nombreux écrits de controverse et de morale (Niceron en mentionne 186), lui firent offrir les riches évêchés d'Arras et d'Amiens, il les refusa; *la petite femme que j'ai*, répondit-il, *est assez bonne pour un cumus;* il la quitta cependant en 1629, mais ce fut pour se livrer entièrement à l'étude, et se retira dans son abbaye d'Aulnay; puis dans la vue de travailler plus saintement encore à son salut, il vint se confiner à l'hôpital des incurables à Paris, où il termina ses jours le 26 avril 1652. Son portrait est gravé par *Picart* et *Mellan.*

Place St.-Jean. Cette place où nous sommes arrivés par la rue *Piron*, est celle de SAINT-JEAN, sur laquelle l'on avoit coutume d'allumer chaque année le soir de la veille de Saint Jean-Baptiste, la *follière de la Saint Jean*, à laquelle Henri IV mit le feu le 23 juin 1595, à huit heures du soir *après souper*.

Ce feu de joie paroît aussi ancien que le monde, puisqu'il n'est autre chose que la fête du solstice d'été, qui autrefois commençoit l'année, que les Grecs célébroient par leurs fêtes *laphries* en l'honneur de *Diane*, que les Romains fêtoient en l'honneur de *Janus*, et les Juifs, lorsqu'ils rendirent hommage à *Moloch*, qui n'est autre que *Saturne*, ou le dieu des périodes et des temps. Michault a fait de l'origine de ces feux le sujet de l'une de ses savantes dissertations; M. Mailly s'étoit aussi occupé de l'explication de cet usage.

Sur la place St.-Jean étoient plusieurs hôtels remarquables.

En face de la rue *Piron* étoit l'hôtel d'Orange.

Jean de Châlon, Prince d'Orange, étoit l'un des plus puissans seigneurs de la cour des ducs de Bourgogne; Louis XI qui connoissoit toute son influence dans la province, le chargea du soin de lui en concilier les habitans, et de les amener à lui laisser prendre la garde du pays de Bourgogne pendant la minorité de la princesse Marie, sa nièce et sa filleule, qu'il annonçoit vouloir marier avec le Dauphin ; le prince d'Orange réussit complétement dans cette mission ; il reçut des états des deux provinces la promesse de fidélité au roi de France, et leur consentement pour recevoir, dans leur pays, garnison française.

Mais dès que Louis XI se vit en possession de ces belles provinces, il cessa de dissimuler, *qui nescit dissimulare, nescit regnare,* telle étoit sa devise; il éloigna la conclusion du mariage de la jeune duchesse avec son fils, sous prétexte que celui-ci étoit trop jeune, et ne craignit même pas d'avancer hautement qu'il n'avoit pris possession du duché de Bourgogne qu'à titre de réversibilité à la couronne, faute d'hoirs mâles, et qu'il ne s'étoit emparé du comté qu'en vertu de la donation d'Otton.

Alors Jean de Châlon ne voulut pas encourir, de la part des deux Bourgogne, le reproche de les avoir trompées; il se retourna du côté de la princesse Marie, qui le nomma son lieutenant-général dans ses pays de Bourgogne, et il fit servir le même crédit qu'il avoit employé en faveur de Louis XI, à faire rentrer dans les mains de l'héritière de Bourgogne, les provinces de son patrimoine; la Franche-Comté abandonna Louis XI, et retourna, ainsi que le comté d'Auxonne, en l'obéissance de la jeune Marie.

Furieux de la révolution qui venoit de s'opérer dans ces pays, Louis XI fit tomber toute sa colère sur le prince d'Orange, qu'on appeloit par dérision *le prince des trente deniers;* il ordonna au sire de Craon de se saisir de sa personne et de le faire brûler vif, mais à défaut d'avoir pu s'emparer de ce prince, on lui fit son procès comme faux et traître chevalier, il fut pendu en effigie, par les pieds, ses biens furent confisqués, et sa maison de la place St.-Jean rasée.

Le prince d'Orange sentant bien qu'il ne pourroit pas ramener en l'obéissance de Marie le duché de Bourgogne, mit tous ses efforts à lui conserver du moins la Franche-Comté, et cependant ne put empêcher Louis XI de s'en rendre maître ; mais après cinq années de guerre entre les deux provinces de Bourgogne, la Franche-Comté fut rendue à la fille du duc Charles, Louis XI conserva le duché, et le prince d'Orange amnistié fut réintégré dans ses biens.

Philibert de Châlon, prince d'Orange, fils du précédent, piqué de n'avoir pas obtenu le pas sur un ambassadeur, quitta la cour de François I.er, et passa au service de l'Empereur ; ses biens de France furent pour la seconde fois confisqués. En 1521 il avoit repris Tournai sur les

Français, mais ayant été fait leur prisonnier en 1524, il fut renfermé à la tour de Bourges, où il resta jusqu'au traité de Madrid. En 1527, il prit Rome, et saccagea cette ville ; il fut tué en 1530 dans le combat de Pistoye. Ce prince ne laissa qu'une fille, qui porta ses biens dans la maison de Nassau, de laquelle l'hôtel d'Orange fut acheté par *Charles Févret*, qui l'a fait rebâtir.

A gauche de cet hôtel est la maison où naquit le *grand Bossuet*, aujourd'hui occupée par un libraire (1) ; à droite est l'hôtel de *Jaucourt*.

―――――――

(1) En allant visiter la maison d'un grand homme, on aimeroit à la retrouver sans aucun changement, et telle qu'elle étoit à l'époque où il l'habita ; mais peu de personnes s'imposeroient la loi de conserver religieusement une maison dans son état ancien ; il n'appartient qu'à la pauvreté de les laisser telles qu'elles furent jadis, et j'aime mieux la modeste maison de Vauban occupée par un sabotier que par un homme riche ; du moins en y entrant, j'y reconnois la place où reposoit le berceau d'un

Au côté opposé étoit l'hôtel de *Lantenay*, depuis appelé de Montgomery, après le mariage de Huguette de *Corcelles - Pourlans* avec Robert de *Montgomeri*, issu des anciens rois d'Ecosse, et qui habita longtemps cet hôtel dans le XVe siècle.

Son fils Jacques, duc de Lorges, fut un des plus braves (1) et des plus

---

grand homme, la croisée par laquelle le soleil répandoit sur lui ses rayons bienfaisans ; j'y retrouve la cheminée, le foyer près duquel je me le représente assis ; j'examine avec respect tous les détails de la maison : il n'en est pas de même si elle a changé de forme et de distribution intérieure.

(1) Brantome raconte qu'un jour que François Ier regardoit combattre des lions depuis le balcon du palais des Tournelles, une dame laissa tomber son gant dans l'arène, et dit au capitaine de Lorges : *Si vous voulez que je croie que vous m'aimez autant que vous me le jurez tous les jours, allez ramasser mon gant.* De Lorges descend, se fait ouvrir l'arène, ramasse le gant au milieu de ces animaux furieux, remonte au balcon, et jette le gant au nez de la dame qu'il ne voulut jamais voir depuis, quelques agaceries qu'il en reçût.

vaillans capitaines du siècle de François I.er Ce Monarque étant allé passer les premiers jours du mois de janvier 1521 à Romorantin, chez la duchesse d'Angoulême sa mère, informé que la veille de l'Épiphanie le comte de St.-Pol avoit rassemblé chez lui un grand nombre de seigneurs de la cour, pour y tirer le roi de la fève, François I.er eut la fantaisie d'envoyer défier le roi du festin, plaisanterie assez conforme aux mœurs de chevalerie qui florissoient sous ce règne.

Le comte de St.-Pol, en brave chevalier, accepte le défi avec ses convives; ils firent ramasser à la hâte des pelotes de neige, des œufs, des pommes, barricadèrent les portes, et se mirent en devoir de soutenir l'assaut.

Mais les assiégés, et cela devoit être, eurent bientôt épuisé leurs munitions de guerre, tandis que les assaillans qui à l'extérieur ne manquoient pas de pelotes de neige, poussoient vigoureusement l'attaque; ils étoient prêts à enfoncer les portes du logis, lorsque le plus ardent des convives, le capitaine de Lorges, saisissant un tison enflammé, le jetta sur les assiégeans; il tomba sur la tête du roi, qui fut renversé sans connoissance, et rapporté au château de Romorantin, perdant tout son sang.

On voulut rechercher quel étoit l'imprudent qui avoit été cause de cet accident, mais François I.er ne le voulut pas permettre; *c'est moi, *dit-il, *qui ai fait la folie, il est juste que j'en boive ma part,* et le duc de Lorges ne perdit pas même la faveur du prince (1).

Aussi mal-adroit, mais plus malheureux, Gabriël de Lorges, comte de Montgomery, fils du précédent,

---

(1) On attribue à cet événement, l'usage de porter la barbe longue et les cheveux courts; François I.er ayant été obligé de se faire couper les siens par rapport à sa blessure, tous les courtisans s'empressèrent d'adopter cette mode qui subsista jusqu'aux énormes perruques dont on s'affubla la tête sous le règne de Louis XIV.

paya de sa tête un accident plus sérieux, mais du même genre ; il semble qu'il ait été dans les destinées de cette famille d'être funeste à nos Rois.

Pendant les réjouissances auxquelles donna lieu le double mariage d'*Elizabeth* de France avec Philippe II, Roi d'Espagne, et de *Margueritte* sa tante avec le duc de Savoie, le Roi Henri II avoit préparé des tournois et des carrousels dans des lices dressées à cet effet dans la rue St.-Antoine; après y avoir lui-même rompu plusieurs lances, enorgueilli de ses succès, sur la fin du troisième jour, 29 juin 1559, le Monarque voulut entrer en lice avec le comte de Montgomery. Ce gentilhomme, extrêmement adroit et heureux les armes à la main, se défendit tant qu'il put d'un si dangereux honneur, mais le prince insista, ordonna même, et le duc de Lorges fut contraint d'obéir. Dans le combat, la lance de Montgomery se brise contre le plastron du Roi, le contrecoup fait ouvrir la visière du casque de Henri II, un éclat de lance y pénètre, et blesse le Monarque à l'œil droit, si fortement, qu'il en fut renversé, perdit la parole et la connoissance le lendemain, et mourut onze jours après, le 10 juillet 1559.

Le Roi avoit ordonné de ne point inquiéter le duc de Lorges, qui en effet ne pouvoit être coupable d'un aussi fâcheux événement; malgré cela Montgomery crut prudent de s'éloigner de la Cour, et de rester quelque temps en Angleterre; mais étant rentré en France, ayant été fait prisonnier à Domfront, à la tête d'un parti protestant, et amené à Paris, il y fut immolé à la vengeance de Catherine de Médicis, qui vouloit punir en lui le meurtrier du Roi son époux.

A la lecture de son arrêt de mort qui déclaroit ses enfans roturiers, de Lorges dit : *S'ils n'ont la vertu des nobles pour s'en relever, je consens à leur flétrissure* : il fut décapité le 26 juin 1574.

Cet hôtel de Montgomery fut ensuite habité par le président Legouz-de-la-Berchère, qui le tenoit de ses ancêtres ; ce fut-là où reçut le jour, en 1647, Charles Legouz-de-la-Berchère, l'un des prélats marquans de la fin du XVII.ᵉ siècle. En 1682, il fut vendu aux Oratoriens poury établir le séminaire du diocèse.

Le Séminaire établi en 1569 dans les bâtimens de la commanderie de la Madeleine, confirmé par lettres-patentes de 1665, transféré à Langres, par M. de Simiane, fut rétabli à Dijon en 1680, sous la direction des pères de l'Oratoire.

Douze bourses étoient fondées dans ce séminaire par les libéralités de P. *Odebert*, Jean *Chretiennot*, Jacob de *Charmelieu*, Hugues *Jannon* (1) ; le P. *Charles* de l'Oratoire, les dames

---

(1) Hugues Jannon, né à Dijon en 1617, chanoine de Nuits, obédienciaire de Saint-Just à Lyon, curé d'Auxonne où il mourut en 1689, fut encore fondateur de deux bourses au séminaire de Saint-Nicolas-du-Chardonnet à Paris, à la collation de l'Official d'Auxonne, en fa-

de *Clugny* et de *Thésut* furent au nombre de ces fondateurs; aujourd'hui ce séminaire est occupé par des maisons de commerce, le nouveau ayant été placé dans la partie du couvent des Bénédictins, dont l'entrée donne dans la rue *Docteur-Maret*.

On compte parmi les professeurs de l'ancien séminaire plusieurs ecclésiastiques distingués.

Jean-Baptiste Molinier, né à Arles en 1675, mort le 15 mars 1745, prédicateur célèbre qu'admira *Masillon*, mais ne soignant point assez ses discours, dans lesquels à côté de traits vifs et saillans se trouvent des disparates foibles et peu travaillés; ils ont été recueillis en 14 vol. in-12, 1730 et 1734. Le sermon du ciel est son chef-d'œuvre. Son portrait est gravé.

---

veur de deux jeunes gens aspirant au sacerdoce, parmi lesquels on devoit préférer ceux nés à Auxonne; l'acte de cette fondation est du 29 novembre 1688 : l'hospice de Sainte-Reine compte aussi cet ecclésiastique au nombre de ses bienfaiteurs.

Jean FAURAS, né à Dijon le 23 mars 1681, mort en cette ville le 28 octobre 1731, dont plusieurs pièces de poésies latines, estimées dans leur temps, furent imprimées, 1710, in-8.°

Pierre TISSARD, né à Paris en 1666, mort en 1740, auteur de plusieurs pièces de vers imprimées, traducteur, en vers latins, des fables choisies de la Fontaine. 1738, in-12.

Le frère LOUIS, qui possédoit des talens innés pour l'architecture, et qui fit construire la superbe rotonde de l'hospice Ste.-Anne de Dijon, étoit de maison dans ce séminaire.

Non loin de cet établissement, au nord, étoit l'ORATOIRE.

Ce couvent fut dans l'origine celui du *Val-des-Choux*, cénobites austères fondés en 1224 par Jean de *Montréal* (1) en sa terre de Magny-sur-

---

(1) Autant ce *Jean* de Montréal fut libéral envers les églises, autant son frère *Anseric* en fut le spoliateur, pillant les temples, maltraitant leurs ministres. Ses excès furent tels,

Tille, puis transférés à Dijon en 1363 par Etienne de *Musigny* et sa femme, desquels l'on voyoit encore, avant la suppression des monastères, les statues au-dessus de la principale porte d'entrée.

Cette maison passa des religieux du *Val-des-Choux* à la congrégation de l'Oratoire établie à Dijon en 1621, et qui a fourni plusieurs ecclésiastiques distingués.

Claude SEGUENOT, né à Avalon le 7 mai 1596, entra à l'Oratoire en 1624, après avoir brillé dans le barreau de Dijon et dans celui de Paris; il fut choisi par la reine Henriette pour l'accompagner en Angleterre;

---

que des plaintes en étant parvenues à Saint Louis, ce monarque avertit le duc Hugues IV d'avoir à réprimer les violences de son vassal. Celui-ci, au lieu de réparer ses torts, alla hardiment se présenter au Roi; mais il ne put ni se justifier, ni répondre à ses accusateurs, pas même se déterminer à recourir à la clémence du Souverain, et sa terre de Montréal fut confisquée.

à son retour, en 1629, il fut nommé supérieur de la maison de Nancy, puis de celle de Dijon, à la tête de laquelle il resta long-temps. Sa traduction du *traité de la virginité* de Saint Augustin, dans laquelle le P. Joseph, capucin, crut voir la satire de sa conduite, le fit enfermer pendant quatre années à la Bastille, d'où il ne sortit qu'après la mort du cardinal, en 1642. Le P. Seguenot, très lié avec les *Saint Cyran*, les *d'Arnaud* et autres, fut, en 1660, exilé à Boulogne, pour s'être montré trop imbu de la doctrine de Jansénius; il n'en sortit qu'en 1666, époque à laquelle il fut nommé assistant du général, et supérieur de la maison de Paris, où il mourut le 7 mars 1676.

Claude SAUMAISE, né à Dijon en 1603, reçu à l'Oratoire en 1635, supérieur des maisons de Tours, Rouen, Dijon, assistant du général en 1669, fut chargé par le chapitre général d'écrire l'histoire de la congrégation; la mort ne lui permit pas d'achever ce travail, sur lequel il a laissé beaucoup de matériaux. Il mourut à Paris le 25 mars 1680.

Hugues BOUCHARD, né à Dijon le 8 août 1605, après avoir mené une vie licencieuse, se retira à l'Oratoire en 1632, entreprit les missions les plus pénibles, s'y distingua pendant 40 années par des talens supérieurs; le cardinal *le Camus*, le célèbre abbé de *Rancé* firent plusieurs fois des retraites sous sa conduite. Il mourut à Paris en odeur de sainteté, le 10 octobre 1681.

François de CLUGNY, né à Aiguesmortes, le 4 septembre 1637, supérieur de la maison de Dijon en 1655, y mourut en odeur de sainteté le 21 octobre 1694; ses *œuvres spirituelles* forment 10 vol. in-12.; elles ont été publiées séparément, sous l'humble nom d'un *pécheur* (1). *Cars* fils a gravé son portrait.

―――――――――――――

(1) A côté de cet humble *pécheur*, plaçons un *pauvre Prêtre;* c'est le nom sous lequel est

Edme-Bernard BOURRÉE, né à Dijon le 15 février 1652, professeur de théologie à Langres, Châlon-sur-Saône et Dijon, mourut en cette ville le 26 mai 1722. Il publia l'abrégé de la vie du P. *Clugny* qui précède, et plus de 40 v. d'ouvrages théologiques et de dévotion.

Claude MALLEMANS, né à Beaune, entra, en 1674, dans la congrégation de l'Oratoire, professa pendant 34 ans la philosophie au collége du Plessis, mourut le 17 avril 1723, âgé

---

connu Claude BERNARD, né à Dijon le 26 décembre 1588, qui, né de parens riches et tenant dans la société un rang honorable, se dégoûta du monde où cependant il brilloit autant par son esprit que par son affabilité, embrassa l'état ecclésiastique et s'y consacra à la pauvreté et au service des indigens. Ayant résigné le seul bénéfice qu'il eût, s'étant dépouillé d'un patrimoine d'environ 400,000 fr., le cardinal de Richelieu le nomma à une riche abbaye du diocèse de Soissons; Bernard la refusa, se bornant à demander au Ministre de *faire raccommoder les planches de la charette* sur laquelle il accompagnoit les criminels au

de 77 ans ; il publia en 1679 un *Traité physique sur la création du monde*, plusieurs lettres savantes sur la *Pentapole*, et sur la *quadrature du cercle*. Deux de ses frères ont aussi publié des dissertations savantes.

Pierre PACAUD, né en Bretagne, mort le 9 mai 1760, dans un âge avancé, fut long-temps de maison à Dijon ; il eut une grande réputation dans l'art de la prédication, et portoit dans la chaire la noble simplicité de l'évangile. Ses discours sur les points

---

supplice, fonctions pénibles auxquelles il s'étoit voué ; il mourut le 23 mars 1641, en revenant de l'une de ces exécutions. Ce saint homme avoit l'esprit vif et enjoué, sa conversation plaisoit aux grands qu'il ménageoit pour les faire servir d'appui aux pauvres ; il alloit à la Cour, y disoit la vérité, mais d'une manière si adroite, qu'elle lui concilioit la bienveillance et le respect. Sollicitant un jour un puissant en faveur d'un malheureux, il en reçut un soufflet : *Donnez-m'en deux*, dit-il, *et accordez-moi ce que je vous demande*. Il l'obtint Legauffre a écrit sa vie ; Rousselet, Desrochers et autres, ont gravé son portrait.

importans de la religion ont été publiés en 1745, in-12., 3 vol.

Presque en face du couvent de l'Oratoire étoit l'hôtel de *Vergennes*.

Charles GRAVIER, comte de Vergennes, né en Bourgogne, l'an 1719, étoit doué d'un esprit actif et conciliant, d'un coup d'œil infiniment juste; il joignoit à un travail opiniâtre les moyens de se rendre accessible à tout le monde.

L'ambassade de Constantinople, en 1755, ouvrit sa carrière diplomatique; il s'y concilia l'estime de la France et de la Porte, des impératrices Catherine et Marie-Thérèse; envoyé comme ambassadeur en Suède, en 1771, il eut beaucoup de part à la révolution qui s'opéra dans ce royaume; ministre des affaires étrangères en 1774, on lui dut la paix de *Teschen* et celle de 1783, les traités de commerce avec la Russie et celui avec l'Angleterre. Chargé du département de l'intérieur, président du conseil des finances, dans toutes les fonctions auxquelles il fut appelé, M. de Vergennes mérita la confiance du Monarque et des sujets; il ne se délassoit de ses travaux qu'au sein de sa famille, dont il étoit chéri, et dans un cercle d'amis vertueux ; sa vie fut un modèle pour les hommes publics, sa mort leur offrit encore des leçons.

Elle fut un véritable deuil public; Louis XVI le pleura, les peuples le regrettèrent, les spectacles furent fermés, toute la cour assista à ses obsèques, qui eurent lieu le 13 février 1787. Son portrait est gravé.

Rue Bossuet. Cette rue, qui portoit le nom de l'*Oratoire*, a pris celui d'un des plus grands hommes dont Dijon, la France, l'Eglise, le XVII.e siècle aient à s'honorer.

Jacques - Benigne Bossuet naquit à Dijon le 27 septembre 1627, dans la maison qui appartenoit à ses pères, place St.-Jean, n.º 1290 ; il étoit fils de Benigne *Bossuet*, alors avocat et conseil des états de Bourgogne, puis substitut du procureur-général du parlement de Dijon en 1631, enfin conseiller au parlement de Metz en 1633, dont il mourut le doyen ; Margueritte *Mochet*, fille de Claude *Mochet*, seigneur d'Azu et de St.-Romain, avocat au parlement de Bourgogne(1), étoit mère de cet évêque.

La famille *Bossuet* étoit originaire de Seurre : dès les premières années du XVI.ᵉ siècle, elle donna des maires à cette ville, ses armes étoient un cep de vigne, et pour devise *bon Bois Bossu est :* vers 1550 une branche de cette famille vint s'établir à Auxonne

---

(1) Claude *Mochet* ou *Du Mouchet*, fils de Guyon du Mouchet, échanson du Roi d'Espagne, grand bailli d'épée et gouverneur du Charolais, et d'Étiennette Perrenot, petite-fille du Chancelier de ce nom, nièce du Cardinal de Granvelle, étoit, dit Ch. Fevret, un homme qu'on ne sauroit assez louer, et dont on ne doit prononcer le nom qu'avec vénération, tant par rapport à ses grands talens, qu'à cause de ses belles qualités et de ses éminentes vertus : *Summâ cum laude ab omnibus colebatur*. Reçu avocat avant les troubles de la ligue,

et une autre à Dijon. Jacques Bossuet fut maire de Dijon en 1612, André Bossuet étoit en 1616 conseiller au grenier à sel d'Auxonne, tous les deux eurent pour fils un *Benigne Bossuet*, dont l'un issu de Claudine Margeret, et l'autre fils de Claudine de Bretagne, aïeule du célèbre évêque de Meaux et de l'intendant de Soissons.

Jacques-Benigne Bossuet fit ses premières études au collége de Dijon; son ardeur au travail l'avoit fait surnommer par ses condisciples *bos suetus aratro;* à l'âge de quinze ans il

---

il quitta le barreau pour le service militaire, se distingua à la tête de la cavalerie, et commandoit un corps de cuirassiers. Ces troubles appaisés, Claude Mochet retourna à sa première profession, et ne s'y distingua pas moins que dans la carrière des armes. Député de Bourgogne aux états de 1614, il y fit admirer la force et la solidité de son esprit, et déploya un grand courage dans les circonstances les plus difficiles : il en fut récompensé par un brevet de Conseiller honoraire au parlement de Bourgogne. Il avoit épousé Edmée Humbert.

fut envoyé à Paris pour achever son éducation, il se consacra à l'état ecclésiastique, fut nommé archidiacre et doyen de la cathédrale de Metz, où il passa quelques années près de son père, qui, devenu veuf, avoit reçu l'ordre de la prêtrise.

Dès l'âge de seize ans (1), le jeune Bossuet prononça un sermon sur un sujet donné, et parla, pendant une heure, comme s'il eût été préparé; Voiture, qui y étoit présent, dit qu'il *n'avoit jamais entendu prêcher sitôt ni si tard*; il étoit onze heures du soir.

Ses succès dans l'art de la chaire,

---

(1) Cet âge prouve que c'est bien gratuitement que l'on a avancé qu'il y avoit eu un contrat de mariage signé entre Bossuet et Mll[e]. Desvieux de *Moléon*, et que quoique ce mariage n'ait pas été célébré, il en naquit un fils naturel qui étoit *Saint-Hyacinthe*. Le savant éditeur du Chef-d'œuvre d'un inconnu (Paris, Renouard, 1807, in-8.°), a réfuté cette calomnie jusqu'à l'évidence. M. de Burigny en a justifié complétement Bossuet, dans la vie de cet illustre prélat.

ayant eu de l'éclat, Bossuet fut appelé à la cour, pour y prêcher les carêmes de 1661 et 1662, il y prêcha celui de 1666 et l'avent de 1668; le Roi fut si satisfait du jeune orateur, qu'il le nomma à l'évêché de Condom, et lui confia l'instruction du Dauphin. Ce fut pour cet illustre élève que Bossuet composa son célèbre discours sur l'histoire universelle; il fut nommé premier aumônier de Mad.ᶜ la Dauphine, et en 1681 évêque de Meaux.

Les mœurs de Bossuet étoient aussi sévères que sa morale ; ayant pris une part très active aux accusations dirigées contre l'illustre Fénélon, sur lequel il l'emporta, Louis XIV lui demandoit un jour à ce sujet : *Qu'auriez-vous donc fait si j'avois protégé M. de Cambray?* Sire, *j'aurois crié vingt fois plus haut; quand on défend la vérité, l'on est assuré de triompher tôt ou tard.*

Sur le déclin de ses ans, le grand Bossuet s'étoit confiné dans son diocèse, où il aimoit à faire l'instruction aux enfans et aux pauvres, non moins grand en catéchisant dans une église de village qu'il ne le fut dans la chapelle de Versailles.

Les oraisons funèbres de Bossuet lui ont assigné le premier rang parmi les orateurs chrétiens ; ses traités sur les matières de religion l'ont mis au nombre des pères de l'église ; ses discussions théologiques l'ont fait surnommer *la lampe ardente de l'église gallicane*. Il mourut de la pierre à Paris, le 12 avril 1704. Son portrait est le chef-d'œuvre de *Rigaud* et de *Drevet*. L'abbé *Talbert*, le P. *Larue*, M. de *Burigny* et autres, ont publié l'éloge de ce Chrysostôme moderne, le plus illustre des prélats français.

Je termine à lui ces essais biographiques ; après vous avoir entretenu du grand Bossuet, que pourrois-je vous dire qui pût encore vous intéresser ? Je dois laisser votre esprit se reposer sur la pensée de ce grand homme.

Vous voyez la rue de l'hôtel où vous

êtes descendu ; mais veuillez permettre que ce soit mon tour, et que j'aie l'honneur de vous recevoir chez moi ; nous y ferons une tournée moins fatigante, sur les plans de *Noinville* et *Beaurain* pour l'extérieur, de *Miquel* pour l'intérieur de la ville, et de *Lepautre* pour notre dernière tournée ; vous reverrez avec plaisir les gravures des monumens et des lieux qui vous ont intéressé ; je vous les montrerai dans le *Voyage pittoresque de France*, l'histoire générale de Bourgogne, les ouvrages de M. *Legouz-Gerland*, de M. *Baudot*, et les gravures données par M. *Antoine*; je pourrai vous faire voir une assez nombreuse collection des portraits des hommes célèbres de Bourgogne, desquels je vous ai entretenu ; je mettrai à votre disposition les histoires de Bourgogne de *Paradin*, *St. Julien de Baleure*, *D. Plancher* et *D. Merle*, celles publiées par *Courtépée*, *Beguillet* et *Mille*, les fragmens qu'en ont donnés les abbés *Richard* et *Chennevet* à la suite des almanachs de la province, les dissertations de *Legouz-Gerland*, *Baudot*, *Boullemier*, la *Bibliothèque historique de France*, par *Fevret-Fontette*.

Je vous ouvrirai le recueil de chartres de *Perard*, celui des titres des états de Bourgogne, le parlement de Bourgogne de *Palliot*, la chambre des comptes par Hector *Joly*, l'armorial des gentilshommes ayant entrée aux états, le *Panthéon dijonnais*, la dissert. *de claris fori burgund. orat.*, la bibliothèque des auteurs de Bourgogne de *Papillon*, l'histoire de Saint-Etienne par *Fyot*, de Notre-Dame par *Gaudrillet*, l'état des officiers de nos ducs par D. *Desalles*, les mémoires de l'Académie de Dijon, la collection des journaux de la province, de la ville et du département, les nécrologies de Moréri, Niceron, Chaudon et Delandine, Desessarts, la maison Fort, Prudhomme, et Michaut, etc., etc., etc. C'est dans tous ces ouvrages et quelques autres (1)

---

(1) Je dois plusieurs bons renseignemens à MM. *Amanton*, Conseiller de Préfecture;

que j'ai puisé ce que j'ai pu vous dire d'intéressant, car en matière d'histoire je n'ai rien dû inventer, rien imaginer; mais comme je n'ai pas eu la prétention de vouloir tout dire, si vous désirez plus de détails, c'est dans ces sources où vous pourrez les rechercher ; elles vous satisferont pleinement sur tous les objets qui peuvent avoir piqué votre curiosité.

Mon plan étoit de vous montrer combien la ville de Dijon peut offrir d'intérêt, sous les rapports historiques et biographiques; mon but sera rempli, si ces essais ont pu vous inspirer le désir d'en apprendre davantage.

Antoine, doyen des Ingénieurs des ponts et chaussées ; *Baudot* aîné, ancien Substitut; *Baudot* puîné, Juge de première instance; *Coindé*, Archiviste de la Préfecture ; *Garot*, chef du bureau de l'état civil; *Leschevin*, Commissaire des poudres et salpêtres; *Peignot*, Inspecteur de la librairie; *Vaillant*, Secrétaire-général de la Préf. ; *Volfius*, Évêque démission. Je les prie d'en agréer mes remercîmens publics.

FIN.

TABLE HISTORIQUE

Des matières contenues dans ces Essais.

A

Abbaye, St.-Benigne, 97, 105
— St.-Étienne, 415
— St.-Julien, 190
— Tart, de 166
Académie impériale, 512
— des sc., arts et belles-let., 78, 261, 305, 499
Afrique, Mont 2, 33
Air, désinfect. de l' 416
Alise, Siége d' 3
Anglais en France, 15, 39, 274, 337
Apollon, temple d' 62
Arbalête, jeu de l' 45
Arc, jeu de l' 45
Archives de la ville, 310
— du Département, 344
Argentières, les 62, 67, 68
Arles. Royaume d' 13
Arquebuse, jeu de l' 44
Assises, Cour d' 344
Attoariens, canton des 8
Auberive, abbaye d' 184
Auxonne, 23, 45, 396

B

Bailliages, 339
Bains publics, 223
Bar, tour de 393
Barbe, époque de porter la 532
Barthelemi, massacre de la Saint 189, 206, 244, 530
Bastions, 82
Benigne, église St. 103, 105
— tour du petit St 344., 482

Besançon, siége de 9, 46
Bibliot. de l'Académie, 93
— du prés. Bouhier, 305
— publique 294, 457
Bienfaisance, bur. de 126
Botanique, jardin 63
Bourguignons, 7, 9
Bourgogne, 1.er royaume de 9
— cisjurane, 13
— transjurane, 13
— sa neutralité, 22, 24
— sa réunion, 11, 12, 21
— sa cession, 23, 178, 370
— Etats de 345, 348
— Ducs de 14, 15, 16
Brunehaut, supplice de 11
Bussière, abbaye de la 198

C

Canaux, 49
Casernes, 149, 169, 204
Castel, 57
Castrum divionense, 2, 327
Cathédrales, 103, 111, 117, 416
César, camp de 2, 34
Chalons s. M. bat. de 7, 9
Châlon-sur-Saône, 12
Chambre des comptes, 429
Champ-Maillot, 64, 67
CHAPITRES,
—*Cathédrale,* de la 117
—*Chapelle,* la S.^{te} 380, 382
—*Chapelotte,* 169
—*Etienne,* Saint 415
—*Jean,* Saint 126, 129
Charité maternelle, 126
Château de Dijon, 25, 33, 83

Chrétienté, terre de la 127
Cimetières, 41, 82, 124, 199
Citeaux, abbaye de 146, 423
Clairvaux, abb. de 288, 366
COLLÉGES,
— Ste.-Chapelle, de la 356
— des Marlins, 207
— des Godrans, 442
— Lycée, 131
Commerce, trib. de 313
Commune, assemblée de la 42, 67, 124, 305, 400
— affranchissement 400
Comtes de Dijon, 110, 406, 480.
Conservation des eaux et forêts, 237
Cour d'assises, 344
— impériale, 343
Côte-d'Or, Département de la 53

D

Dijon, son étymologie, 1
— Son antiquité, 154, 268, 327, 388.
— Siéges, 10, 22, 65, 69, 81, 83, 86, 275.
— sa situation, 27
— Ses établissemens, 28, 125.
— sa population, 27
— Caract. des habitans, 29, 48.
— Ses grands hommes, 30 Voy. *Tabl. biograph.*
Dôle, siége de 24
Druides, leur habitation, 62, 67.
Ducs de Bourgogne, 14, 15, 16.
— leurs sermens, 108

E

Ecoles, anciennes, 356

— chrétiennes, 152, 234
— de dessin, 464
— de droit, 461
Enfer, le creux d' 62, 67
Epreuves de l'eau, 32
Espagnols, près Dijon, 69, 73, 82.
Epoisses, prieuré d' 191
États, leurs assemblées, 184, 344.
— leur composition, 348
— leur résistance, etc. 177, 345.
— leur palais, 344
Etuves, 223
Evêché de Dijon, 416
Evêques de Langres, 115, 127, 341, 405, 417.

F

Faubourgs, *St. Michel*, 65
— *Saint-Nicolas*, 69
— *Ouche* d' 47
— *Pierre, Saint* 58
— *Theuley*, 65
Fédération, 58, 336
Feu de la S.t Jean, 524
Fiacre, Hospice Saint 356
Filles publiques, 317
Fleurey-sur-Ouche, 10
Fleury, Cours 79
Foires de Dijon, 254
Fontaines de Dijon, 64, 173, 264.
Fontaine - Française, 23, 35, 411.
— lès-Dijon, 36
— des Suisses, 64
Fontenai, bataille de 12
Fortifications, 7, 81, 327
Fortune, temple de la 2, 441.
Franche-Comté, sa conquête, 26
Fronde, troubles de la 24, 86, 246, 403.

G

Gendarmerie, légion de 89
Gombettes, lois 10
Guerre, conseils de 370

H

Halle au blé, 416
— Saint-Jean, 129
— aux légumes, 304
— Saint-Martin, 253
Histoire naturelle, cabinet d' 460,501
Honneur, Légion d' 343
Hôpital *Sainte-Anne*, 167, 131, 303
— *Saint-Esprit*, 47
— *Saint-Fiacre*, 356
— général, 47
— Jean Jacques, 73
— des lépreux, 56, 69
— des paroisses, 48
Hostie, Sainte 381

I

Impériale, Cour 343
Imprimerie, première à Dijon, 148
Incendies, 81
Instruction publique, 152, 207, 234, 386
— médicale, 126, 512
Intendance, 101

J

Jacques-Marc, 310
Jean-de-Laône, siége de Saint- 22, 24, 33, 45, 232
Jean, follière de St. 535
Juifs à Dijon, 201

L

Labarum, apparition du 8
Langres, siége de 6, 8, 9
— Évêques de 6, 11, 83, 115, 127, 128, 405
Lanturelu, sédition du 296
Larrey, 52
Latrines publiques, 314
Légion d'honneur, 343
Lépreux, 56, 69
Ligue, troubl. de la 23, 268
Logis du Roi, 342
Louis XIV, sa statue, 342
— sa présence à Dijon, 382
Lycée, 131

M

Maladrerie, 56, 69
Mère folle, 314
Michel, Faubourg St. 65
Miroir, abbaye du 322
Miséricorde, société de la 125
Mithra, temple de 2, 61, 62, 67

MONASTÈRES.

Bénédictins, 118
Bénédictines, 190
Bernardins, 146, 288
Bernardines, 166
Bon-Pasteur, 214
Capucins, 72
Carmes, 154, 162
Carmelites, 168
Chartreux, 37, 110
Cordeliers, 182, 184
Feuillans, 36
Frères des écol. chr. 152
Jacobins, 304
Jacobines, 341
Jésuites, 61, 442
Lazaristes, 59
Madeleine, Commanderie de la 478
Marthe, Sainte 163
Minimes, 218
Oratoriens, 537
Refuge, 150
Séminaires, 118, 535
Sœurs grises, 125
Ursulines, 207
Visitandines, 277

Monnoie,	231	Charbonnerie,	271
Montmusard, 65, 67, 234		Cordeliers, des	173
Monument triomphal, 2, 165		Georges, Saint-	483
		Mirabeau,	173
Morat, ossuaire de	16	Moussier,	397
Murs anciens, 164, 327		Royale,	342

Muséum, 352
Mystères, représ. des 323

N

Neuilly, prix de vertu, 506
Nicolas, faubourg St. 69

O

Ogny, abbaye d' 168
Oscheret, canton du l' 33
Ossuaire de Morat, 16
Ouche, rivière, 32

P

Palme, traité de 13
Parc, 57
Parlement, 368

PAROISSES ANCIENNES.
   Saint Etienne, 415
   Saint-Jacques de Trimolois, 309
   Saint-Jean, 11, 129
   St.-Martin-des-Champs, 72, 255
   Saint-Médard, 406
   Saint-Nicolas, 69, 250
   Saint-Philibert, 42, 124
   Saint-Pierre, 186
   Saint-Vincent, 404

ACTUELLES.
   Saint-Benigne, cath. 117
   Notre-Dame, 308
   Saint-Michel, 417
   Ste.-Anne, succurs. 166
Pédauque, la reine 106

PLACES ANCIENNES.
   Armes d' 342
   Barthelemi, Saint- 342

ACTUELLES.
   Coin des cinq rues, 252
   — du Miroir, 322
   Commune, de la 397
   Etienne, Saint- 415
   Fiacre, Saint- 356
   impériale, 341, 355
   Jean, Saint- 524
   Michel, Saint- 64, 413
   Montblanc, du 483
   Morimont, 513
   Napoléon, 271
   Odebert, 302
   Philibert, Saint- 124
   Réunion, de la 173
   Vincent, Saint- 404
   Suzon, 288

PORTES ANCIENNES.
   Bouchefol, 277
   Chanoine, 65
   Fermerot, 277
   Fondoire, 165
   Aux lions, 341
   Nanxion, 165
   Nicolas, Saint- 77

ACTUELLES.
   Guillaume, 94
   Jean Jacques, 77
   Neuve, 65, 223
   Ouche, d' 32, 149
   Pierre, Saint- 188
Poudre, moulin à 63
Préfecture, 270
Sous-Préfecture, 429
Prévôts, 123
Provence, royaume de 13

Q

Quartier général de la 18.e division, 413

R

Retraite, allée de la 60,67
Roches aux fées, 62,67
Roi de Rome, promen. 46

RUES ANCIENNES.

Arbre de Jessé, de l' 313
Auberive, d' 184, 185
Beliots, des 207
Carlot, 324
Carmes, des 154
Carmelites, des 168
Chanoine, 323
Chapelle, Sainte- 376
Chapelotte, 161, 485
Chatel, du 319, 356
Comte, au 249
Condé, 336
Courroyerie, 264
Croix, Belle- 58
Dauphine, 336
Draperie, de la 235
Fédération, de la 336
Fiacre, Saint- 319, 356
Fleury, 324
Four, du 132
Fous, des 233
Gauche, 154
Jean, (St.) petite 518
Juifs, des 197
Macheco, 255
Nicolas, Saint- 252
Nonains, des 239
Oratoire, de l' 544
Orfévres, des 483
Parcheminerie. de la 485
Philibert, Saint- 131
Porc-sanglier, 214
Potet, Grand- 191
Poulaillerie, 488
Royale, 123
Serrurerie, 235
Tondeurs, des 259
Vertbois, 259

ATUELLES.

Anne, Sainte- 166
Apchon, d' 201
Assas, d' 249
Auxonne, d' 58
Bannelier, 288
Benigne, Saint- 123
Berbisey, 161
Bernard, Saint- 285
Bons-enfans, des 374
Bossuet, 544
Bouhier, 363
Bourg, du 338, 438
Brulart, 518
Buffon, 191
Cazotte, 132
Chabot-Charni, 189
Chaignot, du 163, 165
Champs, des 317
Champ de Mars, du 263
Chanet, du 241
Chancelier - l'Hospital, 204
Change, au 313
Chapeau-rouge, du 324
Charbonnerie, 264
Charrue, 175
Chaudronnerie, 235
Chouette, de la 313
Cloître, du 389
Collége, du 441
Collége, du vieux 207
Conciergerie, 479
Crébillon, 154
Debrosses, 299
Derrière l'hôtel-de-ville, 395
Desilles, 255
Docteur Maret, 99
Dubois, 218
Etienne, Saint- 434
Etioux, des 341
Faucon, du 234
Fermerot, porte au 277
Fèvret, 296
Forges, des 336
Franklin, 185
Fraternité, de la 168
Godrans, des 320
Griffon, du 235
Guillaume, 97
Jean, Saint- 514
Jeannin, 223

Legouz-Gerland,	199	Vauban,	356
Liberté, de la	336	Verrerie,	262
Lions, porte aux	341	Voltaire,	485
Lycée, du	131		
Mably,	324	**S**	
Madeleine, de la	478	Saints, sort des	127
Maison-rouge,	152	Salpêtre, raffinerie du	63
Marché, vieux	252	Saône, limite	13
Maret, docteur	99	Sénatorerie,	344
Martin, Saint-	253, 255	Seurre, siéges de	23,25,26
Monnoie, de la	229, 289	Siécle, xive, ses fléaux,	236
Musette,	306	Statue équestre,	342
Napoléon,	264	Suisses, Siége des	16, 21,
Novices, des	124		65, 69, 83
Odebert,	302	Suzon, rivière	79
Palais, du	368		
Pichou,	283	**T**	
Pierre, Saint-	186	Talant,	35, 245
Pilori, du	253	Templiers	165, 478
Piron,	488	Terrasse, tour de la	343
Poissonnerie, de la	314	Théâtres,	199, 388
Pont-Arnot, du	513	Theuley, faubourg de	65
Porte-d'Ouche,	149	Toison d'or, ordre de la	381
— aux lions,	341	Tombeaux des Ducs,	37,
Portelle,	482		110
Potet, Petit- du	179	Tournois,	311
Pouffier,	259	Tours,	80
Prétoire, du	268, 429	Trésoriers de France,	476
Prévôté, de la	123	Tribunal de commerce,	
Prisons, des	233		313
Quentin,	301	— de première inst^e.,	476
Ramaille,	253	Triumvirat, bas-relief,	54
Rameau,	376		
Refuge, du	149	**U**	
Richelieu,	145	Université,	305, 461
Roulotte,	239		
Rousseau, J. J.	252	**V**	
Sachot, du	152	Val-des-Choux, couvent	
Saumaise,	214	du	537
Secret, du	392	Vandales,	9, 330
Singes, des	439	Vicomtes de Dijon,	400, 480
Suzon, neuve	288	— Maïeurs,	482
Tillô, du	130	Vienne, bataille de	10
Tonnellerie,	336	Vignes,	7, 53
Traversière,	336	Vivant-sous-Vergy, S.	396
Trésor, du	476	Vœux de la ville,	309
Turgot,	179	Volcan de Drevin,	501
Vannerie,	235	Vonges, poudrerie de	63

Fin de la Table historique.

TABLE BIOGRAPHIQUE.

A

Abrantès, le Duc d' 237
Aligny, Quarré d' Gaspard 174
Amboise, Jean d' 183
Anjou René d' 393
Apchon, Cl. M. Ant. d' 201
Arnoult aîné, 461
Assas, le chev. d' 249
Attichi, Doni d' 219
Attila, 9
Attiret, Fr. 64, 475
Aubriot, Hugues, 338
Aurèle, Marc- 104, 333
Aurélien, Empereur, 7, 331

B

Baillet, Philippe 232
Bailli, Louis 454
Balbâtre, Cl. 427
Baltus, Jean-Fr. 448
Baunelier, Jean 288, 461
Bar, René d'Anjou, duc de 393
Baudot, Fr. 440
Baume, Jean de la 247
— Legalois, de la 246
— Nicolas-Aug. de la 247
— Pierre de la 247
Bauyn, Prosper 430
Bazin, Jean-Bapt. 184
Beaufremont, mais. de 199
— Henri 346, 521
— Nicolas 520
— Pierre 311, 520
— Sennecey, 520
Bedfort, Jean, duc de 337
Bégat, Jean 417
Béguillet, Edme 453
Bellegarde, le Duc de 442
Benigne, Saint 6, 103, 105
Berbis, Pierre 392
— Philippe 393

Berbisey, Jean de 116, 154, 161, 167, 321, 442
Bernard, Cl. 541
— Claude, professeur, 461
— Etienne 401
— Jean 403
— Saint 36, 285
Bèze, Théodore de 217
Binet, Etienne 444
Biron, le Duc de 438
Bissi, le Comte de 508
Bossuet, Jacqu.-Benigne 87, 422, 529, 544
Bouchard, Hugues 540
Bougot, le P. 76
Bouhier, le Président, 192, 363, 450, 496
Bouillet d'Aizerey, 433
Boullemier, Ch. 459
Bourceret, Laurent 456
Bourgogne, Marie de 526
Bourrée, Edme-Bern. 541
Boursault, Edme 284
Bousset, Drouard du 427
Bouton de Chamilly, 258
Bret, Antoine 504
Brulart, Margueritte, 115
Brulart, Nicolas 518
Buffon, le Comte de 76, 191
Buffon fils, 58, 76
Bullier, Toussaint 324
Bureau, Laurent, 154

C

Camus, Jean-Pierre 523
Carrelet, Louis 312
Caylus, Ch. Levi de 349
Cazotte, Cl. Jos. 132
— Jacques 132
César, 3
Chabot-Brion, 265
— Charni, 189
Châlon, Jean de 525
— Philibert de 528

Chambellans, 306
Chamilly, Bouton de 258
Champlitte, les sires de 320
Chantal, Madame de 278
Chasseneuz, Barthel. de 291
Charles le Hardi, 16, 17, 38, 323, 381
Chaudot, Thomas 312
Chevannes, Jacq. de 74
— Jacques-Aug. de 295
Chimai, le sire de 230
Chramne, 11, 127
Chyndonax, son urne, 61
Clotilde, 10
Cirey, Benigne de 253, 401
— Jean de 147, 253
Clémencet, Charles 120
Clément, Denis-Xav. 252
— François 121
— J. M. Bernard 455
Clugny, le Ministre 248, 501
— Ferry de 248
— François de 540
Cochet de St.-Vallier, 303
Cocquard, Fr.-Bern. 262
Compasseur, le 305, 410
Condé, le Prince de 24, 51, 86, 94, 257
Conighan, 357
Constance Chlore, 7
Constantin, le grand 8
Cossé-Brissac, le Comte de 271
Courtépée, Cl. 452
Courtivron, le Marquis de 410
Courtois de Quincey, 521
— le Père 78
Coytier, Jacq. 397
Crébillon, Prosper Jolyot de 154
Cretet, Emmanuel 40
Crocus, 6, 330
Croï, le Sire de 229

D

Dagobert, le Roi 12
Daubenton, Guill. 446
— J. L. Marie 196

David, Claude 118
— Claude 151
— Maurice 150
Dauvelt, 17
Davot, Gabriël 289, 461
Debrosses, Charles 300
Delachère, François 185
Delusseux, Louis 461
Derepas, l'abbé 312
Desilles, 255
Devaux, Jean 40
Devosge, François 465
Domitien, 7
Doneau, Hugues 462
Doni d'Attichi, 219
Dubois, Jean 132, 218, 221
Duboy-Laverne, 122
Duchatel, Evêque 208
Duchesne, Phlipotot, 449
Dumay, Pierre 373
Durande, J. Fr. 34, 47, 64

E

Enaux, Joseph 263
Eon, la chevalière d' 90
Epponine, 5
Estiennot, Cl. 170

F

Fauras, Jean 537
Ferrand, Fr.-Ant. 103
— Jacques-Philippe, 469
Fevret, Charles 296
— Fontette, 299
— Pierre 298, 321, 457
Fleury, Joly de 79, 324
Fleutelot, René 411
Florent, Fr. 463
Foucher, Simon 385
Fournier, Nicolas 188
François Ier, 39, 85, 266, 308, 531
Franklin, Benjamin, 185
Fremyot, André 268, 419
— Benigne 268
— Chantal, Madame de 268, 278
— Claude 116
Fromageot, J. B, 461

Fyot, Claude 59, 425
— de la Marche, 65, 234
— Montpont, 420
— Vaugimois 420

G

Gagneraux, Benigne, 466
Gaudet, Louis 40
Gautherot, Nicolas, 428
Gauthey, Emiland 50
Gelot, Claude 477
Genreau, Jacques 312
Girard, Jean 340
Godegésille, 10
Godran, Charles 385
— Jean 322
— Odinet 320, 442
— Philibert 321
Gondebaud, 10
Gondicaire, 9
Gondioc, 9
Gondomar, 11
Gontaut, Duc de Biron, 438
Gonthier, J. B. 150, 152
Goutran, 11, 98, 105
Goujon, Jacq.-Flor. 184
Gravier, C. de Vergen. 543
Grégoire, Evêq. de Langres, 105, 128
— Evêque de Tours, 329
Grenan, Benigne 457
Greuze, J. B. 471
Guenebaud, Jean 2, 61
Guesle, Jacqu. de la 372
— Jean de la 371
Guesnié, Cl. 118
Guillaume, l'abbé 95, 97
— Jean 294
Guirandet, Ch. Ph. 270
Guyton-Morveau, 64, 416

H

Harbet, Nicolas 476
Harlay, Nic. Aug. de 102
Henri II, 241, 246, 533
Henri IV, 23, 35, 45, 50, 61, 226, 244, 246, 346, 382, 395, 404, 411, 519, 525
Hochberg, Philip. d' 163
Hoin, Fr. Jacq. 438
— J. Jacq. Louis 437
— Pierre 436
Hospital, Michel de l' 204
Hugonet, Guill. 175
Hugues Capet, 14

I

Ignace, le P. 76
Imbercourt, d' 175

J

Jacquinot, Barthel. 445
— François 462
Jannon, Hug. 535
Jant, Jacq. de 479
Jaucourt, Philip. de 123
Jean, le Roi 15
— sans peur, 15, 37, 39, 274
— Jacques 77
Jeannin, Pierre 49, 189, 224, 269
Jehannin de Chamblanc, 460
— Fr. Cl. 222, 295
Joly, Benig. 47, 59, 214, 425
— de Fleury, 79
— Hector 431
— Philippe 305
— Philippe-Louis 173
Jolyot Crébillon, 154
Julien, Empereur, 8
Junot, Andoche 237
Juret, Fr. 129

L

Lacurne, Ste.-Palaye, 509
Lalande, Jér. Fr. 511
Lallemand, J. B. 469
Lamarche, Fyot de 234
— Olivier de 230
Lamare, Elizabeth de 116
— Philibert de 487
Languet, Denis 210
— François-Jos. 212
— Hubert 213
— J. B. 210
Lansel, J. Ant. 98

Lantin, Benigne 374
— de Damerey, 376
— J. B. père, 374
— J. B. fils, 375
— Pierre 375
Larcher, Pierre-Henri 187
Lary Saint, Duc de Bellegarde, 442
Laverne, Jacques 403
Léandre, le P. 74
Léauté, N. 129
— P. Pr. 426
Lebeau, peintre, 469
Leblanc, J. B. 503
— Marcel 447
Lebœuf, Jean 107
Lecouteulx, Félix 73
Legouz-Gerland, 54, 63, 199, 341, 464, 478, 501
— Laberchère, Charles, 116, 535
— Jean-Bapt. 115, 183, 535
— Pierre 115
Legrand, le P. 459
Lejéas, le Comte 253
Lemuet, Pierre 174, 515
Lenet, Pierre 373
Leroux, Antoine 514
Lesage, George-Louis père, 418
— George-Louis, fils 418
Lestouf, Baron de Sirot, 256
Liébault, l'abbé 251
— Jean 251
Longepierre, Requeleyne de 414, 490
Lorges, Gabriël de 532
— Jacques, Duc de 530
Louis XI, 20, 241, 397, 526
Louis XII, 83, 85, 382
Louis XIII, 297
Louis XIV, 282, 283
Louis, oratorien, 167, 537

M

Mably, Bonnot de 324
Mailly, Africain de 340
— Jean-Bapt. 454
Maine, la Duchesse du 88
Mallemans, Cl. 541
Maltête, Jacq. 220, 386
Maret, le Comte 95
— le Docteur 43, 64, 99
— Jean-Philibert 100
Marie de Bourgogne, 17, 175, 526
Marin, Denis 354, 476
Mariotte, Edme 130
Martenne, Edme 119
Martin, Bernard 242, 294, 321, 457
Martin, Saint 255
Mathion, Od. Louis, 118
Mathou, Hug. 118
Mautour, Moreau de 432
Mayenne, le Duc de 23, 190
Médard, Saint 406
Melenet, Jean 290
Melot, Anicet 221
Menault, Pierre-Richard, 426
Menetrier, Claude 421
— Jean-Bapt. 420
Michault, J. Bernard 505
Migieux, le présid. de 199
Mignaut, Cl. 36
Milletot, Benigne 372, 411
Millotet, M. Ant. 24, 253, 403
Mimeures, Vallon de 503
Mirabeau, le Comte de 89, 173
Mochet, Cl. 545
Molay, Jacques de 165
Molé, Mathieu 270
Molinier, J. B. 536
Monnier, Louis-Gab. 35
Monnoye, Bernard de la 239, 389, 424, 489
Montbeillard, Guenaud de 197
Montgomeri, le Comte de 530, 532
Montholon, Franç. de 383
— Nicolas 383

(563)

Montigny, Chartraire de 46, 79, 240, 253
Montréal, Anseric 537
— Jean de 537
Moreau, Etienne 432
— de Mautour, 432
Morel, Andoche 446
— Hugues 384
Morin, Cl. 415
Morisot, Barthelemi 434
Morveau, Guyton de 64, 416, 505

N

Nadault, Jean 433
Napoléon, 264
Nicaise, Cl. 386

O

Odebert, Pierre 131, 167, 302, 321, 442
Orange, Jean, Prince d' 20, 525
— Philibert 528
Orléans-Longueville, 163, 304
Othe-Guillaume, 14, 109
Oudin, Fr. 367, 449

P

Pacaud, Pierre 542
Palaye, Lacurne de Ste. 509
Palliot, Pierre 473
Papillon, Almaque 172
— Philibert 171
— Thomas 172
Pasquelin, Guil. 321, 445, 457
Patarin, Cl. 176
Patouillet, Louis 451
Paule, Vincent de 59, 125, 234
Pazumot, Fr. 510
Pelletret, Nicolas 74
Pepin, Nicolas 385
Pérard, Etienne 431
Perret, Cl. 324
Perrier, Fr. 295
— François, peintre, 472
— Nicolas 295

Philandrier, Guil. 516
Phlipotot, Duchesne 449
Philippe-le-Bon, 15, 38, 230
— le Hardi, 15, 37
— de Rouvres, 15
Picardet, Henri-Cl. 428, 506
Pichon, 283
Pierres, Ph. Denis 276
Piochon, Jean 40
Piron, Aimé 424, 488
— Alexis 160, 490
— Bernard 498
Plancher, Urbain 119
Poillot, Denis 370
Poissonnier, P. Isaac 507
Porée, Martin 305
Pot, Philippe 271
Pouffier, Hector B. 239, 259, 499
Prestre, le- de Vauban, 357
Probus, 7

Q

Quarré d'Aligny, Fr. 174
Quentin, 167, 251, 301
Quincey, Courtois de 521

R

Rabutin, Bussy- 281
— Sévigné, Mad.e de 279
Racle, Léonard 517
Rameau, Philippe 376
Ranfer, Pierre-Bern. 233
Raoul, Duc de Bourg.e 14
Raviot, Guill. 295
Rémond, Franç. 444
Rhinsault, 17
Requeleyne de Longepierre, 414
Richard, Duc de Bourgogne, 14
— l'abbé 409
— Claude 448
— Jean 441
Richelieu, le Cardinal de 145, 219
Rigoley, frères 117, 152
— Juvigny de 117
Robert, Duc de Bourg.e 14

— Claude 190
Rochefort, Guil. de 307
— Guy de 307
Rousseau, J. J. 77, 192, 252
Royhier, Guil. 351
Rollin, Nicolas 397
Ruffey, Richard de 163

S

Sabinus, 4
Salins, Hugues de 53
Sallier, Claude 220
— Jacques 219
Sambin, Hugues 409
Santeuil, J. B. 421
Saphira, 17
Saulx-Tavannes, 241
Saumaise, Benigne 187
— Claude (le grand) 214
— Cl. orator. 539
Savot, Louis 516
Savoie, Jeanne de 183
Seguenot, Cl. 358
Sennecey Beaufremont, 519
— Henri de 346
Sévigné, Madame de 279
Sigismond, 11
Sirot, le Baron de 256
Soufflot, Jacq. Germ. 517

T

Tabourot des Accords 114
Taisand, Pierre 477
Taphinon, J. B. 178
Tassin, Nicolas 168
Tavannes, Gaspard de 241
— Jean, Vicomte de 245
— le Comte de 86, 246
Tétrique, Saint 128
Thiard, Bissy de, Claude 1.er 350
— Claude 2.e 508
— Gabriël Auxonne, 351
— Gaspard Ponthus, 509
— Héliodore 350
— Henri Pons, 366
— Ponthus de 365

Thiroux, Etienne 446
Thomas, Edme 169
Thou, Fr. Aug. de 101
Thurot, François 180
Tilliot, Lucotte du 131
Tissard, Pierre 537
Trémouille, la 21, 65, 69, 83, 179
Turrel, Pierre 207
Turgot, 179

U

Uladislas Leblanc 111
Urbain, Saint 126

V

Vachet, Benigne 60
Valadon, le P. 75
Vallier, Cochet de St. 303
Vallon, Marquis de Mimeures, 502
Vallon, Margueritte 117
Vallot, Jean 426
Varenne, Cl. 435
— Jacques 435
— Pierre 435
Vauban, Leprestre de 357
Vaulgrenant, Baillet de 232
Venevaut, Nicolas 472
Vercingétorix, 3
Vergennes, le Cte. de 543
Vergies, le (Gabr.) 276
Vergy, Antoine de 274
— Gilbert de 14
— Guerin de 12, 275
— Guillaume de 275
— Hôtel de 189
Vergy, Manassès 396
Vervisy, le P. 306
Vienne, Guillaume de 483
— Jean de 484
— Philippe de 183
Villers, Philippe de 295
Vintimille, Jacq. de 411
Voltaire, 135, 156, 365, 368, 456, 475, 485, 492, 517

Fin de la Table biographique.

Ouvrages du même Auteur, qui se trouvent chez le même Libraire.

1. Mémoire sur les noms et la source de la Saône.
2. Voyage du Roi Dagobert en Bourgogne.
3. Conférence de Laône, entre Barberousse et Louis le jeune.
4. Notice sur Eumène et les écoles mœniennes.
5. Éclaircissemens géographiques sur la voie romaine de Châlon-sur-Saône à Besançon.
6. Réfutation du prétendu siége soutenu en 1586, par la ville d'Auxonne.
7. Recherches sur l'ancienne ville de *Dittatium*.
8. Dissertations sur la position de l'ancienne ville *d'Amagetobria*.

Collection de 15 dissertations du même Auteur, sur divers points d'histoire, relatifs aux deux Bourgogne.

FAUTES A CORRIGER.

Pages.	Lignes.	Au lieu de	lisez
15	2	après *peut-être* ajoutez encore	
14	21	1035	1032
17	8	Dijon	Bruxelles
17	10	1481	1482
21	23	Jean	Jacques
27	22	194	235 suivant M. Leschevin
41	5	1810	1809
45	10	1558	1608
51	9	exergue	légende
52	12	il a été ouvert en	il est navigable depuis
61	10	1592	1598
79	21	elle	il
83	10	1512	1510
109	19	parent	contemporain
184	8	1710	1712
460	6	après *Baudot*, ajoutez : qui a publié son éloge.	

www.ingramcontent.com/pod-product-compliance
Lightning Source LLC
Chambersburg PA
CBHW070408230426
43665CB00012B/1288